정석 소사전

한국학자료원

머리말

   정석은 바둑의 기본입니다. 정석을 모른다면 올바른 바둑을 두지 못합니다. 이기기 위하여, 그리고 숙달하기 위하여 정석은 절대로 알아야만 하는 것이다.

   바둑의 싸움은 먼저 귀부터 시작합니다. 한쪽이 귀를 먼저 점거하고 다른 쪽이 그것에 걸치고 그 걸침을 맞아 접촉전이 벌어지는데, 어느 쪽이든 수순을 다하여 일단락되고 그것도 결과가 막상막하로 보일 때, 이것을 정석이라 부르는 거예요. 정석은 모델이고 규범이고 규범을 벗어난 쪽이, 당연히 불리한 결과를 초래합니다. 초반에서 확고한 지반을 쌓고 중반전을 향해 뒤지지 않기 위해선 정석의 다른 적용을 꼭 알아야만 합니다.

   정석은 활용이 중요하다고 합니다. 확실히 그 말대로서, 부분적으로는 대등한 모양이더라도 맞은 편 귀와의 관계, 배후에 어느 쪽의 세력이 있느냐 등에 의해 자연히 우열이 생깁니다. 그러나 활용보다도 무엇보다 먼저 알아두는게 첫째입니다. 기억하고 알아야만 활용도 할 수 있고, 머리속에 무엇이 들어와 있지 않다면 선택도 활용도 없는 셈입니다.

바둑연구회

차 례 ■

소목(小目)
요점

소목(小目)의 기초지식

소목(小目)의 기초지식

빈 귀를 차지하는데는 소목, 외목, 고목, 화점, 3삼의 다섯가지가 기본적인 착점(着点)이다.

저마다 독특한 성격을 갖고 있어 어느 것이 좋고 어느 것이 나쁘다 할 수는 없지만, 이중에서 소목이 가장 많이 두어진다.

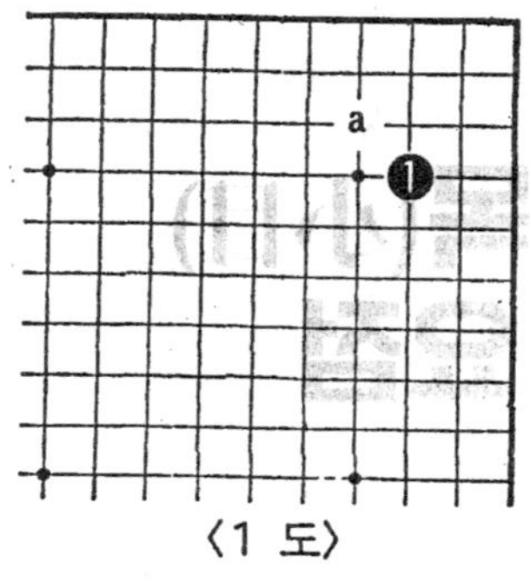

〈1 도〉

1도

흑1 또는 a의 곳이 소목. 소목이 갖는 최대 특징은 무엇보다 견실하다는 점이다. 들뜬데도 없고 더구나 옴츠리고 있지도 않다. 정정당당한 태도이다. 또하나의 특징은 국면과 취향에 따라 어떠한 굳힘이라도 둘 수 있다는 점이다.

2도

흑1의 일자굳힘, a의 한칸굳힘, b의 목자굳힘의 세가지 굳힘을 임의로 둘 수 있다. 이것이 소목만이 갖는 잇점이고 다른 착점이라면 이렇게 되지 않는다. 다음은 소목에의 걸침법과 그것에 대한 응수의 종료를 살펴봅시다.

소목 정석은 가장 많이 사용되는 것이니만큼 몇번이고 읽고 실지로 검토해 주기 바란다.

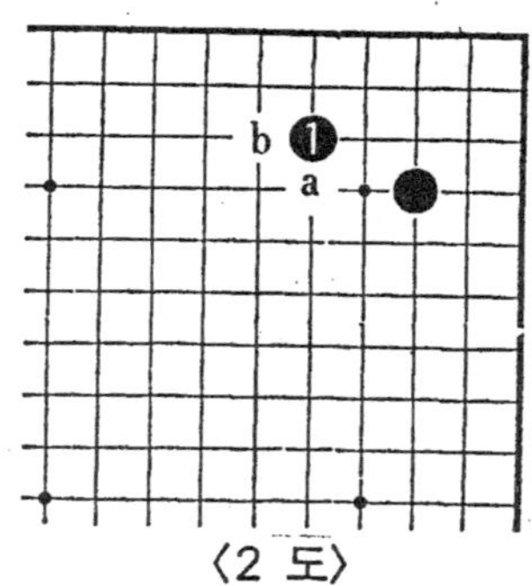

〈2 도〉

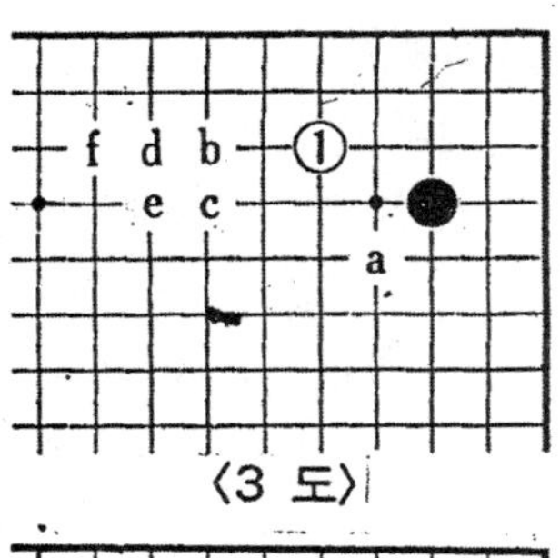

〈3 도〉

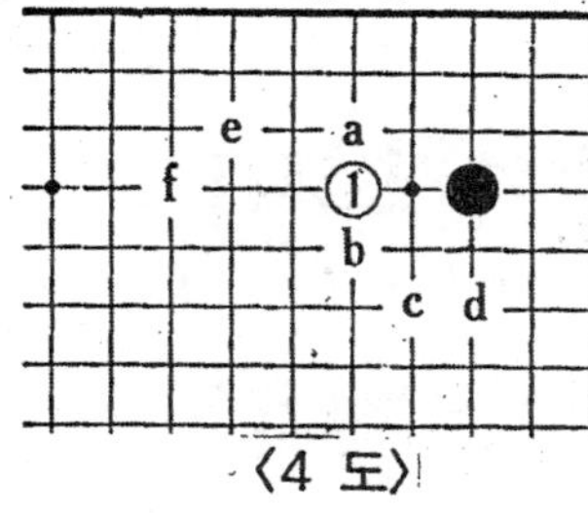

〈4 도〉

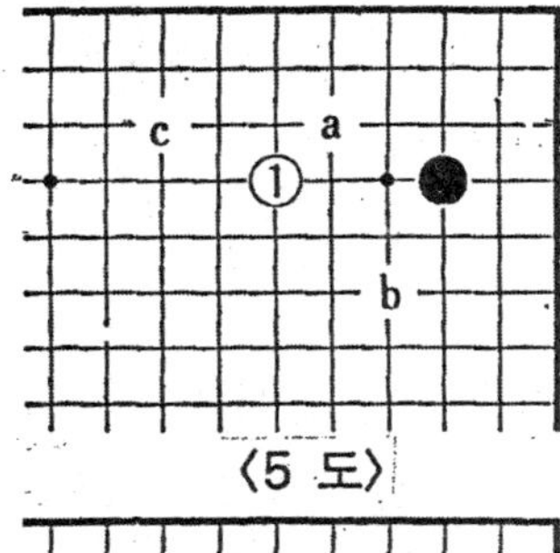

〈5 도〉

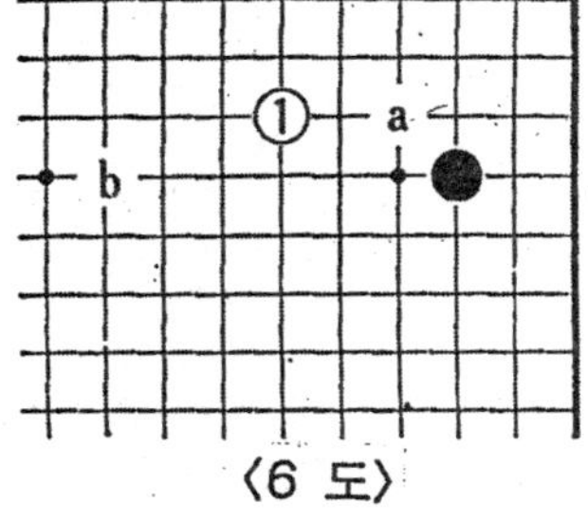

〈6 도〉

3도

백1이 일자걸침. 흑의 응수는 a의 마름모 b, c, d, e, f의 협공이 있다.

4도

이 1은 높은걸침. 한칸 높은 걸침이라고도 하며, 흑의 응수는 a의 아래붙임, b의 위붙임, c·d의 받음, e·f의 협공이 있다.

소목에의 걸침은 일자걸침과 높은 걸침이 9할 이상을 차지하고 기타는 주위의 상황에 따라 드물게 시도될 정도이다.

5도

이 백1은 두칸 높은 걸침, 흑의 응수는 a·b·c등이다.

6도

이것을 목자걸침. 흑은 a의 곳에 마름모로 받든가 b의 방면에서 협공하느냐이다. 이하 차례로 정석을 보아갑시다.

제 1 부

일자걸침

(1) 마름모

백의 일자걸침에 대해 흑1 마름모로 둔다. 얼핏 보아 알수 있듯 견실, 그것이다.

반면 스피드가 부족하여 발이 늦어지는 것은 부득이하다.

견고히 두면 속도에서 뒤지고 속도를 주도하면 허술해지는게 당연한 이치.

흑은 a의 곳에 세칸 버리든가 b의 곳에 걸치든가 손빼기 하든가이다.

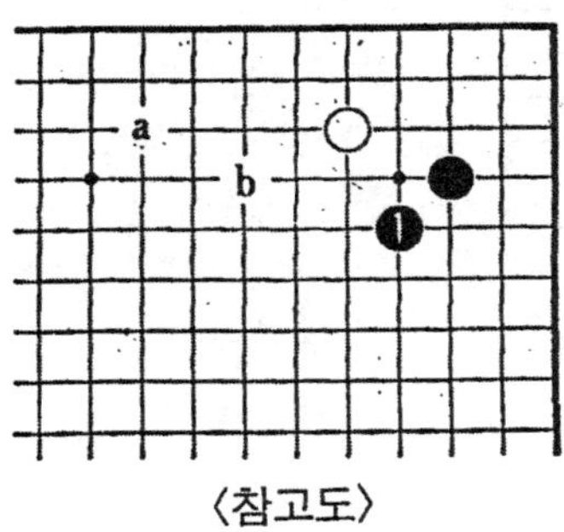

〈참고도〉

정석 1마름모, 세칸 벌림

【급 소】

백a로 일로 오른쪽인 두칸 벌림이면 좁아서 불충분, 흑3은 큰곳이지만 반드시 곧 둔다고는 할 수 없다.

◆ 〔정석 1〕 기본도

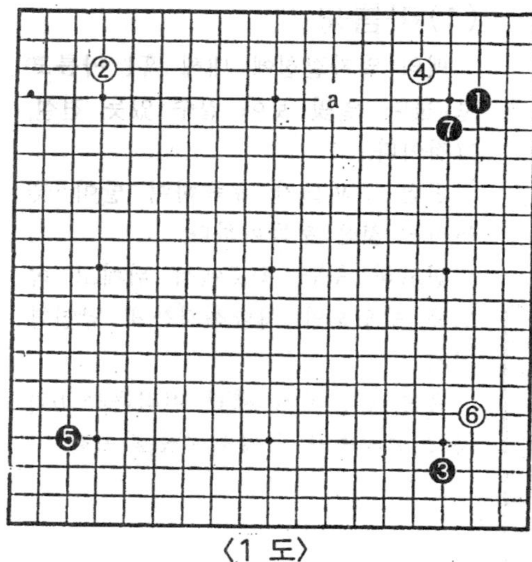

〈1 도〉

1도

흑1부터 5까지 이른 바(수사이)의 표석이다. 백6으로 걸쳐서 여기서 흑7마름모 두는게 국면을 단순케 하는 호수라고 일컬어 졌다.

그러나 그것은 덤이 없는 시대의 이야기로서 현대 바둑에선 7로 흑a의 곳에 협공하는 수가 많아졌다.

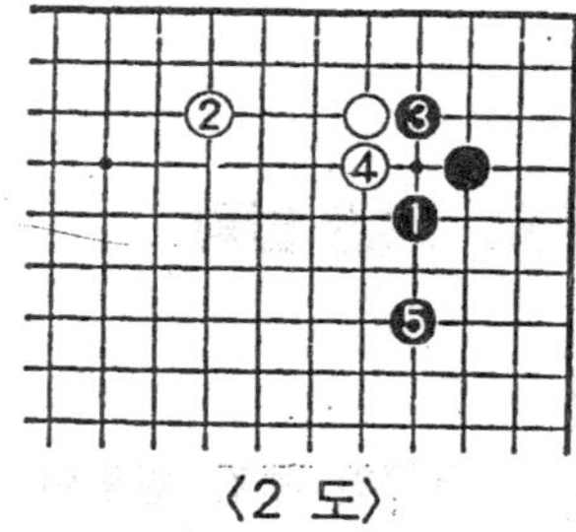

〈2 도〉

2도

백2의 두칸벌림은 흑3, 5로 진행되어도 굳어진 모양이라서 쓰라립다.

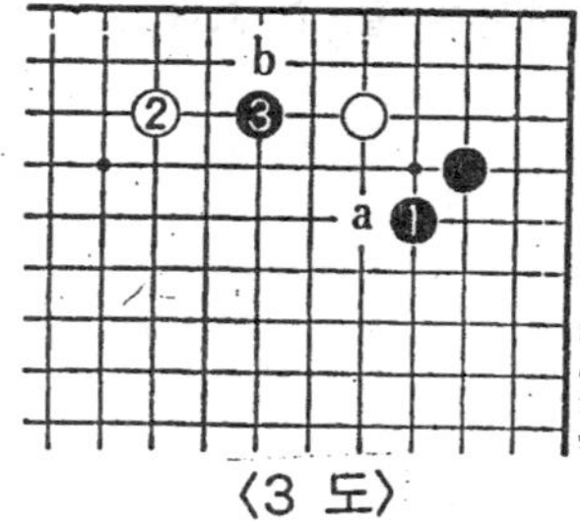

〈3 도〉

3도

그래서 백2로 세칸까지 나아간다. 흑3 두어오는 걸 겁내지 않는다. 백은 a또는 b에 붙여 응전한다.

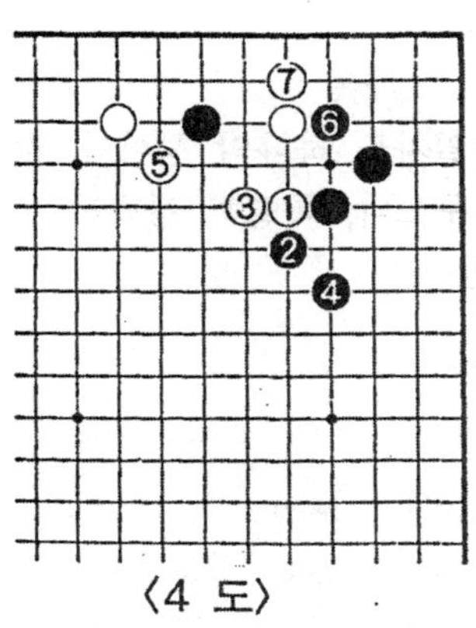

〈4 도〉

4도

백1로 붙이면 흑2, 4는 이런 것이므로 백5로 마름모 두어 한점을 둘러싸고 흑6, 백7까지이다. 흑의 침입은 여기서부터 싸움을 일으키는게 아니고 선수로 모양을 갖추는 의미인 것이다. 흑4로 5의 곳으로 달아나 보아도 2의 오른쪽에 끊기는 곳이 있다면 잘될 턱이 없다.

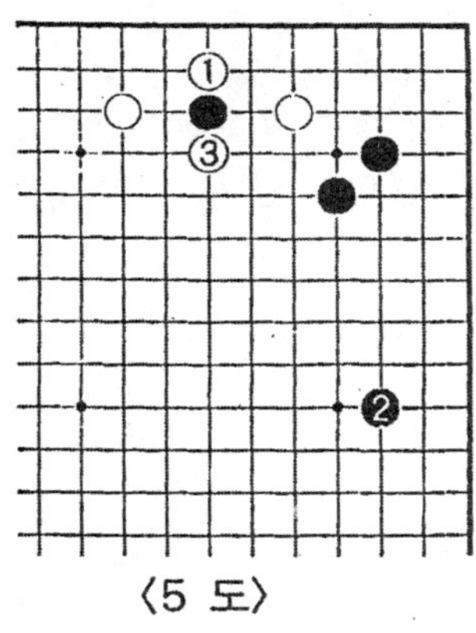

〈5 도〉

5도

이 백1은 온당한 수. 흑은 한때 버려두고 2같은 큰 곳으로 간다. 백3은 본수(本手)이다.

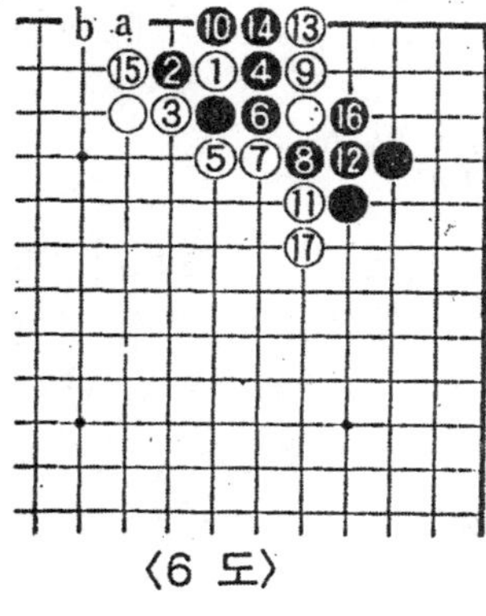

〈6 도〉

6도

흑1로 젖히고 나오면 3으로 끊어 흑4, 백5이하는 외가닥 길이다. 백은 석점이 둘러싸이지만 수싸움이라 대단한 흑집이 아니고 17뻗은 두터움이 엄청나다.

이윽고 상변에서 싸움이 벌어졌을 경우 백a, b가 효과적이라 크나큰 강점이 되리라.

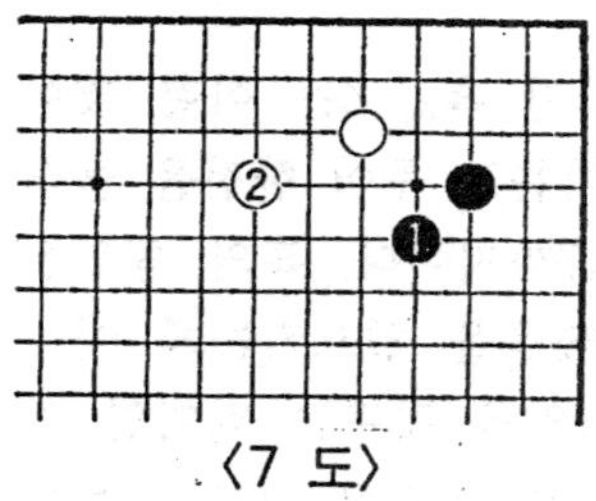

〈7 도〉

7도

　백2의 날일자도 하나의 형이다. 이 뒤 어떻게 두느냐, 특별히 정해진 수준은 없지만—

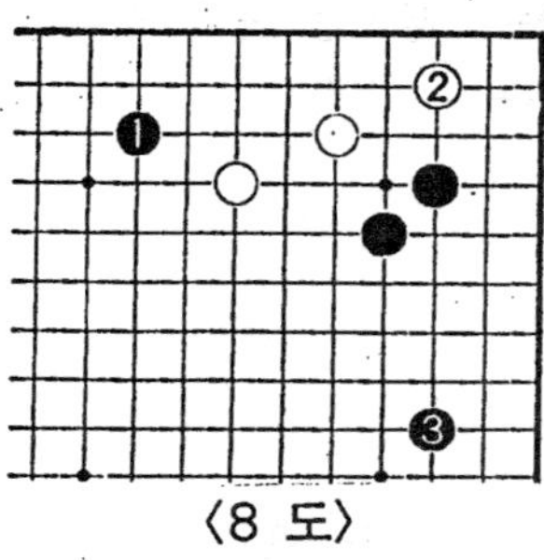

〈8 도〉

8도

　흑1로 협공하고 백2로 달리면 흑3 벌리는게 극히 보통인 수준이다. 원래 흑이 마름모로 두는 수는 약간 활동성이 적고 영향받은 느낌을 금하지 못한다. 따라서 백은 손빼는 일이 많고 흑으로선 손뺌을 당했을 때의 두는 법을 알아야 한다.

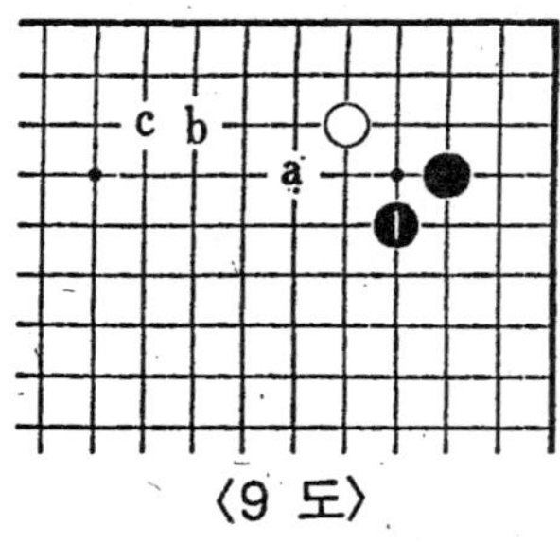

〈9 도〉

9도

　흑1에 백이 손뺌을 하면 후속인 흑부터의 수단은 a의 압박 b, c의 협공의 세가지가 있다.

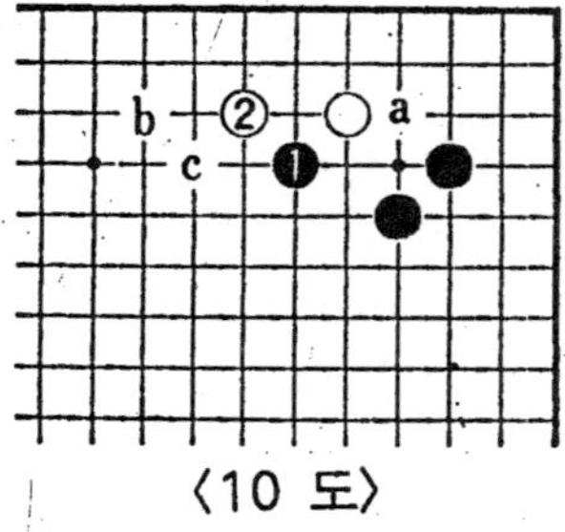

〈10 도〉

10도

　흑1로 압박하면 백은 2로 뛰어받는다. 다음에 흑은 귀의 실리를 얻는다면 a, 상변에 개척하려면 b, 모양을 만들자면 c에 압박한다. 1, 2인채로 손뺌을 하는 것도 자유다.

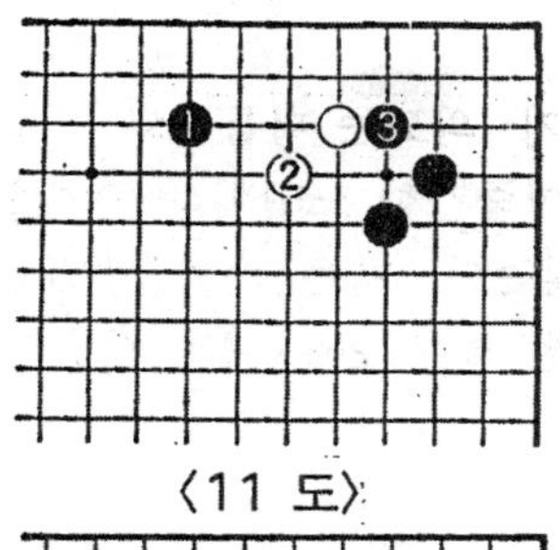

〈11 도〉

11도

흑1의 협공은 매섭다. 백이 2로 마름모가 되면 흑3으로 집을 뺏으면서 백의 근거를 뺏는다. 흑쪽에 돌이 많으므로 백이 수세인 것은 당연하겠지요.

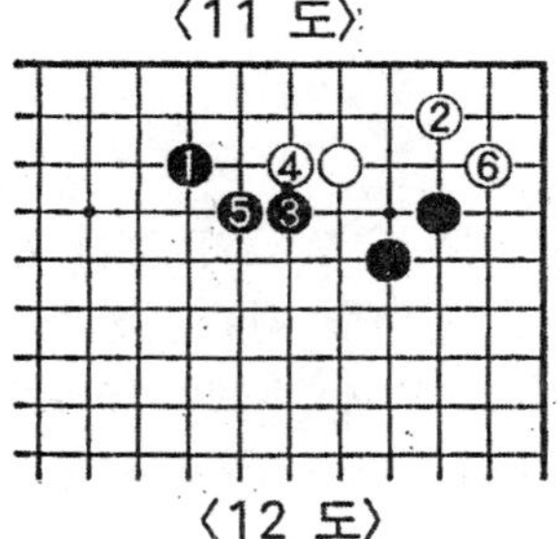

〈12 도〉

12도

공격받는게 싫다면 백은 2로 달려 일찌감치 살려고 한다. 흑은 3두어 봉쇄하고 백6까지로 산다. 안전한 대신 흑의 두터움도 상당하다.

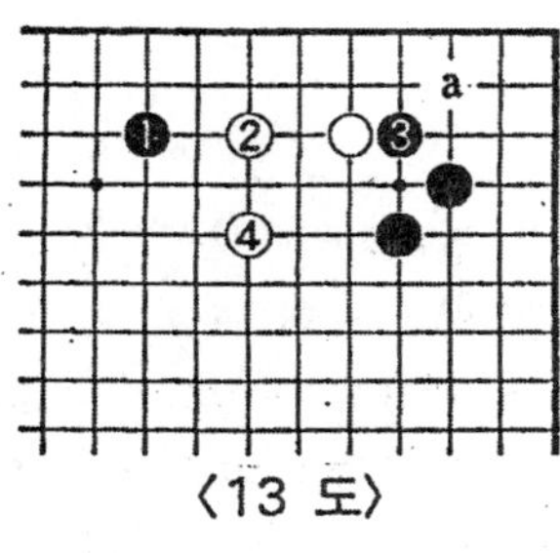

〈13 도〉

13도

흑1의 세칸 협공이라면 백도 2로 두어 뿌리를 내리는 여유가 있다. 흑3의 마름모붙임은 백a를 방해하여 거의 절대. 백4 뛰어 나가고 11도에 비하면 꽤나 편하다.

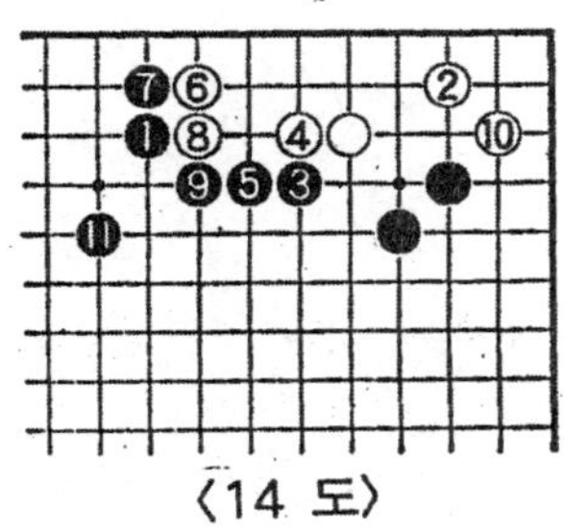

〈14 도〉

14도

흑에게 두터움을 만들게해도 좋다는 국면이라면 백2로 달려 일찌감치 산다 백10, 흑11까지 백의 선수. 흑11의 일자이음은 기억해 둘 이음법이다.

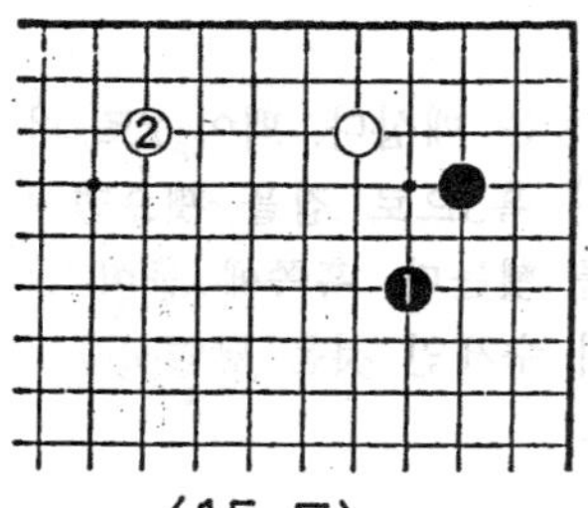

〈15 도〉

15도

흑1의 일자. 의도는 마름모와 같지만 어딘가 어중간한 느낌이라 좀처럼 두어지지 않는다. 백은 손뺌을 해도 좋고 둔다면 역시 2의 세칸 버림이 무난하다.

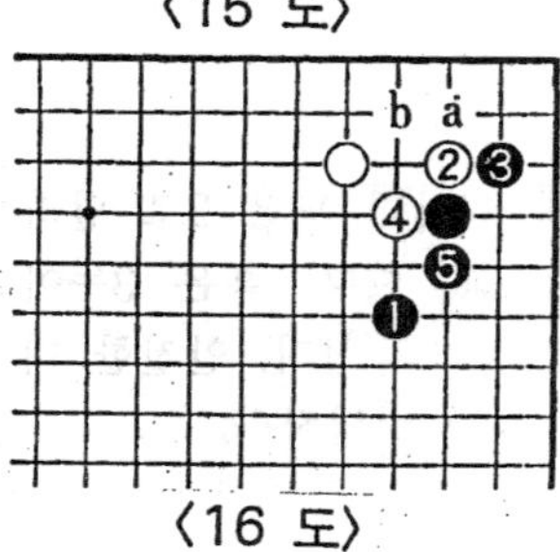

〈16 도〉

16도

이 모양을 백부터 2, 4의 곳에 두는게 효과적. 다음에 백a로 완전히 수습되고 버려두어져 흑a로 몰아도 백b의 패로 처리하는 수단이 있다.

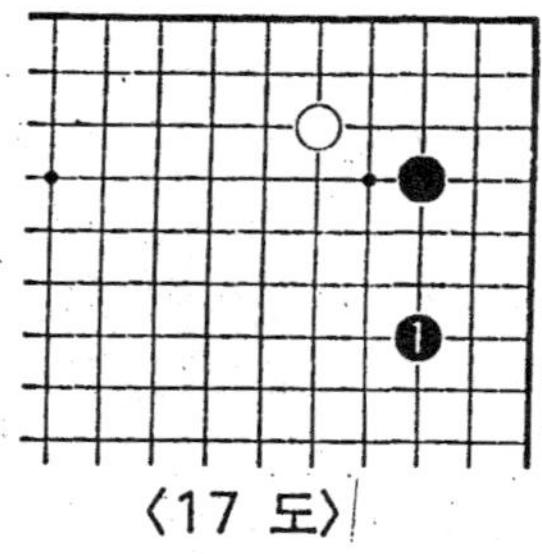

〈17 도〉

17도

흑1로 두칸 벌리는 것은 경우의 수단이다. 이를테면 우하(右下)에 백의 견고한 세력이 있을 때 그 두터움을 없애는 의미로 두는 것이다. 이 부분에만 국한시키면 1은 무기력한 수라 하겠다.

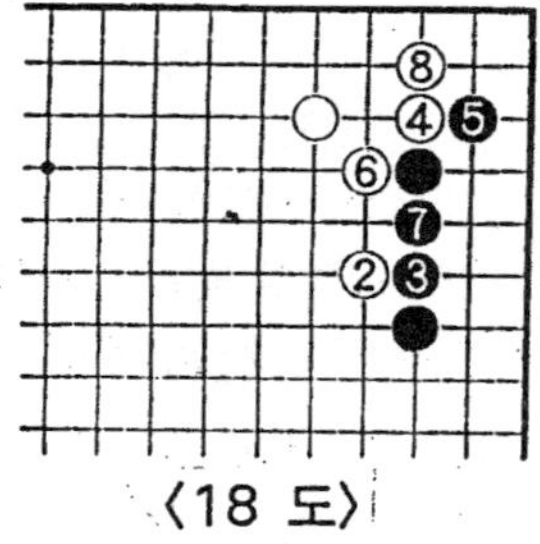

〈18 도〉

18도

흑부터의 매서운 수가 없으므로 백은 손뺌하여 다른 좋은 곳으로 간다. 계속해서 둔다면 백2부터 4에 붙여 8까지 상용수단이 된다.

(2) 한칸 협공

일자걸침에는 협공하는게 사고방식의 기본.

참고도의 흑1이 한칸 협공. 백의 응수는 a의 3삼붙임, b의 뛰어나감, c의 모붙임, d의 머리붙임, 그리고 손뺌의 다섯가지이다.

한칸 협공은 내가 즐기는 수의 하나로서 7단무렵까지 꽤나 두었다.

어느협공을 택하는가는 기분이나 취향에 따르는 일이 많다.

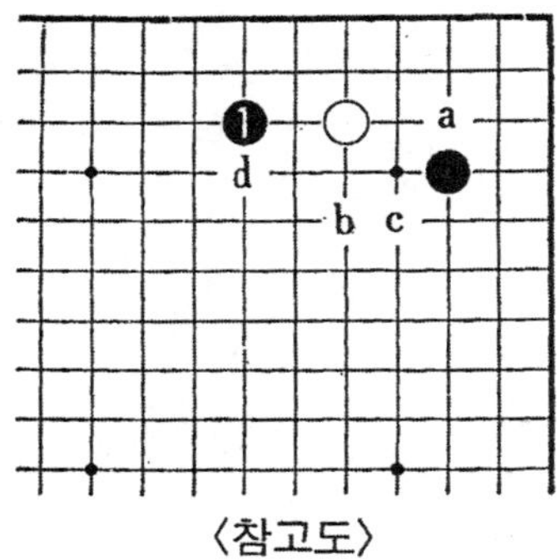

〈참고도〉

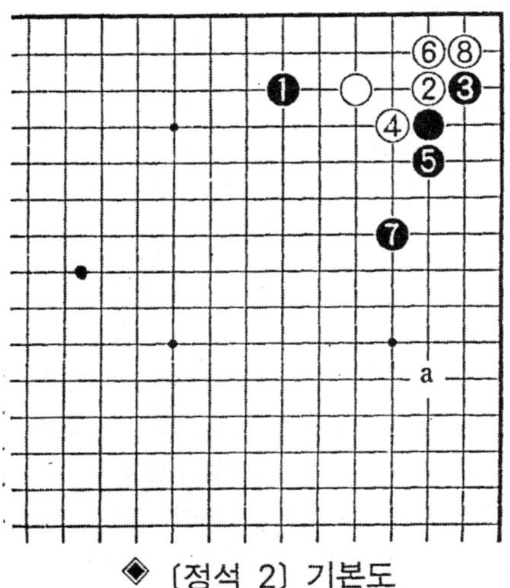

◈ 〔정석 2〕 기본도

정석 2 한칸 협공, 3삼붙임

【급　소】

백2, 4는 빨리 수습하는게 목적. 단 5로서 6의 곳에 단수 몰리는 것은 각오해야 한다.

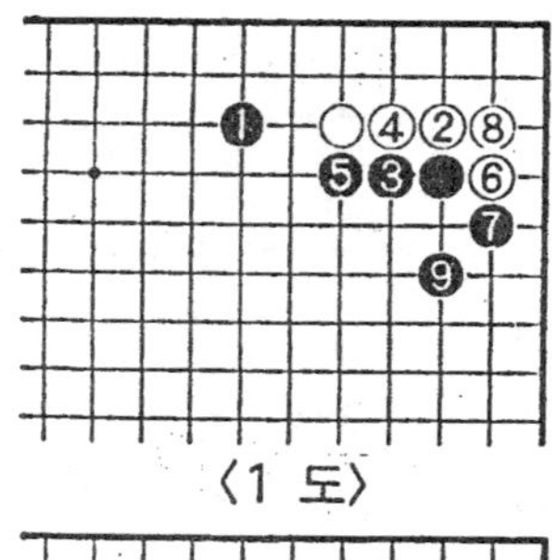

〈1 도〉

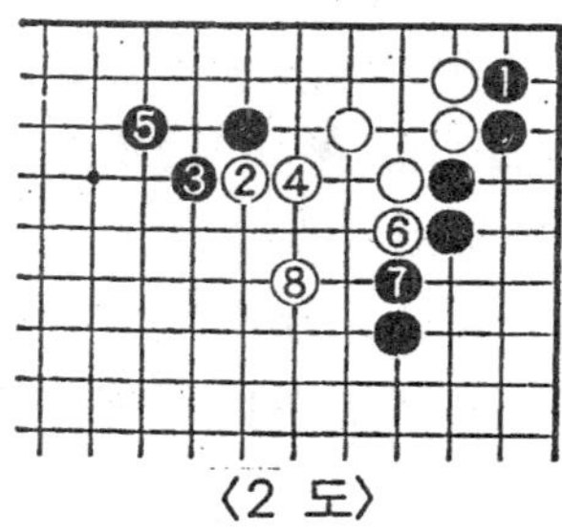

〈2 도〉

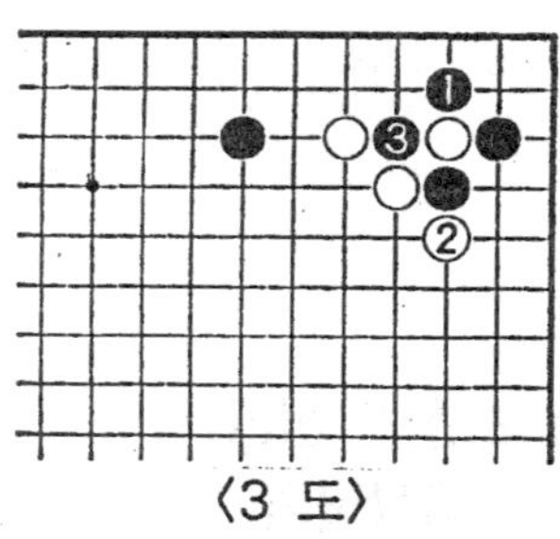

〈3 도〉

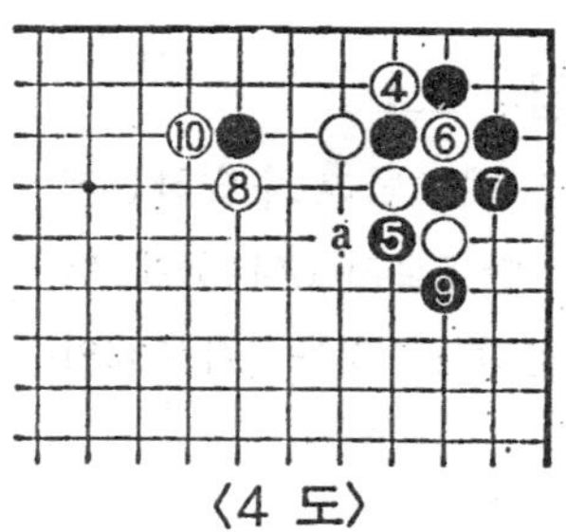

〈4 도〉

기본도

흑5끌면 온당하다. 흑7, 백8은 필연. 이어서 흑a가 좋은 곳인데 서두를 필요는 없다.

1도

백2 흑3, 5로 두는 수도 있다. 백에게 귀의 집을 주더라도 외세로 두는 작전이다.

2도

백이 기본도의 8을 생략하면 흑은 즉각 1로 누른다. 백은 2부터 8까지 사는 건 간단하지만 좌우의 흑을 굳혀주는 마이너스가 크다.

3도

흑이 끌음이 아니고 1로 모는 변화. 백은 2로 되몰고 흑3따냈을 때—

4도

백4로 이쪽부터 몰아준다. 무서운 것은 흑5의 끊음인데 6으로 따내고 백8의 붙임이 교묘한 수단으로서 흑9, 백10으로 무사한 일단락. 흑5로 6의 곳에 잇으면 백a로 호구이음한다면 충분하겠지요.

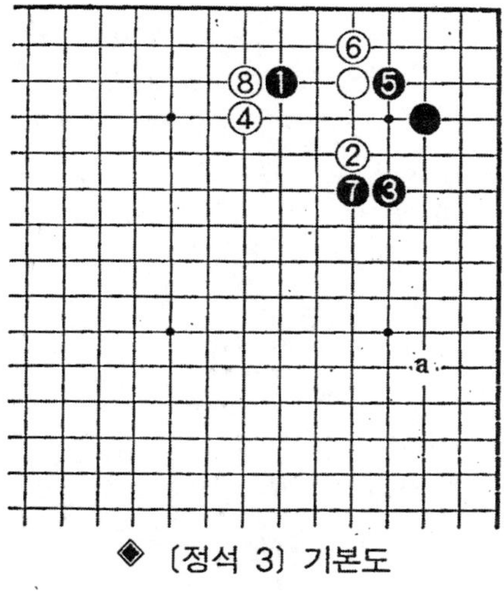

◈ 〔정석 3〕 기본도

정석 3 한칸 협공, 한칸 뜀

【급 소】

백2, 평명(平明). 흑5, 7도 간명하게 선수를 잡겠다는 의도. 이어서 흑a가 큰곳인데 절대로 아니다.

기본도

백2의 뜀에는 흑3이 모양 이다. 백4의 압박은 옛날부터 있는 수법으로서 현재도 곧 잘 두어진다. 흑5로서 1의 한 점을 움직일 수도 있다.

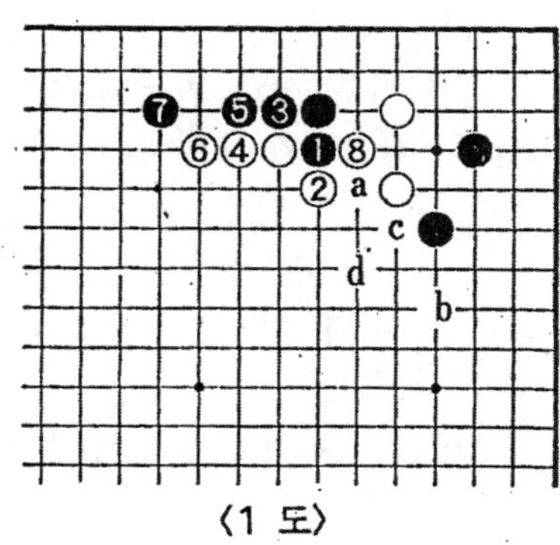

〈1 도〉

1도

흑1, 3움직여 7까지. 백은 8또는 a로 모양을 정비하고 흑은 b로 겨누는 수순이 되 는 외에도 백8로서 b에 두어 육박하고 흑c, 백a 흑d로 진 행되는 것도 한가지 방법. 프 로의 실전에선 기본도보다 이그림처럼 두어지는게 많은 듯 싶다.

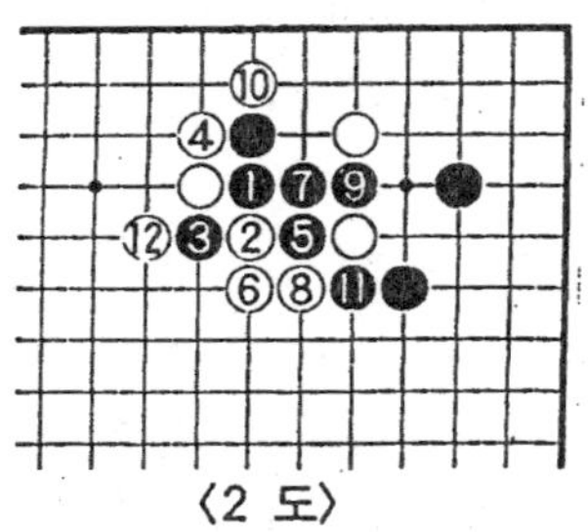

〈2 도〉

2도

흑3끊는 건 강수인데 축관계가 있어서이다. 백은 4로 누르고 필연적으로 흑11까지가 되었을 때 12로 축을 잡으면 불만이 없는 모양. 그리고 이 축관게는 기본도의 4로 두기 이전에 확인해 두어야 한다. 또한 흑5의 단수 몰음으로—

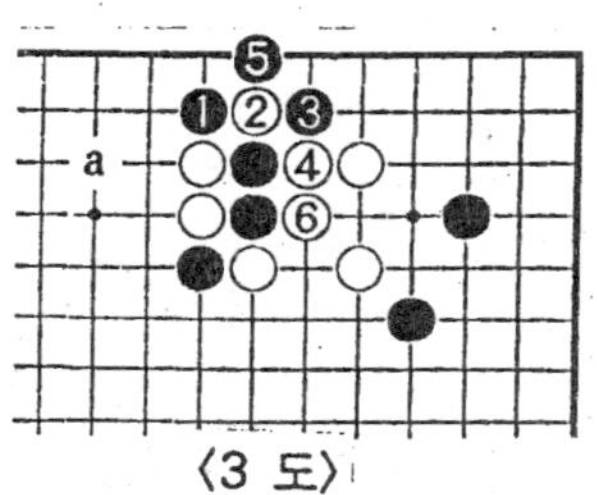

〈3 도〉

3도

1로 젖히는 것은 불가능하다. 백에는 2로 끊는 수단이 있고 4, 6죄어져 흑의 실패로 돌아간다. 다음에 흑이 두점을 잇고 백a의 뜀까지 살수는 있어도 저위(低位)로 기어다니는 꼴이라면 말도 안된다.

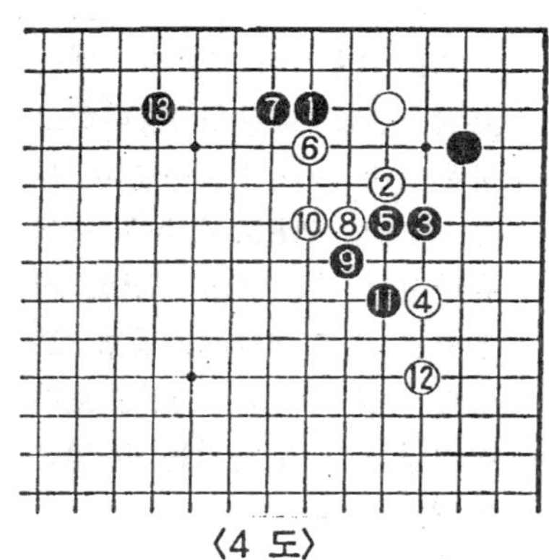

〈4 도〉

4도

백4로 육박하는 것은 느슨함을 싫어하는 현대 바둑의 방식. 흑5를 찌고 백6부터 10까지로 처리, 흑11엔 12로 뛴다. 자못 바쁜 느낌인데 상당한 실력이 없으면 이런 패턴은 소화시킬 수 없으리라.

적어도 우하귀에 원군이 없으면 백이 괴롭다.

정석 4 한칸 협공,
일자형

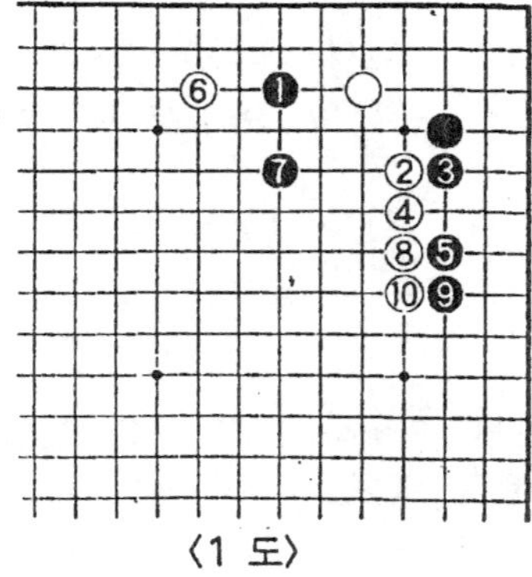

◈ 〔정석 4〕 기본도

【급   소】
　흑3, 5는 매섭지만 끊고서 싸운다 하기보다 결말을 짓는 노림수. 흑9, 백10은 둘다 본수.

기본도
　흑3, 5의 끊음은 싸움을 거는 적극책같지만 백10까지 된 모양을 보면 극히 무난한 알기 쉬운 갈림이 되어 있다. 이런예는 바둑에서 흔히 있는 것이다.

1도
　흑3, 5로 받는 수도 물론 있다. 그리고 온당한 것처럼 보이지만 이편이 뒤가 어렵고 규모가 큰 싸움이다. 백은 6으로 협공하고 흑7의 뜀에는 8, 10으로 밀어붙인다. 이제부터는 힘내기로서 특별히 정해진 패턴은 없다.

〈1 도〉

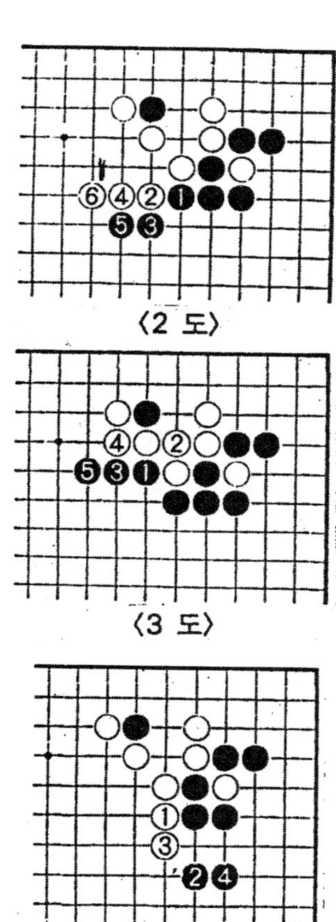

〈2 도〉

〈3 도〉

〈4 도〉

〈5 도〉

2도

정석은 기본도 10까지로 끝이지만 이어서 흑1로 밀어붙이는게 아주 좋은 곳으로서 바로 아니더라도 빠른 시기에 두는게 좋겠지요. 백6까지, 어느쪽이나 두터운 모양.

3도

앞그림의 백2를 생략하면 흑1로 몰아 5까지 된다. 이것은 흑의 세가 너무커서 손뺌하여 다른 좋은 곳을 둔다해도 백이 나쁘다.

4도

흑이 밀어올림을 유예하면 오히려 백1로 밀어 붙여진다. 흑2, 4의 받기는 이런 것인데 2도와의 차이가 너무 명백하다. 백1의 밀어붙임에 손뺌하면―

5도

백1의 호수가 있고 흑2, 백3으로 봉쇄된다. 흑2는 본수. 2로 a의 곳은 백3 모붙임되어 더욱 더 나쁘고 흑2를 생략하여 백2면 지독한 꼴.

정석 5 한칸협공 머리붙임

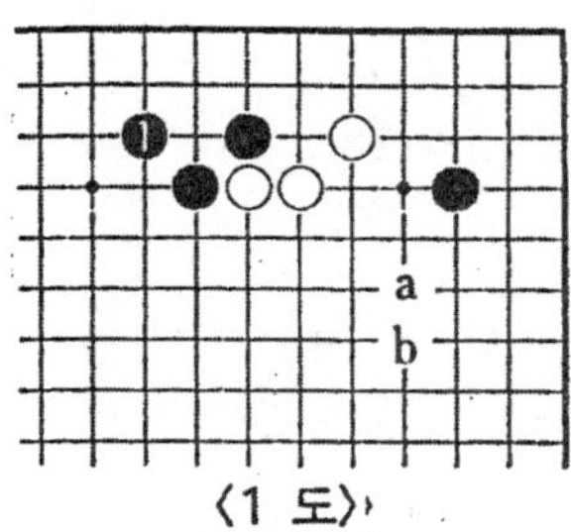

◆ 〔정석 5〕 기본도

【급　소】

백2, 4의 붙여끌음은 빨리 수습하겠다는 견실한 수. 흑9, 정착(正着). 9로서 a의 곳은 속수(俗手).

기본도의 흑5는 알기쉬운 두기법. 7로 호구이음하는 수도 있고 그 뒤의 변화는 꼭 알아두어야 한다.

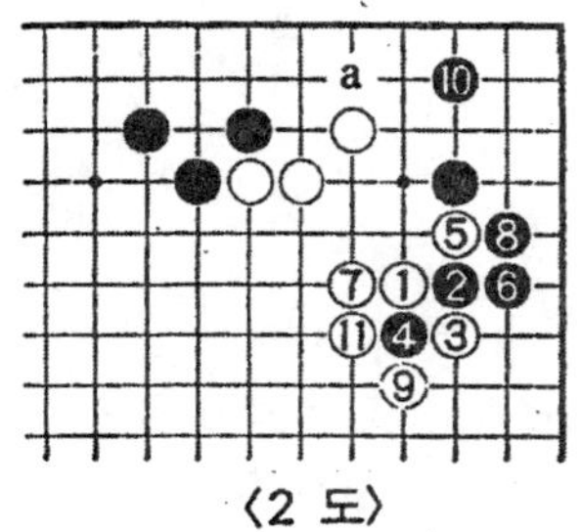

〈1 도〉

1도

흑1 호구이음하면 백은 a나 b에 둔다. 백a는 축이 유리할 때, 백b는 축이 나쁠 때의 두기법이다.

〈2 도〉

2도

백1로 두고 흑2, 4로 맞끊어 8까지. 여기서 백9의 축이 성립하는게 1에 두기위한 조건이다. 흑은 10으로 뛰어 a의 넘어감을 남기고 백11따내어 일단락한다.

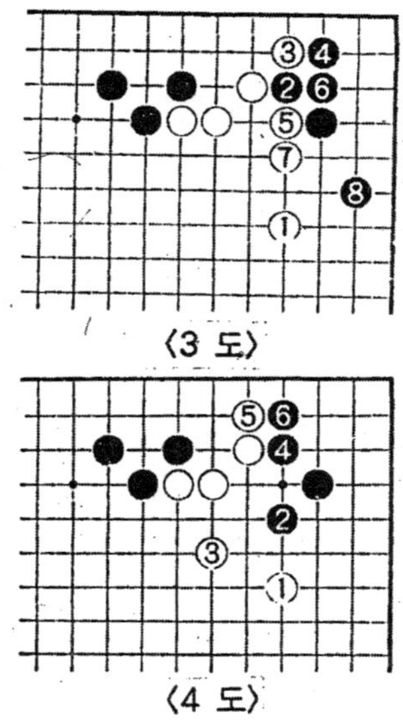

〈3 도〉

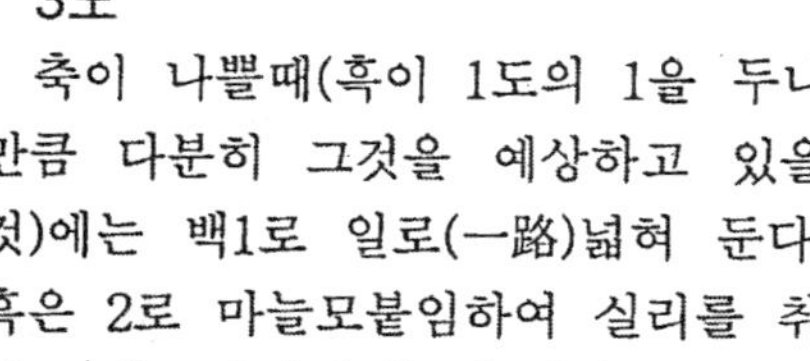

3도

축이 나쁠때(흑이 1도의 1을 두니만큼 다분히 그것을 예상하고 있을 것)에는 백1로 일로(一路)넓혀 둔다. 흑은 2로 마늘모붙임하여 실리를 취하고 백3 젖힘엔 흑8의 달아남까지.

〈4 도〉

4도

흑2로 마름모 두는 수도 있다. 이것이라면 백3부터 흑6까지이다. 2도, 3도, 4도는 어느것이나 정석으로서 기억해 둘 필요가 있다.

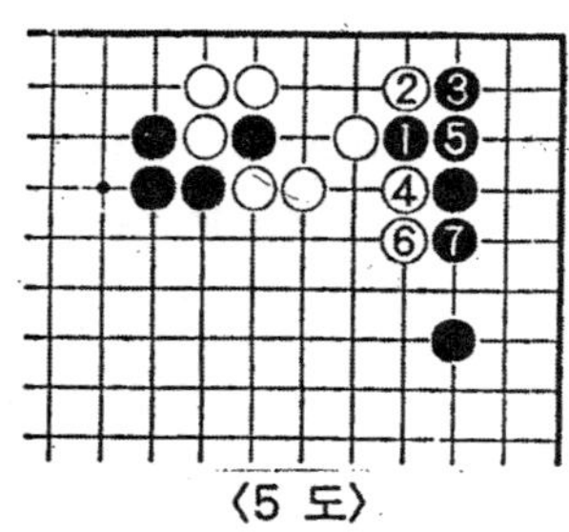

〈5 도〉

5도

기본도의 다음을 흑부터 두자면 흑1이 좋다. 백은 2로 젖혀 6까지 선수로 하든가 3에서 일로 좌로 내려서든가이다.

〈6 도〉

6도

백부터 두자면 1, 3이 호수. 실리도 크고 흑을 허술하게 만든다.

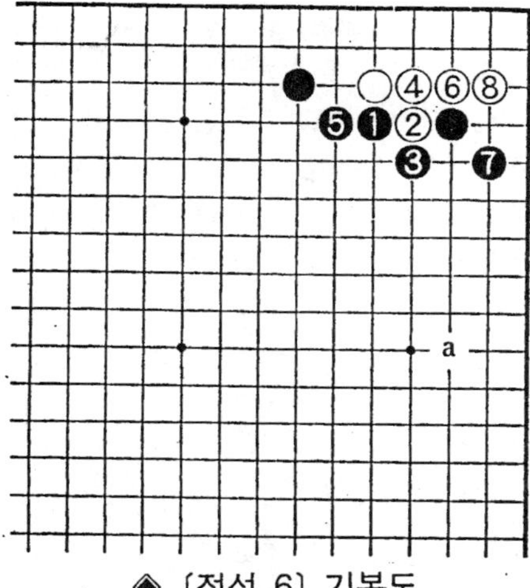

◆ 〔정석 6〕 기본도

【급　소】

백이 손뺌을 하자면 축 유리가 바람직하다.

백2, 수맥. 백8은 후수지만 본수.

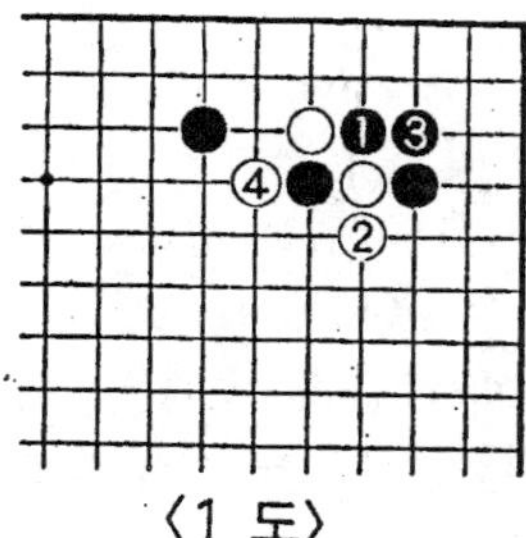

〈1 도〉

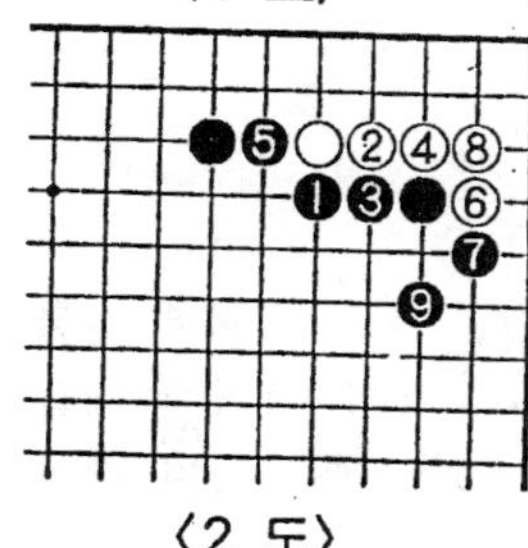

〈2 도〉

기본도

백의 손뺌에는 흑1붙여 봉쇄하는게 보통. 백은 8까지로 살고 3의 왼쪽 단점(斷点)을 노리고 그것에 대비하여 흑a벌리면 온당한 진행이 된다.

그런데 백a로 찌르기 위해선 축유리가 조건이다. 흑3으로—

1도

1로 끊어 3으로 이었을 때 백4의 축이 성립되어야 한다.

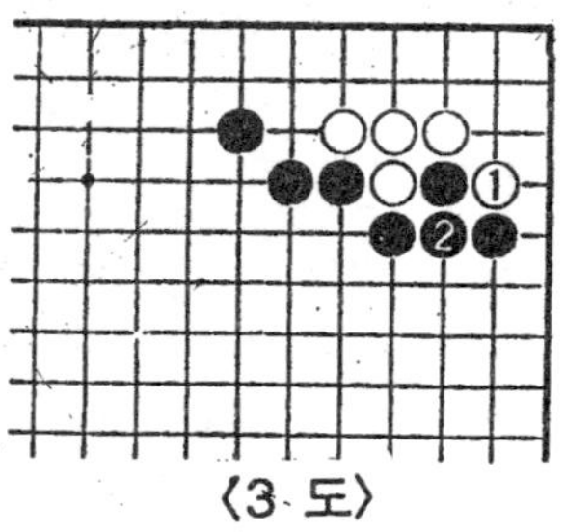

〈3 도〉

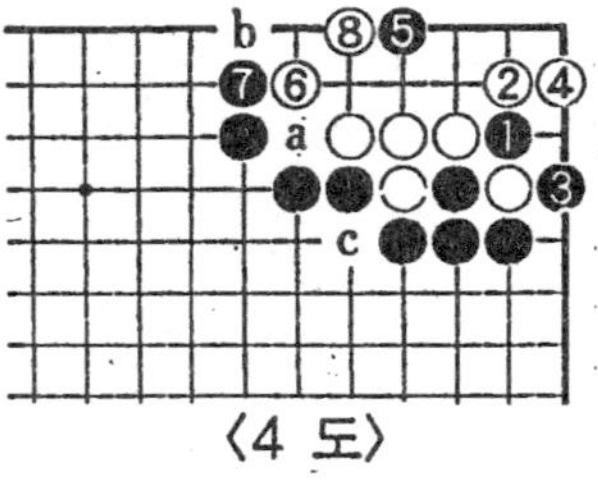

〈4 도〉

2도

그 축이 좋지 않다면 흑1에 백2로 늘이는 한수 뿐인데, 그러면 흑7까지 되어 흑의 자세는 그야말로 완벽, 비록 두 수 많음을 고려에 넣더라도 이렇게 되면 흑은 충분하다. 기본도의 백8은 후수라도 이렇게 내려두는게 본수.

3도

백1, 흑2두고 선수로 딴곳에 가는 것은 허술한 두기법으로서 찬성할 수 없다. 이뒤—

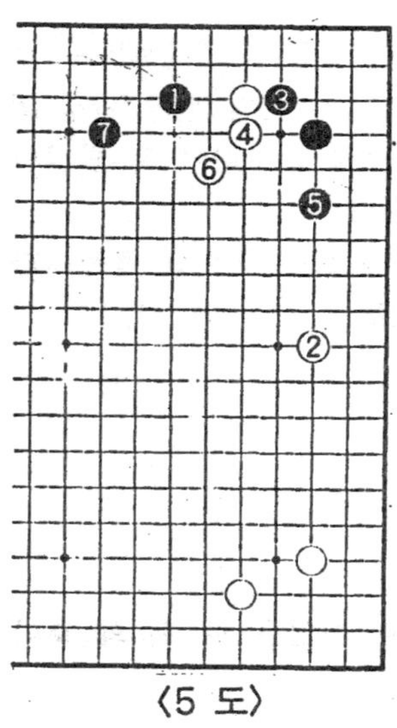

〈5 도〉

4도

바로 흑1, 3으로 따냄을 당하고 백4로 삶은 있어도 흑에게 5, 7강요된다. 다음에 흑a또는 b도 효과적이라서 노림수인 백c의 끊음은 전혀 무효가 되고마는 것이다.

5도

이런 모양이라면 흑은 3, 4로 변화된다. 흑3으로 4의 곳에 붙여 외세를 펴도 이미 백2가 있어 활동하지 않기 때문이다.

(3) 한칸 높은 협공

흑1로 높게한칸 협공한다. 이것은 전에 거의 두지 않았던 수인데 5년쯤 전부터 별안간 유행되기 시작했다.

머리부터 씌우는 듯한 순엄함이 현대 바둑의 감각에 들어 맞아서 일까요. 백의 응수에는 a의 3삼붙임 b의 뜀, c의 일자, d의 아래붙임의 네가지가 있고 낮은 협공과는 달리 손뺌하는 일은 없다.

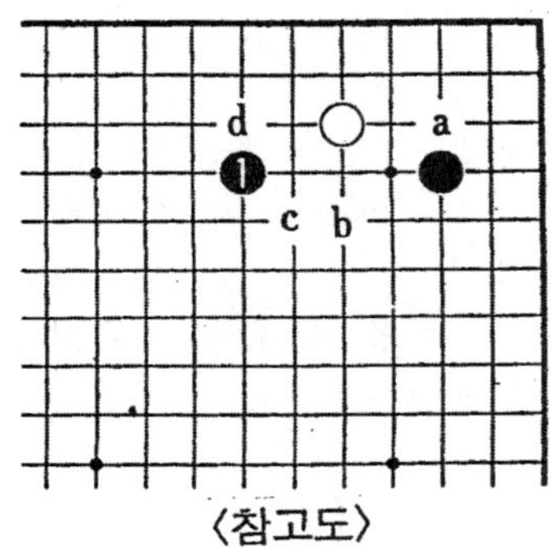

〈참고도〉

정석 7 한칸 높은 협공 3삼 붙임

【급 소】

백2의 3삼 붙임은 빨리 수습되는게 목적. 백6은 절대로서 8로 뻗어 흑6 잇게 해서는 안된다.

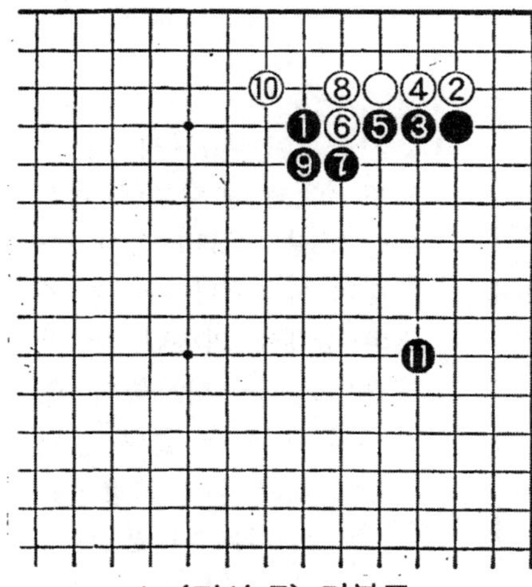

◆ 〔정석 7〕 기본도

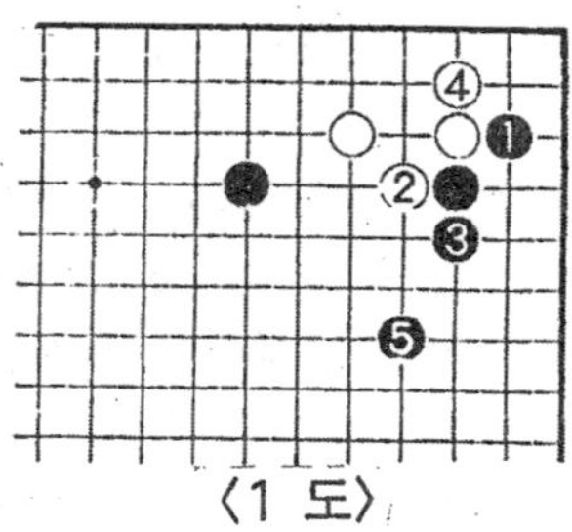

〈1 도〉

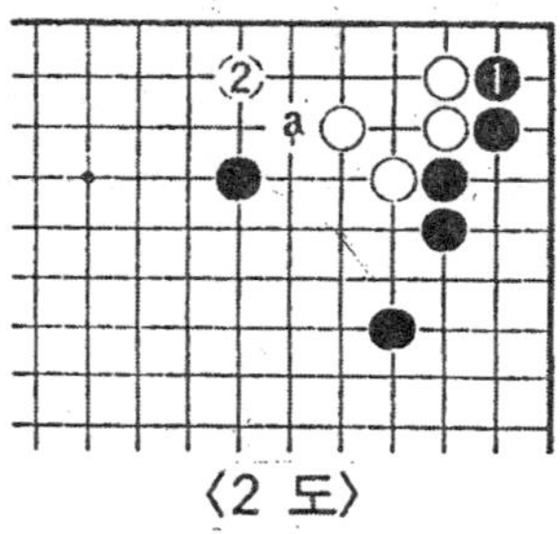

〈2 도〉

기본도

　흑은 3, 5로 봉쇄하고 백은 반드시 6으로 젖혀 끼운다. 6에서 8로 뻗고 흑6으로 흑7의 누름이라면 온당하며 흑의 모양, 백의 실리라는 갈림이 된다.

1도

　백의 붙임에 흑1로 젖히고 이하5까지로 진행되는 것은 조금 무르다는 느낌이 있다.

　이걸로선 높은 협공이 어중간한 위치가 되고 아마 백은 손뺌을 하리라.

2도

　이어서 흑1로 눌러도 백2가 있고 1로서 a라면 백1인데 백은 눈의 결정이 없는 모양

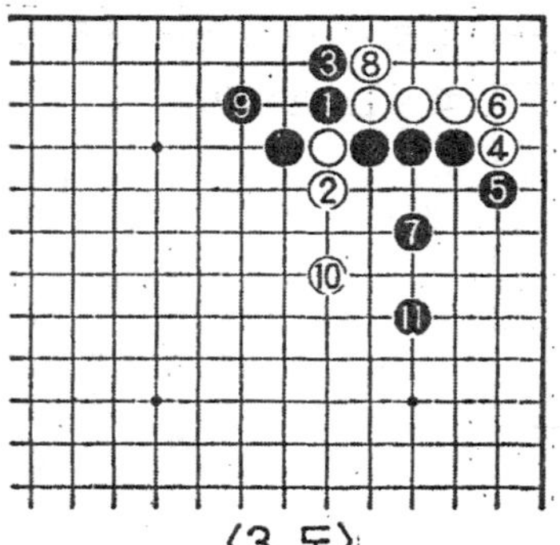

〈3 도〉

3도

　기본도의 흑7로서 이 그림의 1처럼 아래부터 끊으면 백2부터 흑11까지라는 진행이 예상되며 가부는 주위의 상태에 의한다. 이 부분만으로서는 어느쪽이 좋고 나쁘다 할수 없다 안의 세점이 공격되는 모양이라도 백은 귀의 실리를 먼저 취하고 있기때문에 그것은 부득이 하다고 하겠다.

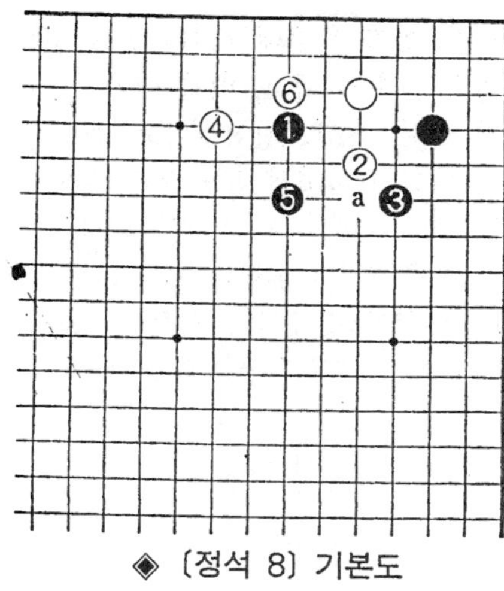

◆ 〔정석 8〕 기본도

정석 8 한칸 높은 협공, 뛰어나감

【급　소】

흑3, 상용수단. 백4가 모양의 급소.

흑5의　뜀이라면　6으로 넘어가 안정된다.

기본도

백2, 흑3부터　백4의　협공 이 급소로 되어 있다.

흑도　버티므로　잘　되지　않고 5의 뜀이 그것. 백은 6으로 붙이고 넘어가는 수순을 얻는다. 어쨌든 백이 a의 곳을 밀어 붙이지 않는다는 걸 알아주십시요.

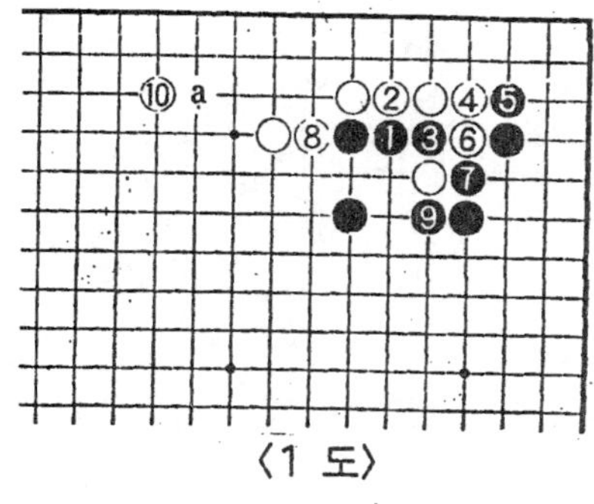

〈1 도〉

1 도

흑은 기본도인채 방치하는 일도 있지만 대부분은 이1이하를 결정지어 둔다. 백10까지 어느쪽이나 당당한 겨눔이다. 10의 벌림을 생략하면 흑a로 다가서는 수가 의외로 매섭다. 흑5로 두터움을 주고 한다면 6의 곳에 있는 수도 고려된다.

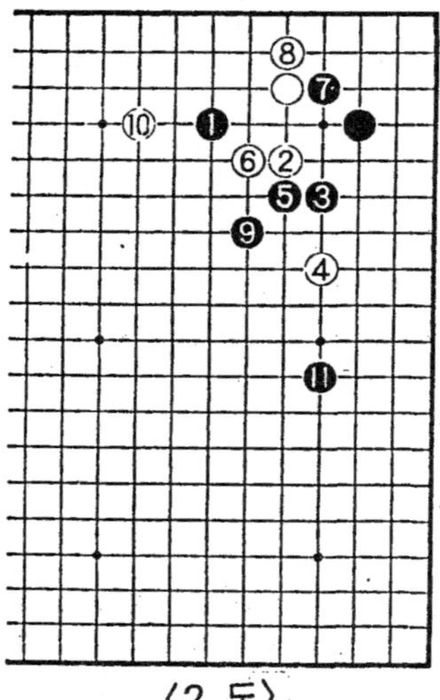

〈2 도〉

2도

낮은 한칸 협공때 나타나듯 백4로 육박하는 수도 있고, 역시 어려운 전개가 된다. 흑5로 밀어붙이고 백6 머리를 내밀게 하고서 흑도 9로 나가고 백10, 흑11. 백은 흑1의 움직임을 엿보고 흑은 백4의 움직임을 엿보아 쉽사리 모양이 정해지지 않는다. 즐겨 두어선 안될 패턴이라고 하겠다.

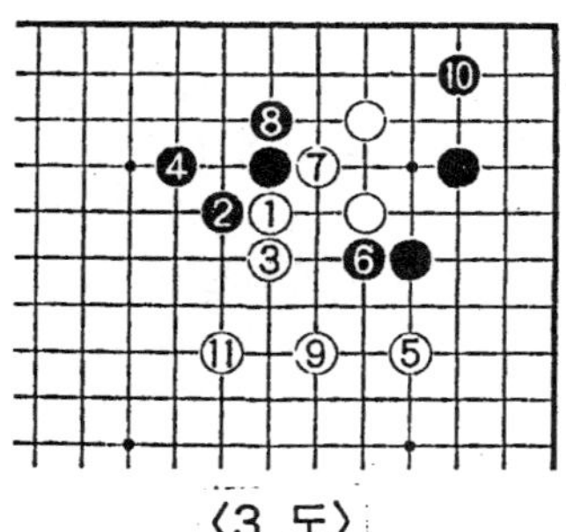

〈3 도〉

3도

기본도의 백4로선 1, 3으로 붙여 뻗는 정석도 있다. 흑4 호구이음하면 백5 뛰어들고 선수로 7을 이용해서 9로 봉쇄하여 흑10일 때 백11로 정비한다. 다음에 흑은 상변에서 벌리게 되리라. 흑4로선—

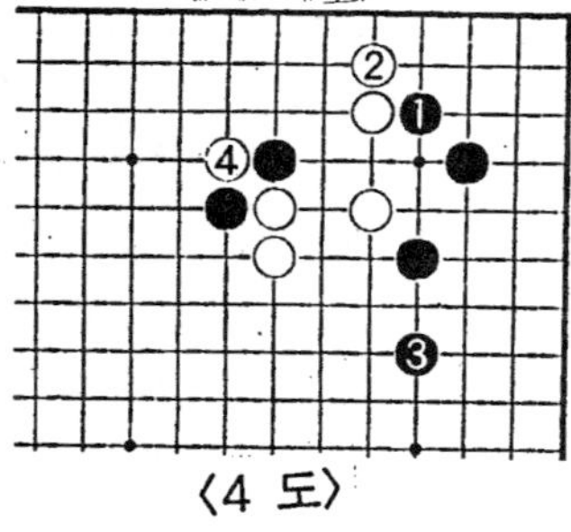

〈4 도〉

4도

이 1, 3으로 깨끗이 두는 것도 생각되며, 백4에는 손뺌하여 다른 곳으로 옮긴다.

정석 9 한칸 높은 협공
날일자

【급　소】

백2의　날일자는　모양을
정하지　않는　수.

흑3　이어　백a, b등이　있
으나　특별히　정해진　패턴은
없다.

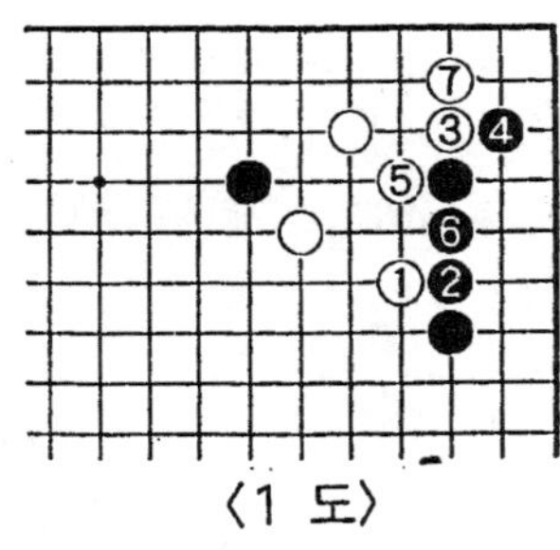

〈1 도〉

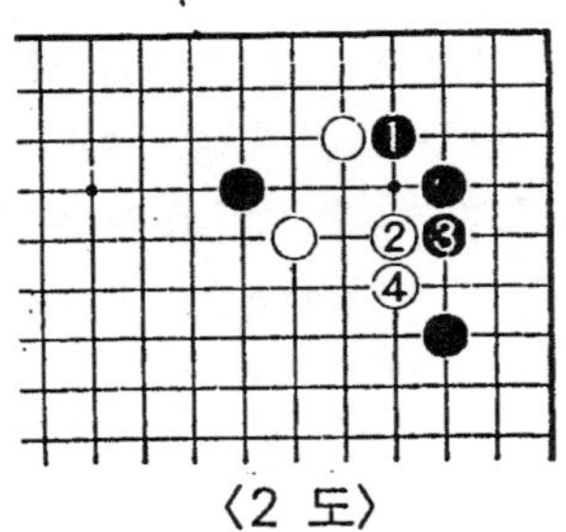

〈2 도〉

◆　〔정석 9〕 기본도

기본도

백2는　이를테면　프로　취향의
수,　여러분에겐　권할　수　없다.　왜
냐하면　운용이　어렵기　때문이다.

1도

기본도의　다음　백1부터　7까지
두면　수습되지만,　본래　백은　모양
을　만들지　않는게　의도이므로　바
로　이렇게　두지　않고　기본도인채
손뺌을　하고서—

2도

흑1의　공격에는　백2, 4라는　처
리가　있다.

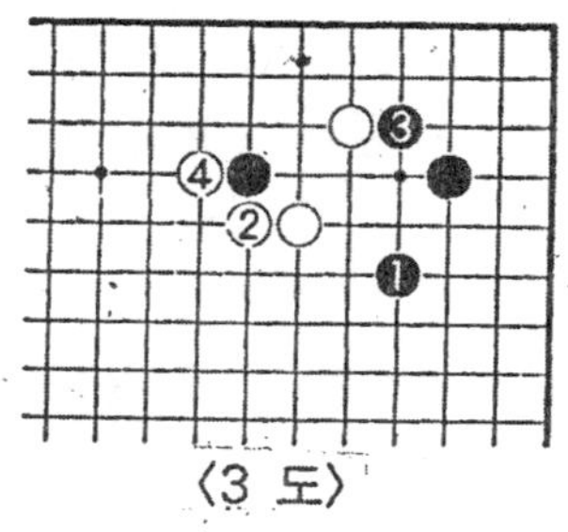

〈3 도〉

3도

흑이 두칸이 아닌 1로 날일자두면 백도 손뺌을 못한다. 2로 밀어붙이고 흑3, 백4라는 진행이 되는게 보통이다.

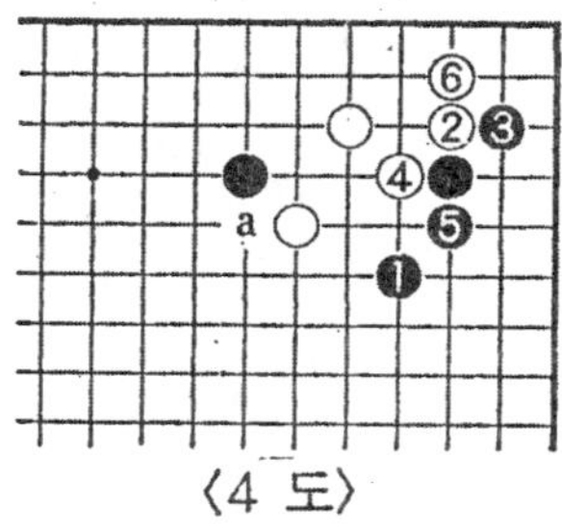

〈4 도〉

4도

이밖에 백4, 2로 붙여나가고 6내려서 수습하는 수도 있지만, 이것은 흑 a로 밀어붙여졌을 때 받기법이 좀 어렵다. 또 흑3으로 다음 그림과 같은 강수도 각오해야 한다.

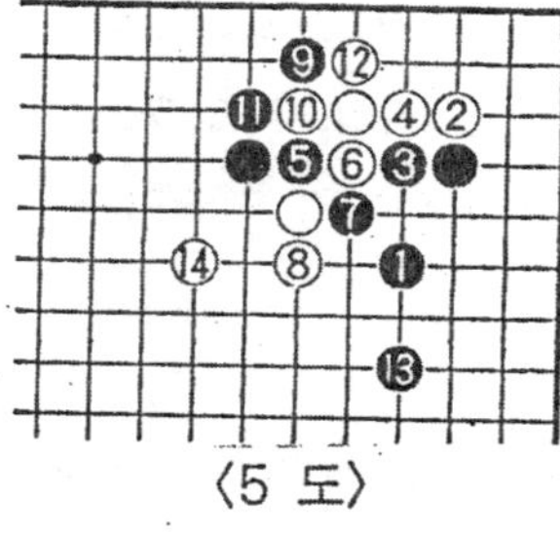

〈5 도〉

5도

흑3부터 5, 7로 끊고 기세싸움이다.

6도

한칸높은 협공일 때 백2로 두는건 좋지 않다. 흑에게 3, 5로 끊기게 되어 백8잇는 모양이 괴롭기 때문이다. 백10까지의 모양을 <정석. 4>와 비교해보면 백이 불리하다는 걸 알 수 있다.

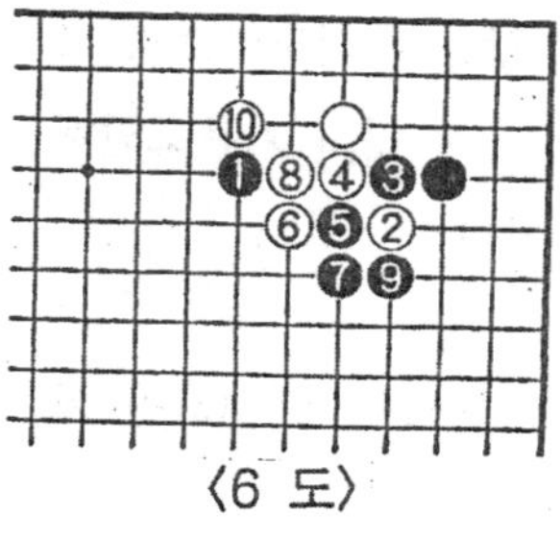

〈6 도〉

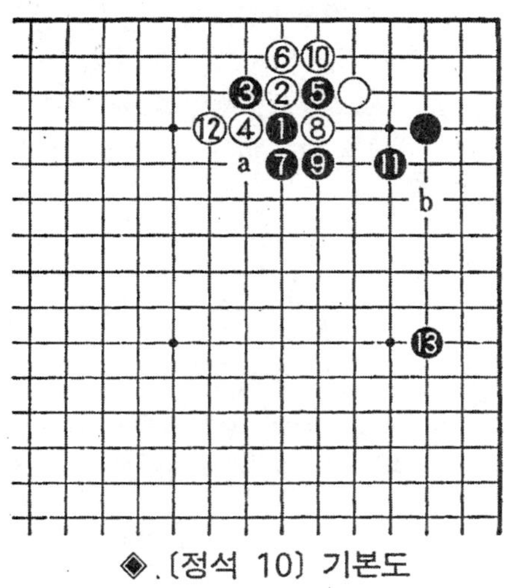

◆ .〔정석 10〕 기본도

정석10 한칸 높은 협공, 아래붙임

【급 소】

흑5, 7은 수맥. 백8은 이 것이 옳다. 흑9로 12의 곳 에서 안음은 무리.

기본도

백2로 붙이고 흑3의 누 름에 4로 끊는다. 이것을 맞아 흑5, 7로 몰아 뻗는 수단은 늘 사용되는 것이 다.

이어서 백8이 호수인데 8을 10으로 둔다면 흑12축으로 잡힌 다. 백8로 끊고 흑9에서 12라면 백9로 밀어붙이고 흑a 백b로 흑 이 괴롭다.

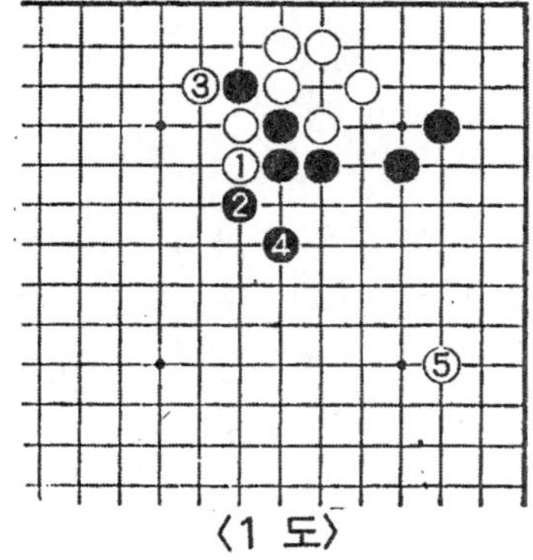

〈1 도〉

1도

기본도의 백12로선 매섭게 1 로 밀어붙이는 수도 있고 흑2의 젖힘이라면 3으로 따내어 백의 활동이다. 흑4로 대비하고 백5의 큰곳이 차지된다면 흑이 불만이 기 때문. 따라서 흑2로선 3으로 뻗어 싸우게 된다.

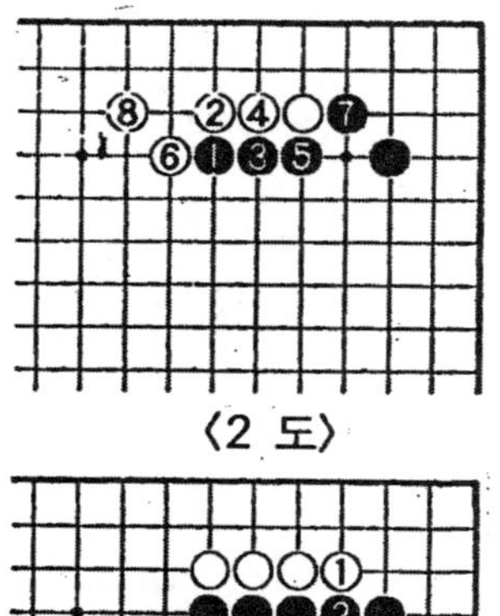

〈2 도〉

2도

백2의 붙임에 흑3, 5로 두는 패턴이 최근에 곧잘 시도된다. 백6 젖히면 흑7누르고 백8 호구이음까지. 무사한 나눠짐인데 흑에게 득이 있는 모양.

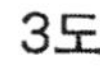

〈3 도〉

3도

그렇다고 백1로 뻗는다면 흑2로 이어서 확실히 나쁘다. 그래서—

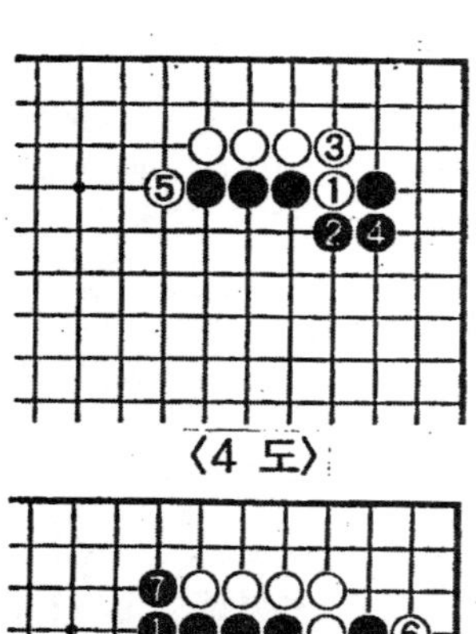

〈4 도〉

4도

역시 1로 끼워넣는 한수. 이렇게 끼어넣고 흑이 2, 4의 받음이라면 백5 젖혀, 이 나눠짐이라면 백유리. 흑은 자충수로서 모양이 무너져 버렸기 때문이다. 또 흑4의 이음으로—

〈5 도〉

5도

1로 뻗는것도 백2로 끊겨 문제이다. 흑7까지 두터움은 상당하지만 백집이 크고 더구나 백의 선수. 백유리의 결과라고 보아 좋으리라.

6도
이상의 변화로서 백1에는 흑2 끊는 수 밖에 없음을 안다. 백3, 흑4가 되고 이어서 백a, 흑b로 서로 버티는 싸움은 난해하여 짐작도 할 수 없다.

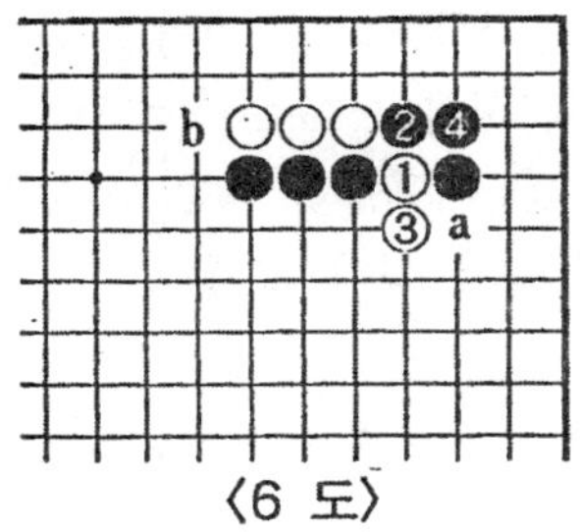

〈6 도〉

7도
앞 그림에 이어 백1부터 흑4라 는 진행이 예상된다.

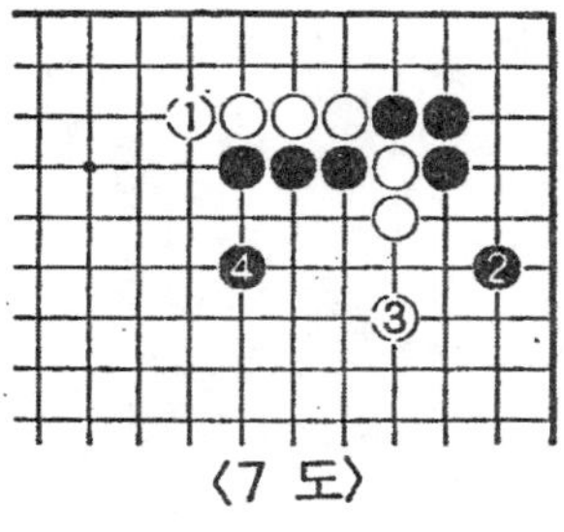

〈7 도〉

8도
이것은 후지사와 나의 실전 기보인데 나의 백선.
우하에서 흑17까지 되고 18, 20으로 취향을 따랐다.
흑21 따게해도 백20이 절호의 벌림이고 선수로 22의 굳힘을 백도 둘 수 있지 않는가 생각해서였다.

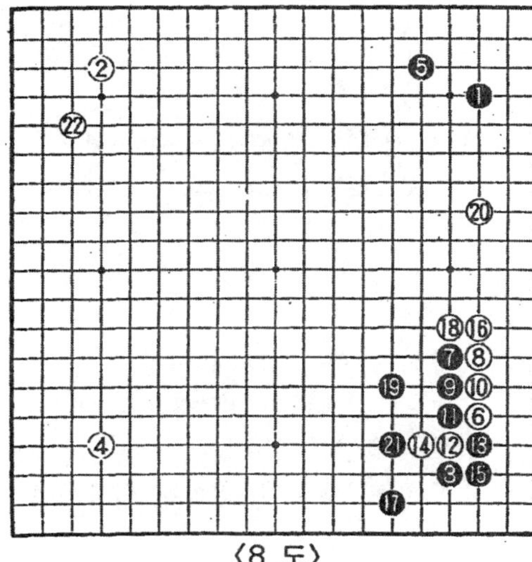

〈8 도〉

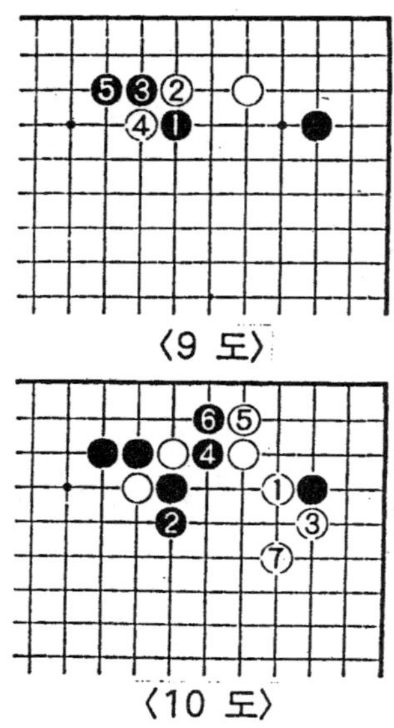

〈9 도〉

다짐삼아 말하면 우상에 흑의 굳
힘이 있고 백20이 그 위력을 삭감하
는 좋은 곳이라 성립되는 작전으로서
부분적으로는 흑21로 요긴한 두점을
뺏긴다면 좋을 리가 없다.

9도
앞으로 되돌아가 백2, 4일때 흑5뻗
는 건 꽤나 강제적인 수다.

〈10 도〉

10도
백은 1로 마름모붙임 하는게 알기
도 쉽고 결과도 나쁘지 않는 것이다.
흑2라면 백3누르고 7까지의 갈림은
백이 충분하다.

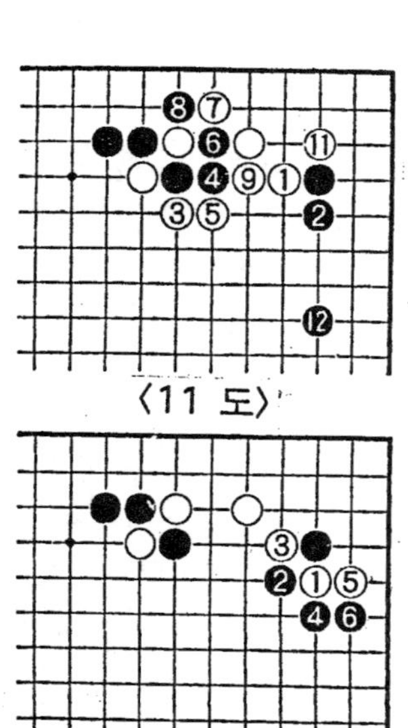

〈11 도〉

11도
흑2뻗으면 백3물아 기분좋게 되고
이것도 백유리의 갈림이다.

〈12 도〉

12도
일찌기 백을 1로 붙이는게 능숙한
수단으로서 흑이 나쁘다는게 정설이
었으나 흑2부터 6이라는 강수가 발견
되어 흑도 싸울 수 있다는 결론이 나
왔다.

(4) 두칸 협공

참고도의 흑1이 두칸 협공. 훨씬 예전부터 지금처럼 높은 협공이 애용되기까지 가장 많이 두어진 협공이다. 백의 응수는 a의 3삼붙임, b의 날일자, c의 두칸 뜀, d의 마름모 e의 밭전자, f의 머리붙임, g의 밀어 붙임의 일곱가지이다.

물론 손뺌도 드물지는 않다.

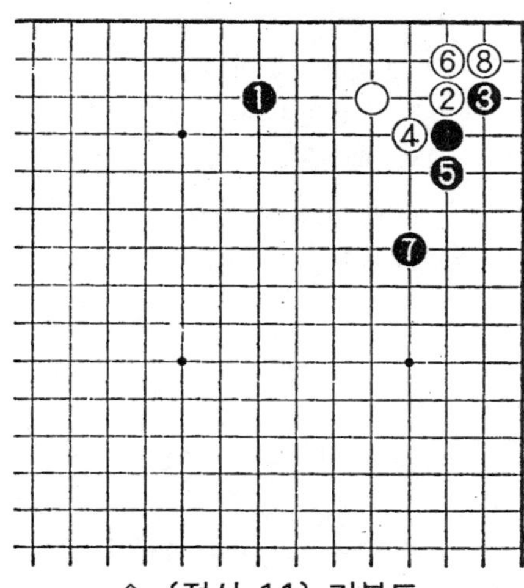

〈참고도〉

정석11 두칸협공, 3삼붙임

【급 소】

백3의 붙임은 항상 빨리 수습하자는 수. 백8 생략못할 것도 없지만 본수.

◆ 〔정석 11〕 기본도

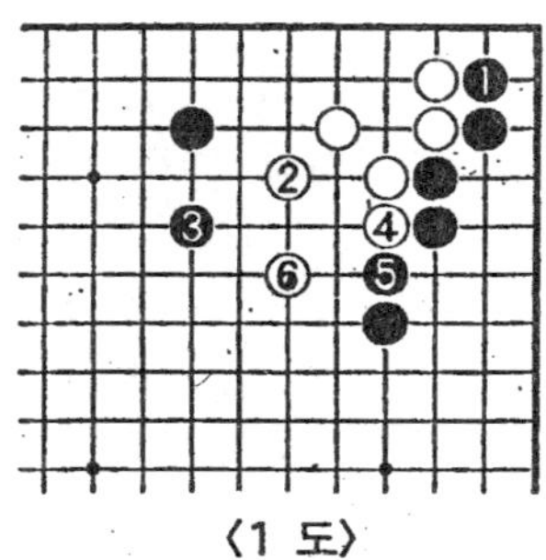

〈1 도〉

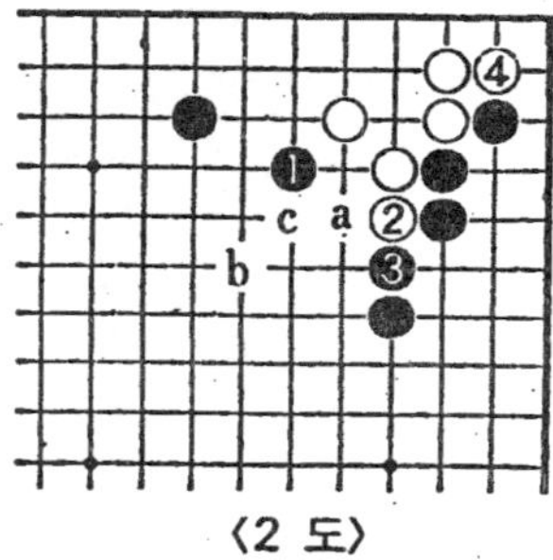

〈2 도〉

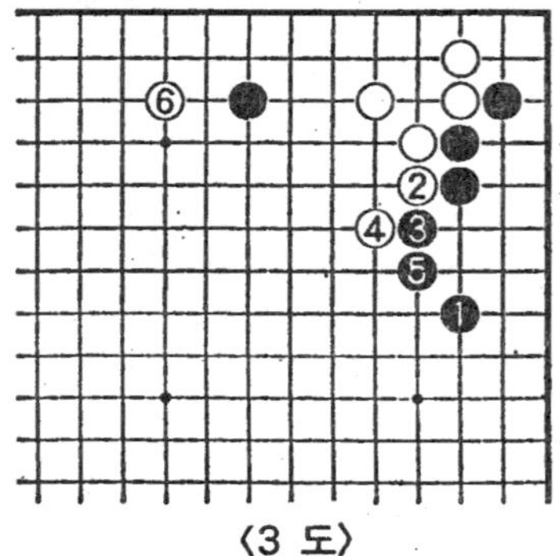

〈3 도〉

기본도

백2, 4로 한칸 협공때와 같은 빠른 삶의 수단이다.

흑5의 끌음이면 백6내려서고 흑7에 8로 꼬부려 수습된다. 백8을 생략하고서도—

1도

흑1로 눌리면 괴롭다. 백a가 정형(整形)의 급소인데 흑3의 뜀에 4, 6으로 눈을 갖기는 쉽지만 흑을 견고케하는게 쓰라립다.

2도

이밖에 흑1모붙임에 백을 살려 두터움을 만들 수도 있다. 한번 백2로 나와 4로 꼬부리고 흑은 이대로 손뺌해도 좋다.

백2에는 흑2로서 백의 진로가 막혀있고 백c의 붙임에는 흑2로 끼어붙이며 어떻게 변화되어도 나쁠 턱이 없다.

3도

기본도의 흑7로서 이1의 두칸 벌려선 안된다.

백2, 4를 가져와 6의 협공이 준엄해지기 때문.

정석12 두칸협공,
3삼붙임(2)

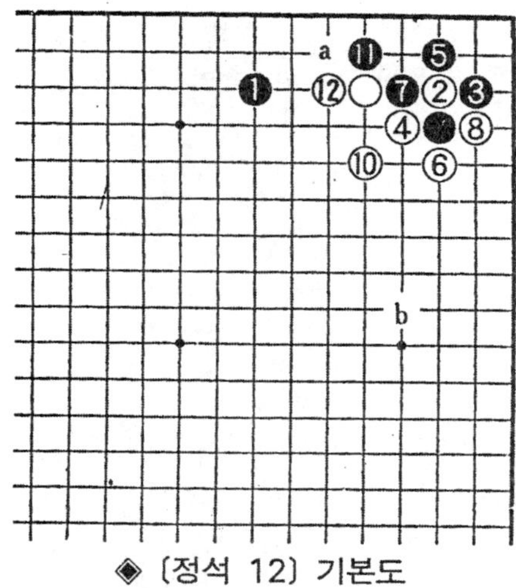

◆ 〔정석 12〕 기본도

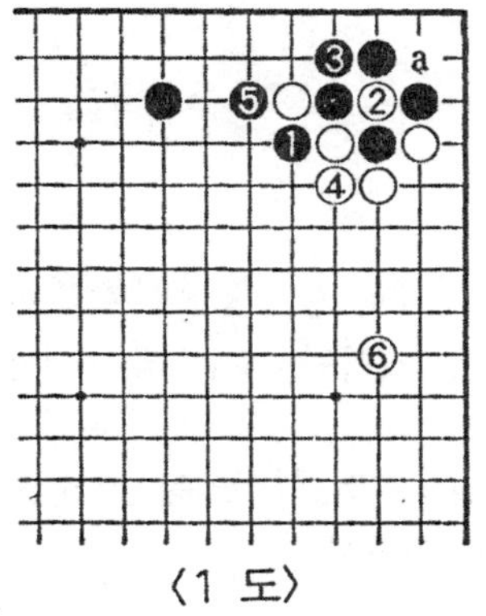

〈1 도〉

【급 소】

흑5, 강경. 백6, 8은 기세. 흑11은 손뺌하는 예도 많다.

기본도

흑5의 이른바 되젖힘은 빨리 수습하려는 백의 의도를 방해한 강수이다. 단 백10까지는 우선 필연이라하고서 흑은 다음 수에 어려운 의미가 있다.

왜냐하면 흑11, 백12에 이어서 흑a의 넘어감이 위치가 낮아 두기 어려운 수이기 때문이다.

이점 이윽고 나타나는 〈정석·20〉의 높은 협공의 경우와 비교해 주십시오. 흑11을 보류하고 b쪽부터 육박함도 한 방법.

1도

기본도의 백8로 몰았을 때 흑이 1로 끊어오면 백은 2로 따내고 4의 빈삼각이 호수이다.

흑5, 백6까지, a로 끊는 노림수를 남기고 있으니만큼 백에게 불만이 없다.

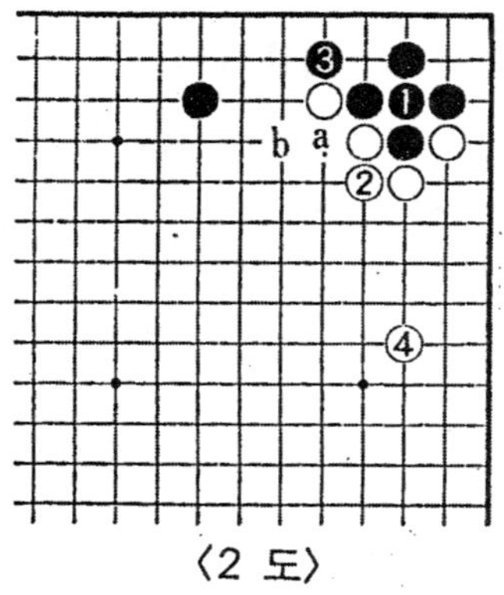

〈2 도〉

2도

흑1의 이음은, 따라서 부득이하다. 여기서 백은 2, 4로 둘수는 있다. 하기야 백2로 잇기 위해선 흑3으로 a의 끊음에 백b의 축이 성립하는게 조건이다.

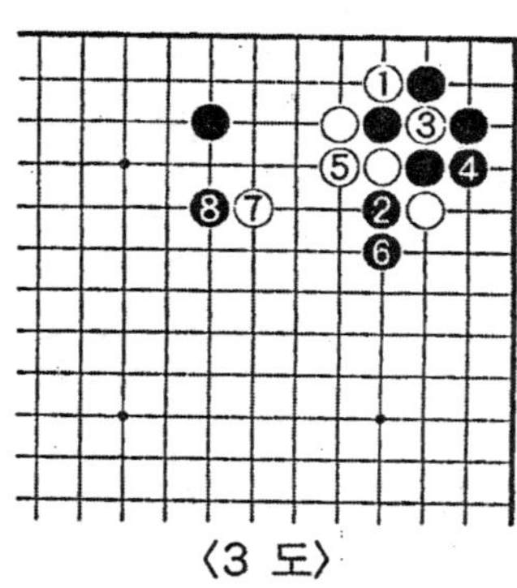

〈3 도〉

3도

기본도의 백8로서 이 그림의 1로 모든 것이 좋지않다.

흑2 끊기고 역시 백3, 5로 처리할 수 밖에 없는 모양인데 2도와는 달리 흑6다음 백에게 벌릴 여지가 없기 때문. 백7이라면 흑8로 밀어 붙여져 괴롭다.

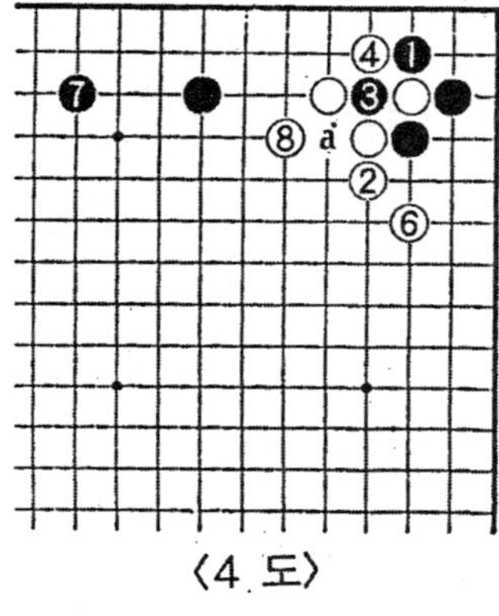

〈4 도〉

4도

처음에 흑1로 몰렸을 때 백2 뻗는 수도 있고, 그러면 흑3부터 백8까지가 정석.

이 모양도 흑a의 끊음은 축으로 잡힐 것이 조건이다.

정석13 두칸협공,
날일자

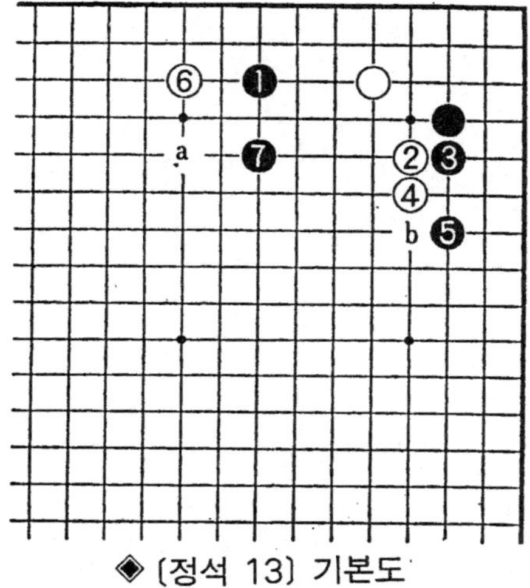

◆ 〔정석 13〕 기본도

【급　소】

백2모붙임은 이윽고 6으로 협공하려는 전개이다. 흑7다음 백은 a또는 b.

기본도

백2로 두어 흑5까지 되는 모양은 백의 두터움, 흑은 실리. 즉 부분적으로는 허와 실의 대조이다.

백으로선 먼저 흑에 준 「실」의 대상을 구해야 하고 그러자면 6으로 협공하지 않으면 안된다.

백6을 좋은 곳으로 만들고자 좌상귀에는 백의 배치가 있을게 바람직하다. 백6으로선―

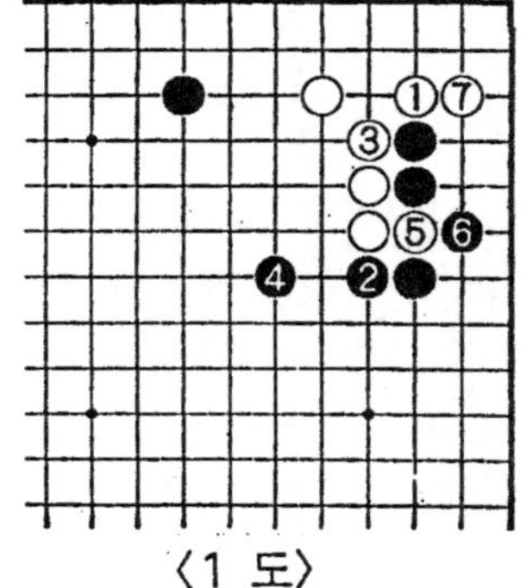

〈1 도〉

1도

자기의 수습을 주로 한다면 1로 붙일수도 있다. 흑2 밀어 붙이고 이하 7까지가 하나의 패턴인데 붙여간 구상으로 볼때 백의 착수에는 모순이 느껴진다.

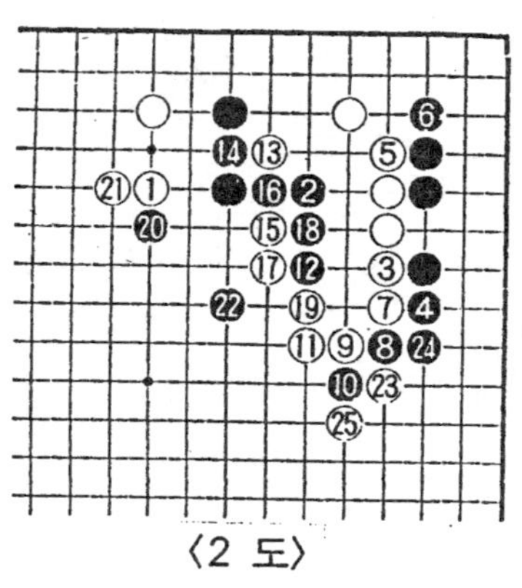

〈2 도〉

2도

기본도에서 이어서 백1뛰는 수. 흑2로 두고 백3밀어붙여 이하 25까지의 수순은 이미 2백50년전 다께미야 9단·사까다 9단 대전에서 두어진 것. 현대의 눈으로 보아도 한수의 비난받을 곳이 없다.

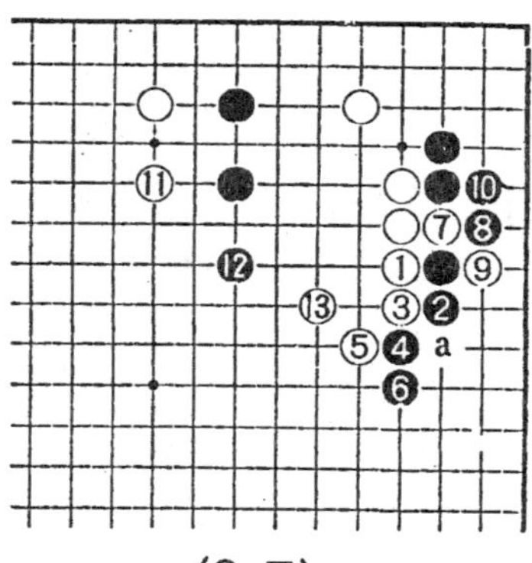

〈3 도〉

3도

백1 밀어붙이고서 두는데는 흑6이 변화의 갈림길. 이렇게 뻗으면 백은 7, 9로 끊음을 넣고 11, 13으로 정형(整形)하여 a의 끊음을 노리게 된다. 흑6의 뻗음으로—

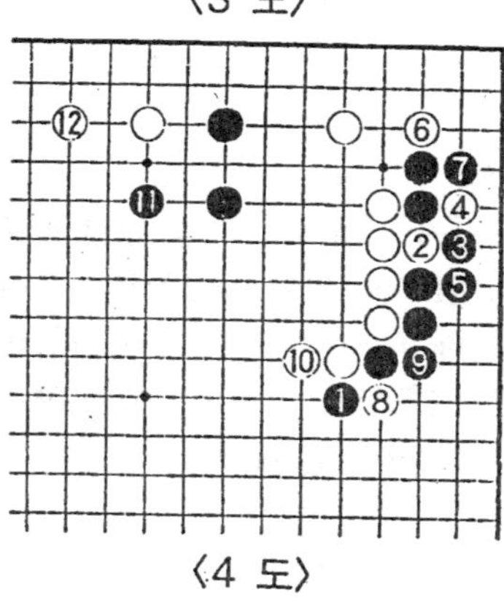

〈4 도〉

4도

1로 이단젖힘일 때에는 백이 2, 4로 반대쪽을 끊는게 중요. 흑5로 잇게하고 6의 붙임을 활용하여 10까지 진행된다. 2도, 3도, 4도, 모두 정석이다.

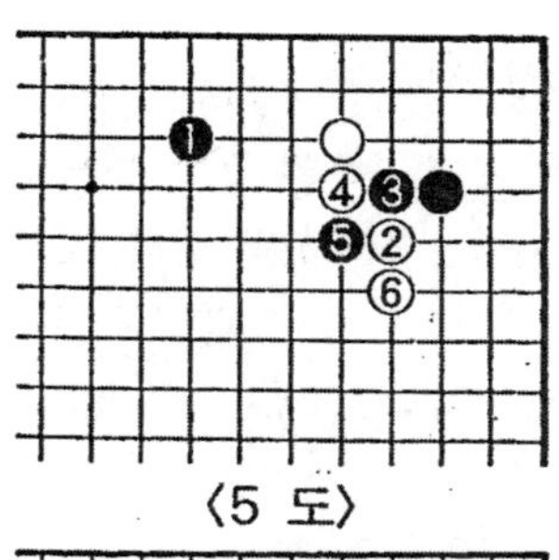

〈5 도〉

5도

백2의 모붙임에 흑 3, 5로 끊는 것
은 변화가 대단히 어렵다. 그러나 백
에게 정확히 응수되면 흑이 좋다고
할 수 없다.

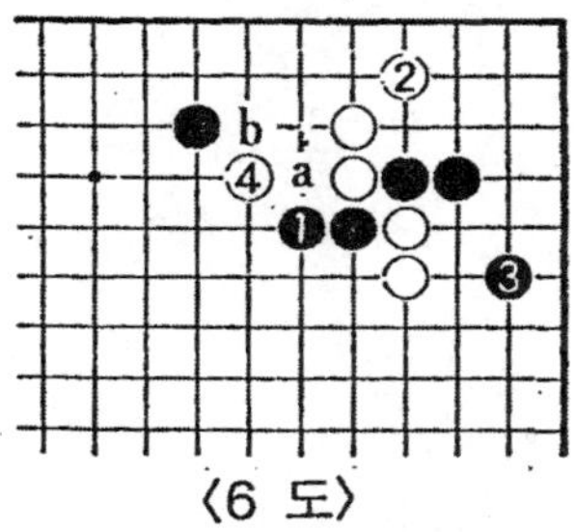

〈6 도〉

6도

먼저 흑1로 뻗는 건 백2의 마름모
가 호수. 흑3의 달아남은 절대이므로
거기서 백4 뛰어나간다. 흑 a에는 백
b로 늦추는 수가 있고 백진출을 막
기란 불가능하다.

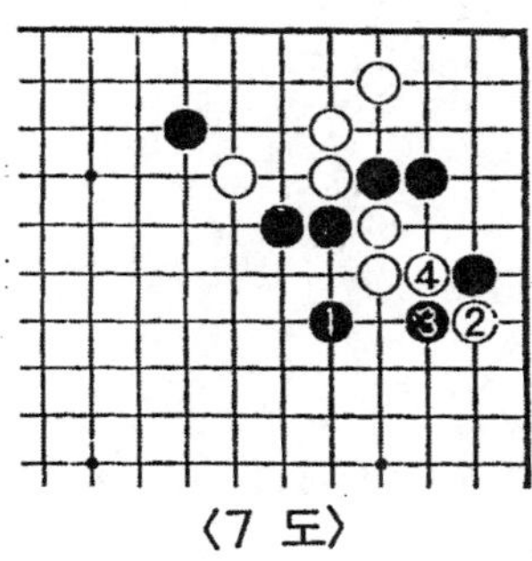

〈7 도〉

7도

흑1 두어오면 백2의 붙임이 또한
호수. 흑3에는 단순히 4로 끊는게 수
맥인데 흑의 실패로 끝나는 것이다.

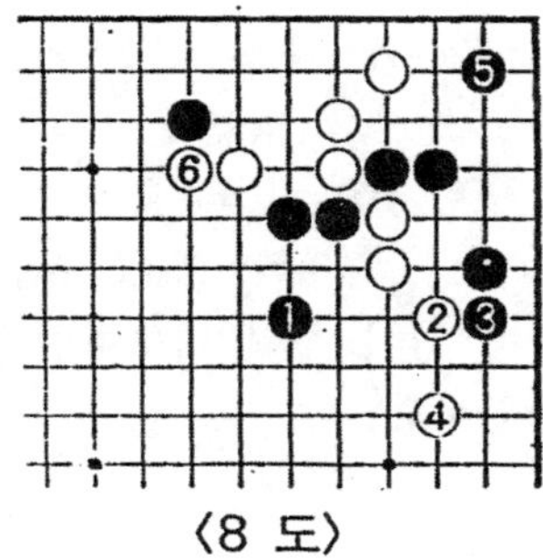

〈8 도〉

8도

그렇다면 흑은 1로 뛰는 정도. 백
은 2, 4로 흑5의 삶을 재촉하고 6의
밀어붙임을 둔다. 중앙의 흑은 거의
들떠서 백유리가 명백하다.

9도

뻗음이 아니고 흑 1, 3밀어 붙이는 게 가장 강수이다. 백은 받는 법을 그릇치지 않도록 주의해야 한다. 그 뒤에 수순은 거의 외가닥 길이라 잘 기억해 주도록. 백은 한번 4로 두고 흑5에 6꼬부리는게 급소이다. 6으로 a의 곳에 늦추어선 안된다.

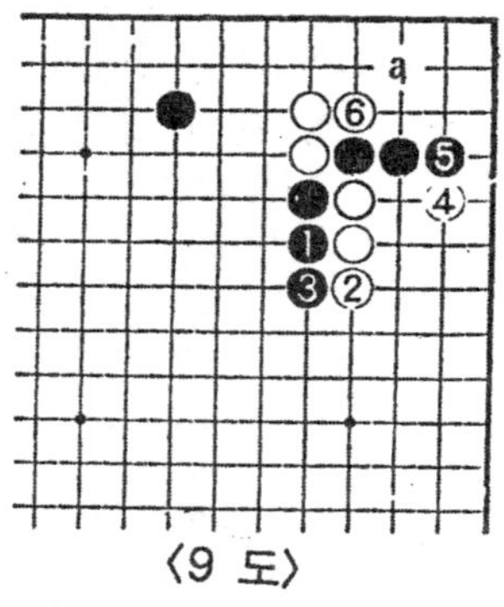

〈9 도〉

10도

이어서 흑7로 이곳이 급소. 백8, 10일 때 11, 13넘어가고 백14의 뻗음에 15로 젖혀 수싸움이다.

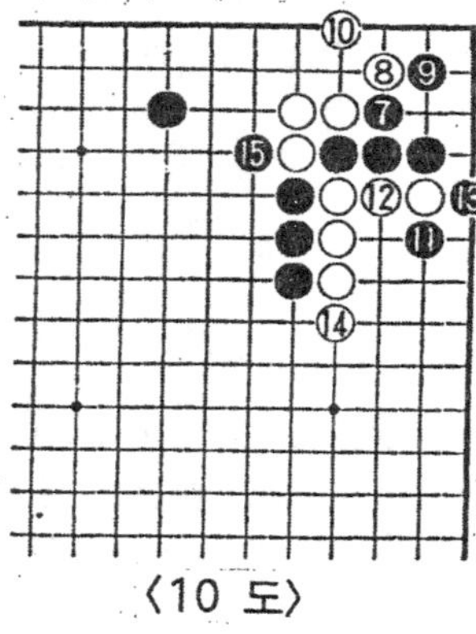

〈10 도〉

11도

백16 치중하고 흑33까지, 어느쪽이고 변화의 여지는 없다. 결국 수싸움은 빅이 되고 흑에게 꽤나 두터움이 생기지만, 백은 선수를 잡는게 크고 불만이 없다. 또한 10도의 흑7로 8의 곳에 뛰는 건 백 7, 흑누름, 백9로 끊는 상용의 백이 있어 흑이 찌브러진다. 연구해 주십시오.

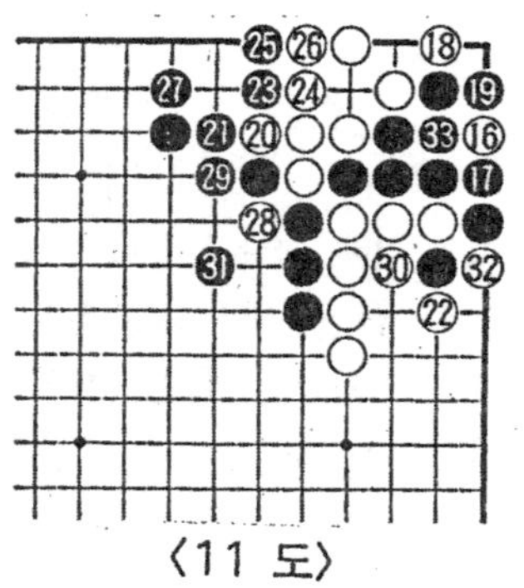

〈11 도〉

정석14 두칸협공,
두칸 뜀

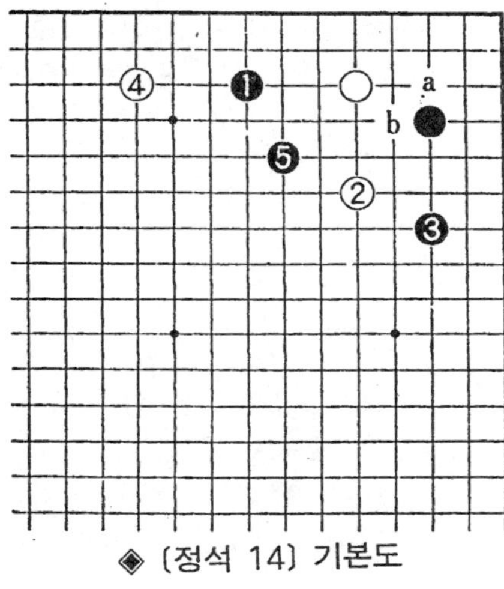

◆ 〔정석 14〕 기본도

【급 소】

백2의 두칸 뜀은 옛부터의 정석. 하나 자못 허술하고 운용이 어렵다. 흑5, 그야말로 급소.

기본도

백2로 두칸 뛰는 것은 흑3의 받음에 4로 마름모하여 흑1의 돌을 공격하는게 노림수이다.

그러나 자기의 모양이 허술하기 때문에 흑5로 급소에 일격되면 뜻대로 대응못한다. 이어서 백은 a또는 b가 수맥인데 어느 쪽이고 좋은 결과는 얻어지지 않는다.

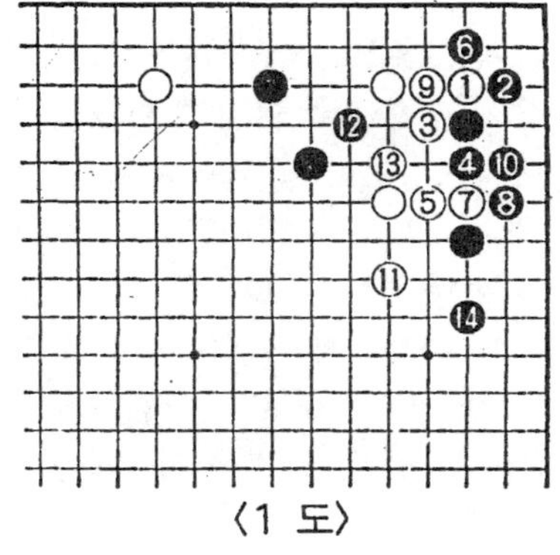

〈1 도〉

1도

백1로 붙이고 흑2부터 14까지가 옛날부터 있는 정석이다. 이 결과를 보면 흑은 착착 실리를 얻고 있는데 백은 비틀비틀 달아날 뿐 거의 얻는 바가 없다. 이렇다면 도저히 정석이라 할 수 없으리라. 수순중 백5의 들여다봄은 부득이한 수다.

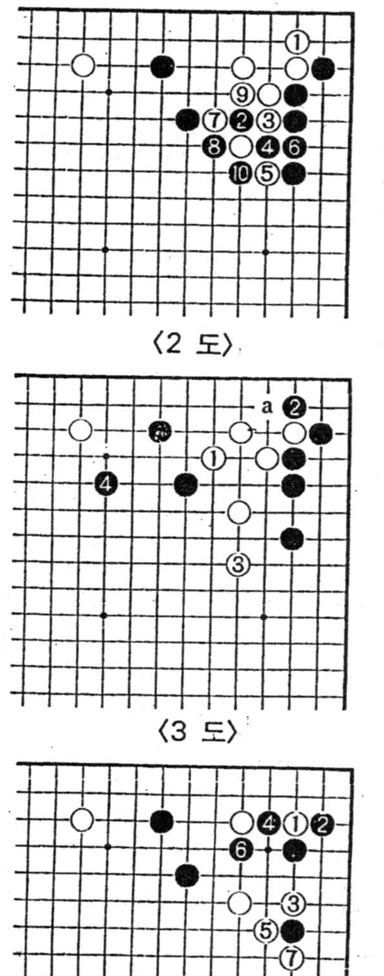

〈2 도〉

〈3 도〉

〈4 도〉

2도

1의 내려섬을 서두르면 흑2로 붙여 넘어가는 맥이 있다. 백이 3부터 7로 따내도 흑8, 10으로 이같은 죔을 당하면 논외(論外)이다.

3도

백1마름모로 변화시켜 본다. 흑2의 젖힘은 당연. 백3, 흑4가 되고 나중에 귀는 백 a의 패가 노림수인데 1도보다 낮을지 어떨지 어비슷한 느낌이다.

4도

백1, 흑2로서 3붙이는 수, 고심의 수순인데 이것도 마찬가지로 찬성 못한다. 흑은 4로 몰고 백5에 6으로 두고 백7의 안음까지 된다.

이 결과인데 귀의 집이 크고 문제없이 흑유리다. 백7까지의 모양을 수순을 바꾸어 재검토 해보면—

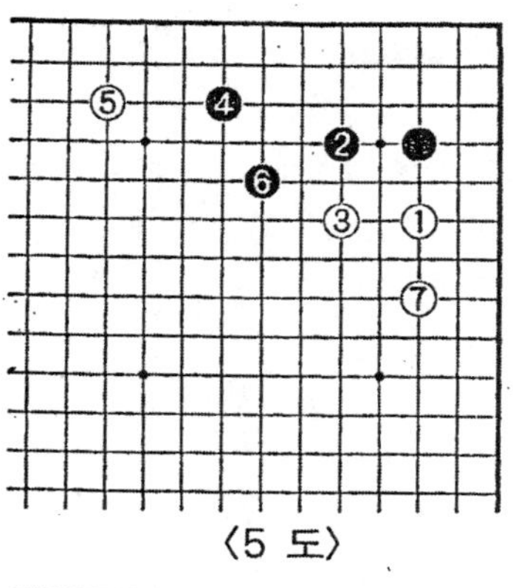

〈5 도〉

5도

이런 것이 된다. 당초 흑소목에 백1이 오히려 걸치고 흑2군힘에 백3뛰었다. 이것만으로도 백의 큰 손해인데 흑4, 백5, 흑6 그래서 백7 둔 셈이다. 더구나 좀더 나쁘게도—

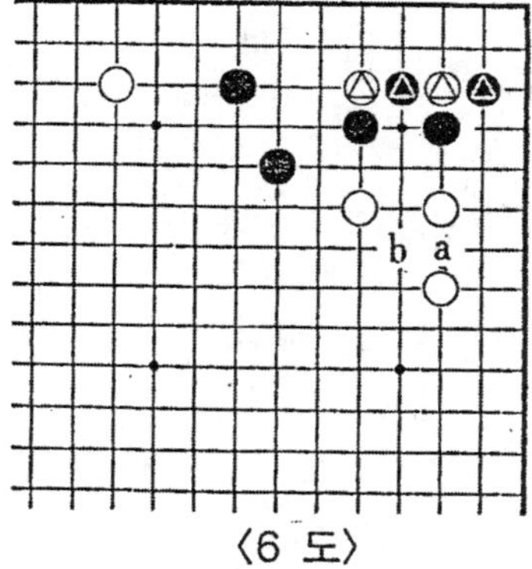

〈6 도〉

6도

앞그림에 △의 백 두점과 ▲의 흑 두점이 덧붙여져 있다. 이 교환은 흑집을 견고케한 대악수이고 흑a, 배b의 교환이 흑의 불리라 하더라도 도저히 보상되는 것이 아니다. 이렇듯 수순을 바꾸어 결과의 옳고 그름을 해명하는 것을 <수쪼갬>이라 부른다.

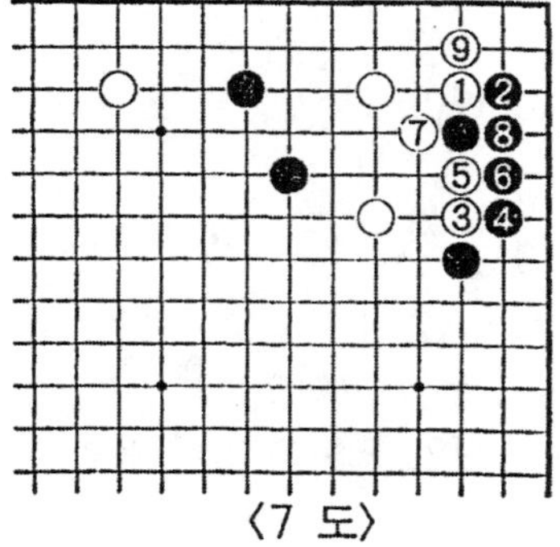

〈7 도〉

7도

백1, 3일. 흑4받는 것은 백의 주문이다. 이하 9까지 빈틈없이 정해진다면 말할 나위없이 흑의 실패.

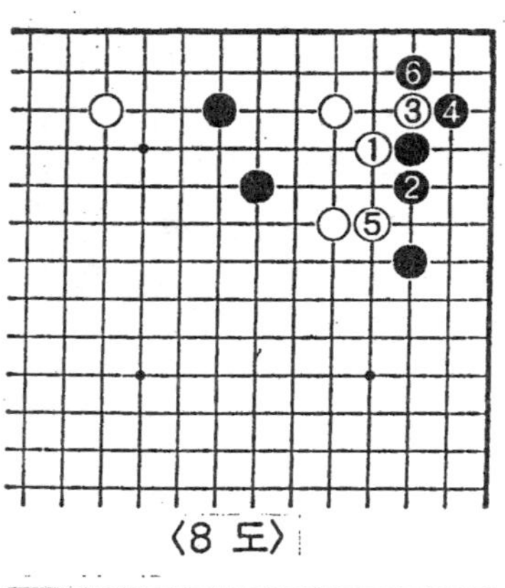

〈8 도〉

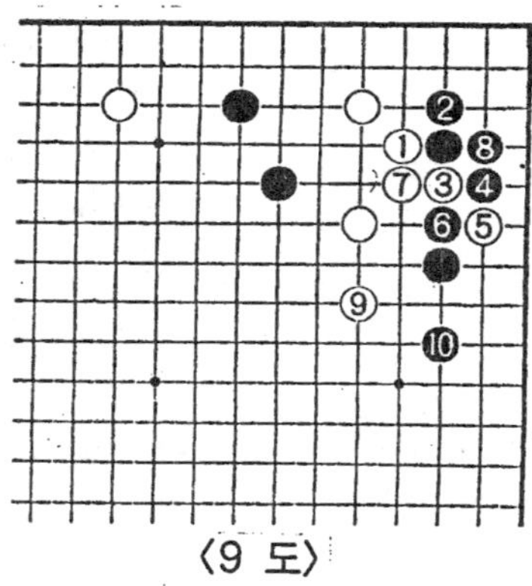

〈9 도〉

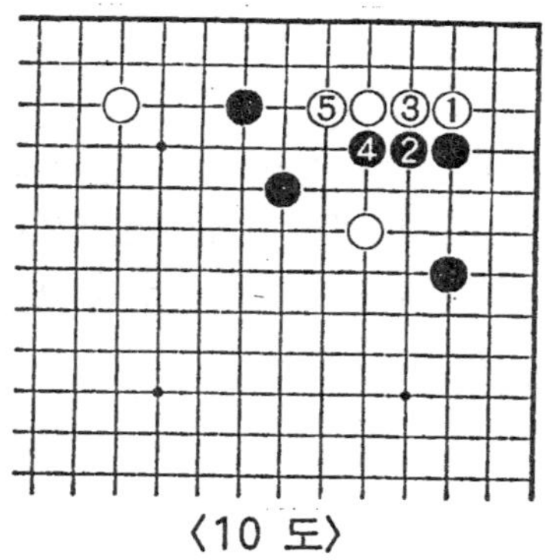

〈10 도〉

8도

다음은 백1로 마름모붙임하는 수,

혹2끌고 백3에 4로 젖혀 백5, 흑6이 되면 1도와 고스란히 같은 모양이다.

9도

흑2로 뻗어 이하, 10까지 응할 수도 있고, 이것이라도 흑은 충분하다.

이와같은 까닭이라 두칸 협공에 백이 두칸 뛰는 수는 기본도인 흑5 육박되면 아무래도 잘 되지 않는다.

1도, 9도따위 지난날엔 정석이라고 인정되었건만 현재는 두는 사람이 거의 없게 되었다.

10도

백1에 흑이 2, 4로 두는 건 그야말로 속수(俗手).

이렇다면 오히려 백이 유리.

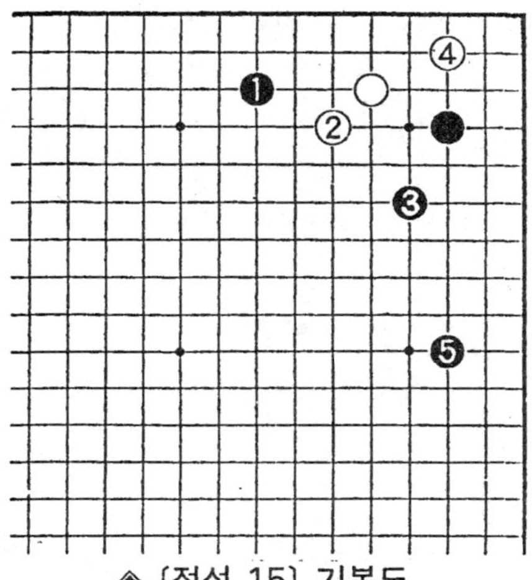

◆ 〔정석 15〕 기본도

정석15 두칸협공,
마름모

【급 소】
 백2, 견실. 백4로 미끄러
져 어쨌든 수습된다. 백의
선수.

 기본도
 백2의 마름모는 최근에
이르러 두어진 걸로서 견실
제일인 수다.

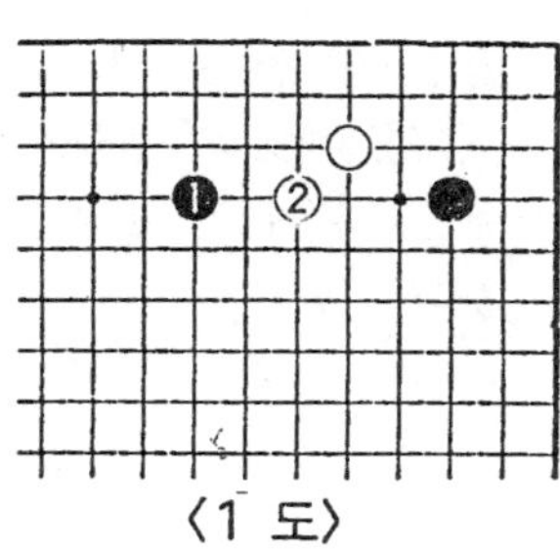

〈1 도〉

1도
 흑1로 두칸 높이 협공되었을
때 백은 2마름모로 둔다. 이 패턴
은 낮은 두칸 협공에도 응용된다.
애당초 흑1에 백2 마름모하는 의
미는—

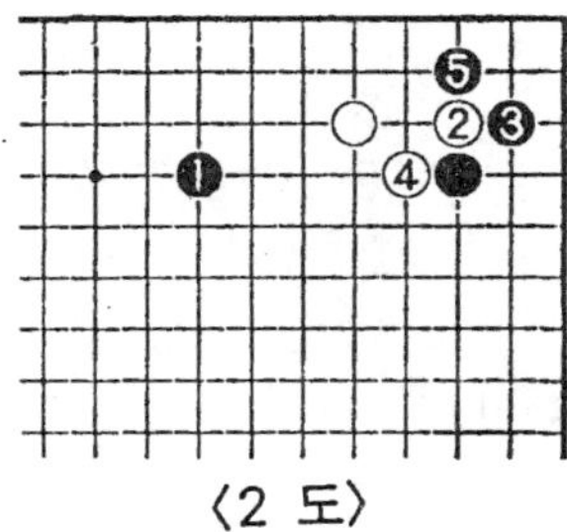

〈2 도〉

2도
 백2, 4로 즉시 붙여나가면 흑5
로 매섭게 되젖혀지므로 그것을
싫어하는데 있다.

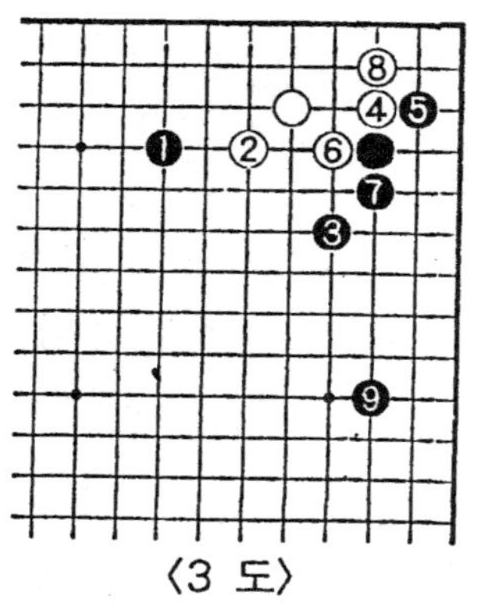

〈3 도〉

3도

먼저 백2 마름모로 두고 흑3 교환하고서 4, 6두어가면 흑도 되젖히지 못한다. 흑7 끌수밖에 없고 백8내려서 안정할 수 있다. 처음에 정석이 생기고 다음에 백4로 단순히 8의 곳에 달리는 패턴이 두어지고 그대로 낮은 협공인 경우에도 사용되기에 이르렀던 것이다.

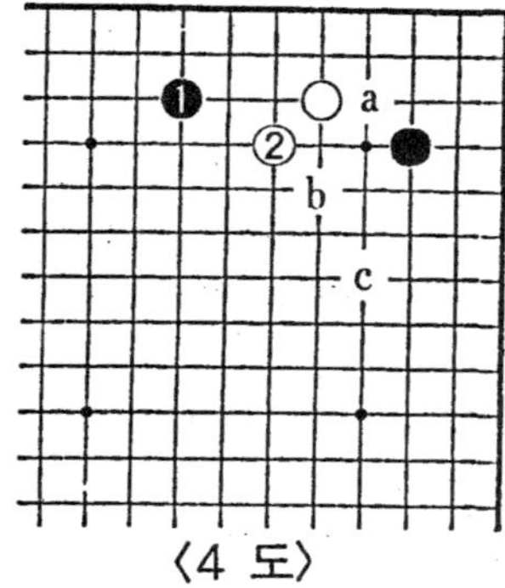

〈4 도〉

4도

흑1, 백2, 여기서 흑에게는 a로 마늘모 붙이는 수, b에 날일자 두는 수, c의 눈목자 등이 있지만 이 변화들은 두칸 높은 협공을 참조해 주십시오. 협공에 고저(高低)가 있을 뿐으로서 변화는 거의 같다.

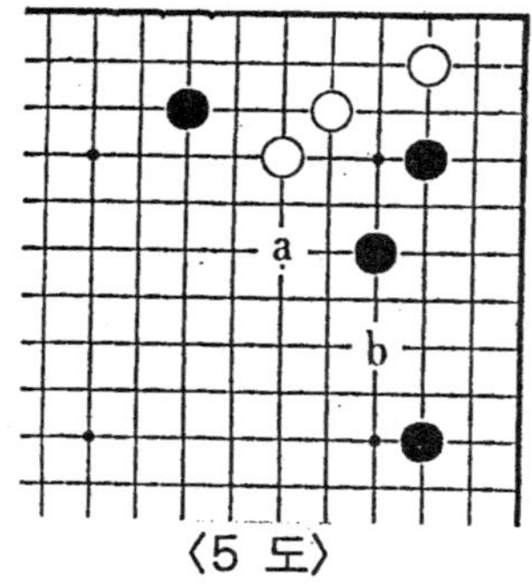

〈5 도〉

5도

기본도의 뒤 백은 상변의 한점이 협공하는게 보통. 또 a의 쌍방의 좋은 곳으로서 시기를 보아 백a, 흑b로 두는 것도 유력하다.

정석16 두칸협공,
발전자 뜀

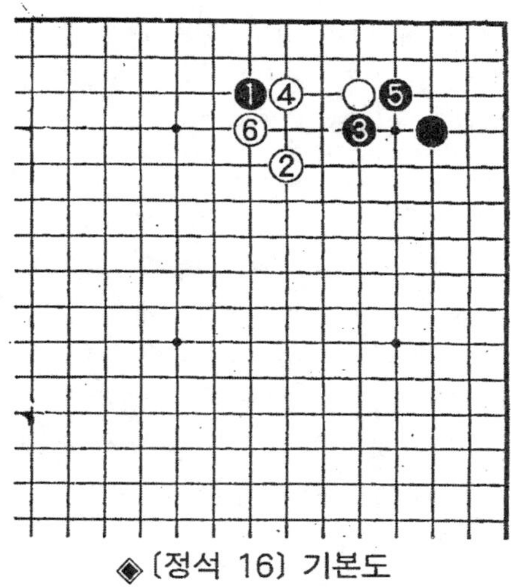

◈ 〔정석 16〕 기본도

【급　소】

백2, 기이하지만 하나의 맥. 흑3, 급소. 백6까지 흑에게 불만이 없는 모양.

기본도

백2로 일부러 허슬하니 발전자로 뛰는 건 묘한 수인데 처리의 맥으로써 진기한 수는 아니다.

흑은 3을 붙여 알기 쉽고 결과는 나쁘지 않다. 백4에 5로 눌러 뒤를 굳히고 이 갈림은 흑유리라는게 정설이다.

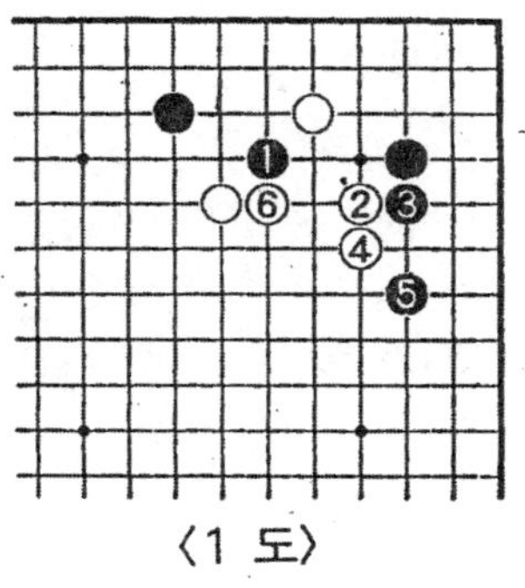

〈1 도〉

1도

틈이 있다고 곧바로 흑1 두는 건 주문에 빠진다. 흑은 후속의 좋은 수단이 없어 부질없이 백을 정비케 할 뿐이다. 모름지기 상대편이 틈을 벌려왔을 때 틈을 만드는 수는 성공않는 법이다.

2도

흑의 붙임이 급소라는 건 백이 2, 4로 받은 모양을 보면 뚜렷하다. 흑5까지 되고 백은 다음에 둘 수를 찾지 못하는 모양. 어떻게 두든 어울리지 않는다.

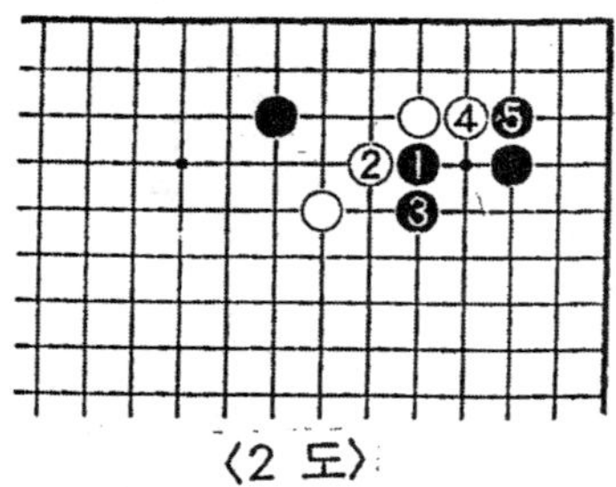

〈2 도〉

3도

느낌으로선 백1인데 이것은 흑 2, 3의 늚부터 6으로 꼬부라지고 8로 끊겨 두점이 잡힌다. 둘만한 수가 없다는 건 백의 모양이 거짓이기 때문이고 다시 말해서 흑돌이 급소에 와 있다는 것.

〈3 도〉

4도

흑3 마름모라도 백은 4로 붙여 처리한다.

흑5부터 7로 상변에서 벌리고 백8로 기다려 흑9로 우변을 벌린다.

흑은 좌우를 두어 활동한 것 같지만 그런만큼 허술하다는 걸 부정못한다.

특히 상변은 〈칸맞춤〉의 느낌으로서 당장이라도 백a의 뛰어듬이 성립한다.

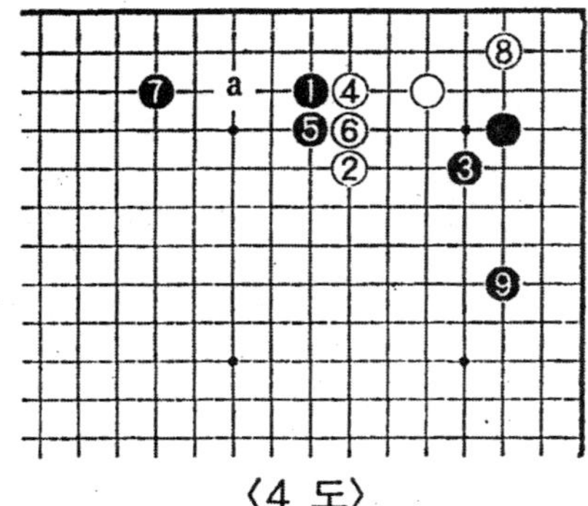

〈4 도〉

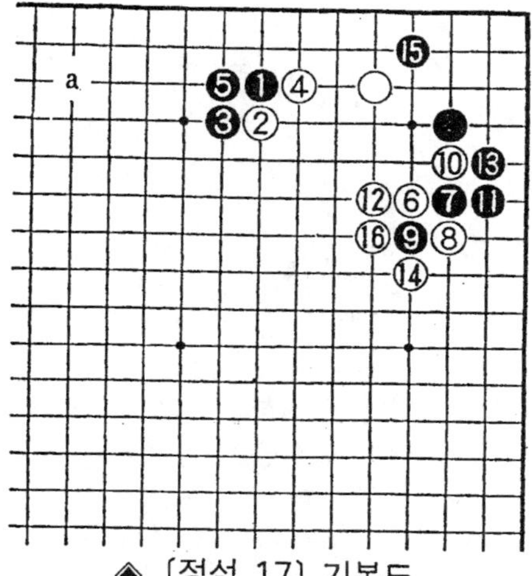

◆ 〔정석 17〕 기본도

【급　소】

흑3　5가　바른　착점. 특히 흑5는 잠자코 이렇게 잇는게 좋다. 백10, 12는 상용의 맥.

기본도

백2는　꽤나　격렬한　수 같지만 놀랄 것은 없다.

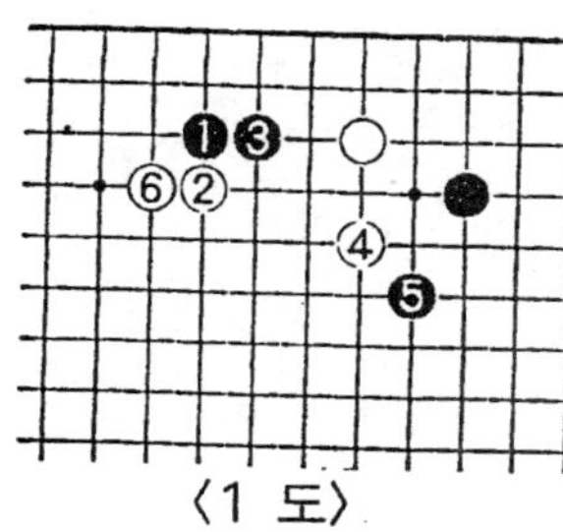

〈1 도〉

1도

흑3　뻗고　백4, 6이　되면　한칸 협공의 정석이고—

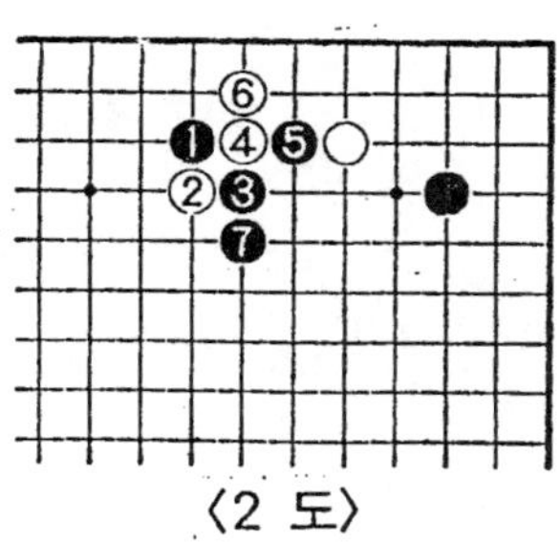

〈2 도〉

2도

이 3으로 젖혀 백4 끊으면 한칸 높은 협공의 정석으로 환원된다.

흑으로선 기본도의 3, 5로 받고 이 교환은 불리하지 않다. 백6엔 7, 9로 붙여 끊고 이미 몇번 본 수순으로 백16까지 되더라도 별로 화가 나지 않는 모양. 다음에 흑a로 벌려도 충분하다. 흑13의 넘어감으로서—

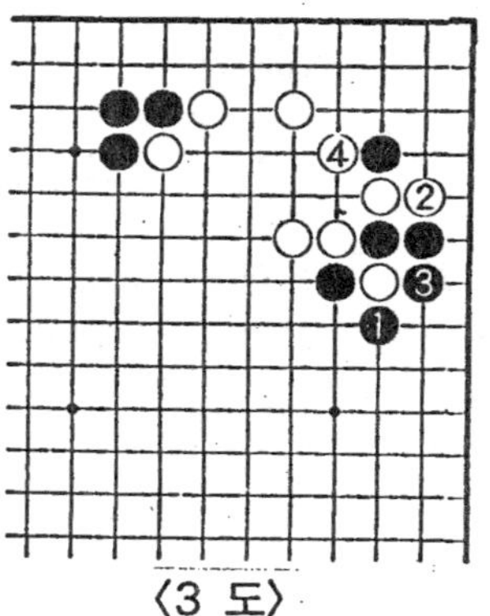

〈3 도〉

3도

흑1로 안고 백에게 2, 4로 잡히게 하는 건 귀의 집이 자못 넓다.

4도

기본도의 흑7로선 이 그림과 같이 두는 법도 있다.

1로 마름모.붙임하고 3으로 젖혀 백4의 뻗음이라면 5로 밀어붙여 9까지, 착실하니 집을 벌게 된다.

백에게 외세를 만들게 하여도 기본도의 1내지 5까지에 의해 두터움의 발전이 제한되고 있으므로 이 갈림은 백이 불충분하다.

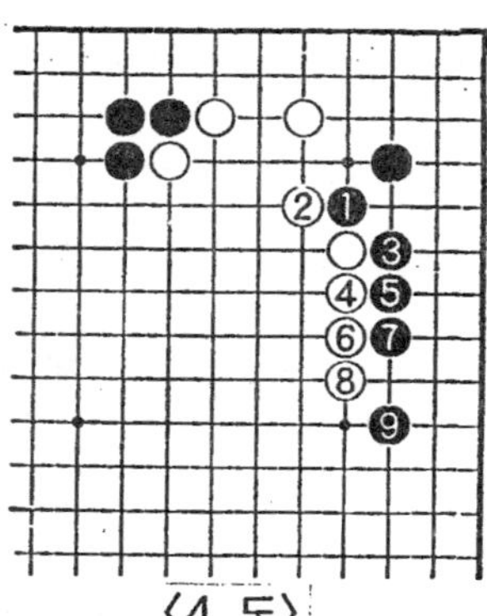

〈4 도〉

5도

따라서 흑1, 3에는 백이 4이하로 변화된다.

백8의 이단젖힘이 수맥. 흑은 9로 몰고 11잇고서 일단 그대로 방지되겠지요.

〈5 도〉

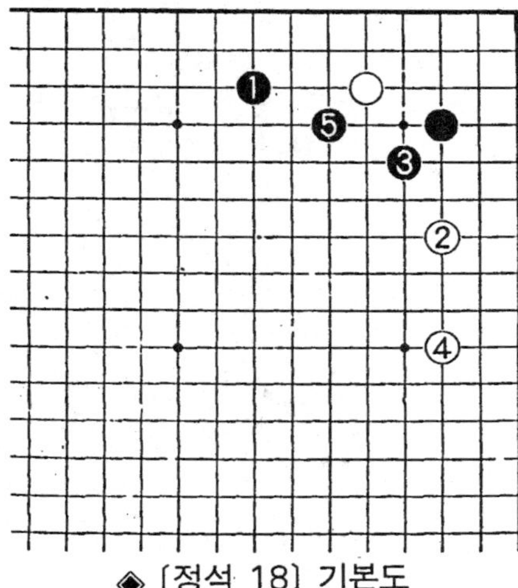

◈ 〔정석 18〕 기본도

정석18 두칸협공,
되협공

【급　소】

　백2, 4는 경우의 수단. 다른 부분과의 관련으로 두어진다. 흑3, 5정확. 단 귀의 한점은 잡혀 있지 않다.

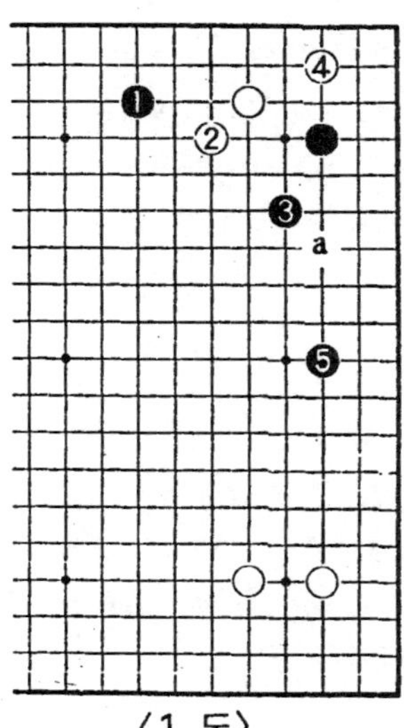

〈1 도〉

기본도

　백2로 되협공 흑3에 4로 벌린다. 싸움을 피한 태도이고 흑5로 압박되어 부분적으로는 불리가 확실하다. 이렇게 두므로 백에는 그 나름대로의 이유가 있어야 한다. 이를테면—

1도

　이렇듯 우하귀에 백의 굳힘이 있을 경우. 흑1로 협공되고 백2, 4로 수습하는 정석을 취하면 흑에게 5의 좋은 곳이 점거된다.

그래서 2로 a곳에서 되협공하고
백은 5의 좋은 곳을 스스로 차지하려
한다. 이러한 포석상의 작전이 없다
면 되협공은 손해가 뻔하다.
기본도의 흑5로 완전 봉쇄되어도
백한점은 아직 잡혀있지 않다.

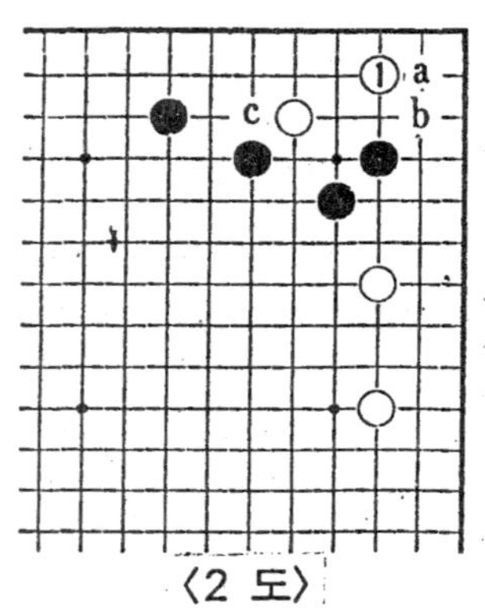

〈2 도〉

2도

백1로 달아나고 간단히 수가 된다.
흑은 a에 붙이거나 b에 마름모하거
나 또는 c로 누르거나이다.

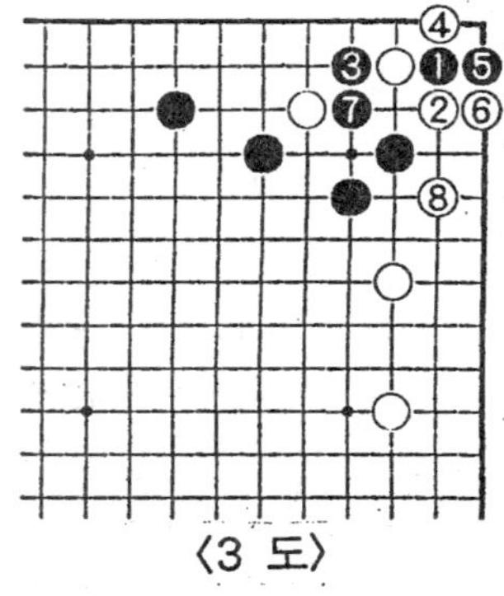

〈3 도〉

3도

흑1로 붙이면 백2 젖히고 이하 8
의 넘어감까지가 정석. 백4는 이렇게
모는게 옳고 잘못 5쪽부터 몰면 흑4
로 뻗혀 넘어갈 수 없게 된다.

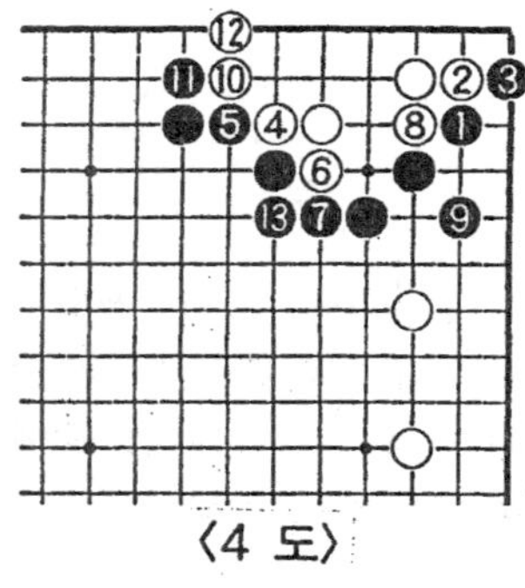

〈4 도〉

4도

다음에 흑1로 마름모하는 수. 백은
2, 4이하 차례로 12까지로 살고 더구
나 선수이다. 흑13의 뒤 백은 우변을
보강하게 되리라.

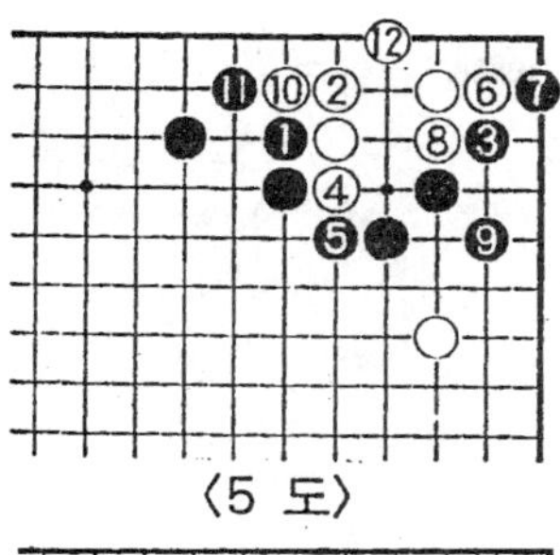

〈5 도〉

5도

마지막으로 흑1 누름수. 백은 2로 내려서 버티고 흑3에 4부터 12까지로 산다. 5의 왼쪽에 단점(斷点)이 있는 한 흑은 간접일망정 그것을 보강해야 하고, 아마 이것도 백에게 선수가 돌아간다.

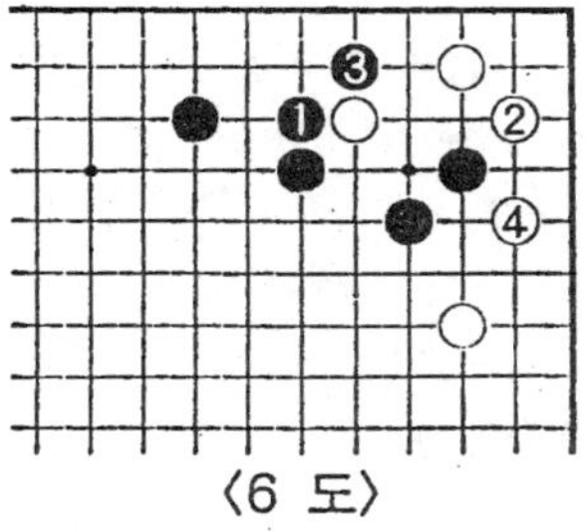

〈6 도〉

6도

흑1에 백2로 마름모하면 흑3, 백4는 필연이라 여겨지고, 흑의 선수. 5도와의 선택은 국세(局勢)에 따른다. 이상과 같이 백이 귀에 달리면 반드시 수가 되는데 그것을 언제 두는가의 판단이 어렵다. 너무 빨리 두어 흑을 굳혀선 안되고 유예하여 흑에게 손질되면 큰집이 되어 이것도 곤란하다.

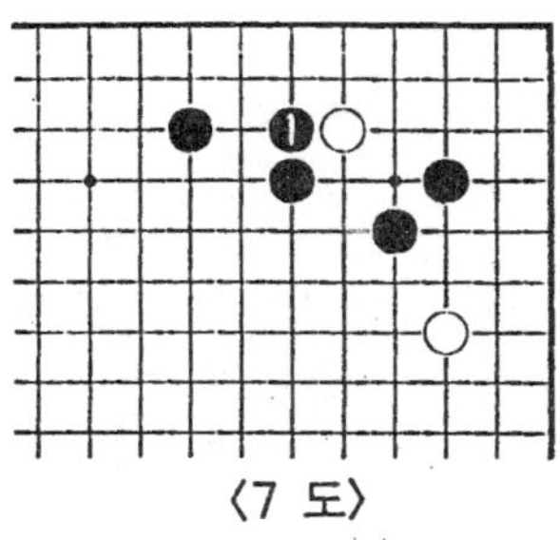

〈7 도〉

7도

흑부터 손질하자면 1로 누르는게 가장 견실하다.

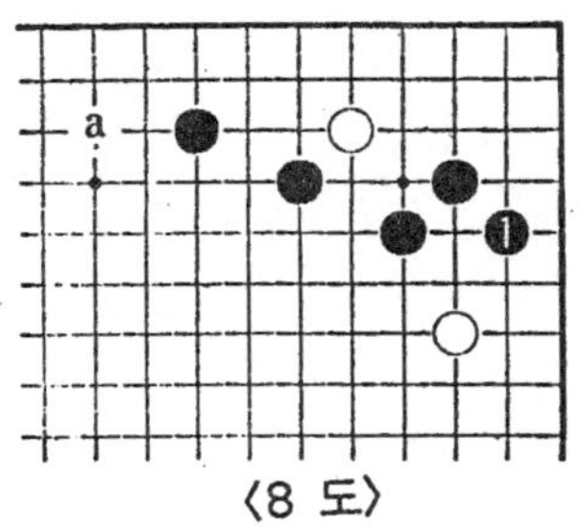

〈8 도〉

8도

흑1 마름모는 욕심을 부린 것. 욕심을 부려 허술한 것은 당연하며 백부터의 여러가지 영향을 받는다. 가령 백a에 돌이 와도 버려둘 수 없다. 형세가 좋다면 7도의 1, 형세 불리라면 이 그림의 1로 사용을 구분하는게 좋겠지요.

9도

일단 백2로 되협공, 흑3에 4로 움직이는 건 이치로 봐서 우스운 수이다. 어차피 움직인다면 흑3이 오기 전에 처리가 편할 때 움직여야하며 백4는 일부러 고전을 초래하는 것과 같다. 흑5, 백6 머리를 내밀고 흑은 한번 7에 두고서 9가 급소. 이걸로 자신은 안정되고 동시에 백의 근거를 뺏는다. 흑11까지, 좌우동형이라도 흑이 9의 요소를 차지하고 있는 이상, 우열은 자명(自明)하다.

〈9 도〉

10도

백2에 흑3 날일자하면 백은 4로 붙여 흑11까지. 여기서 흑5, 백6에는 7이 기억할만한 백 a의 붙임수가 백에게는 있다.

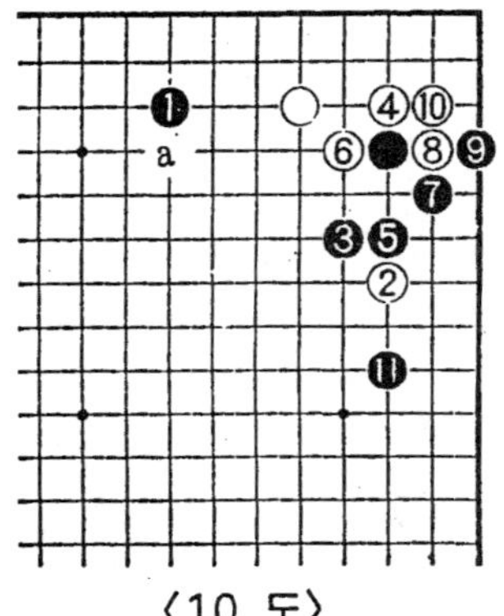

〈10 도〉

정석19 두칸협공, 손뺌

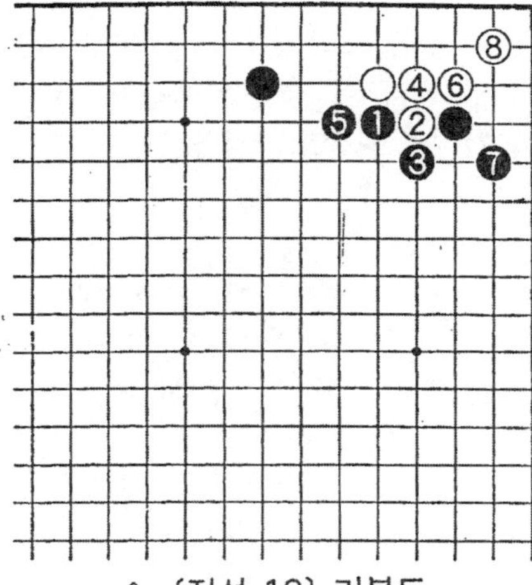

◈ 〔정석 19〕 기본도

【급 소】

백2 끼어넣기 위한 축관계에 대해선 새삼 말할 것도 없다. 백8, 이런시세.

기본도

백의 손뺌에 대해서 흑1 붙이는 수는 봉쇄하여 두터움을 만드는 두기법.

백2에 관해서 다시 한번 말하면 흑3에서 4로 끊기고 백3, 흑6, 거기서 백5 축으로 잡히지 않으면 안된다.

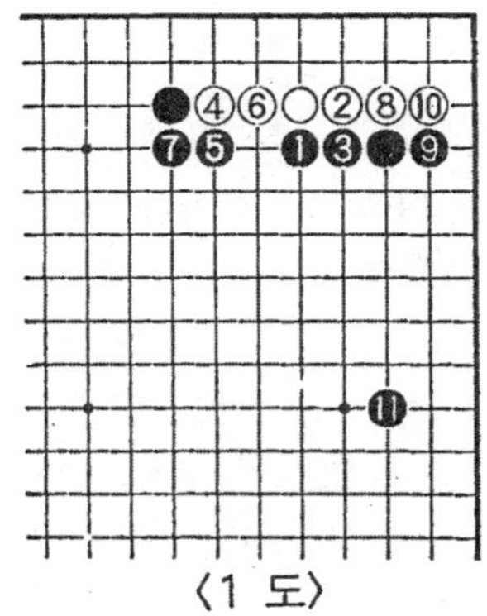

〈1 도〉

1도

축이 나빠 백2로 뻗지 않을 수 없다면 결과 역시 나쁘지 않을 수 없다. 흑3으로 바짝 붙고 백4부터 8까지인데, 흑은 9의 내려섬을 이용. 11로 벌려 그 두터움은 자못 이8로선—

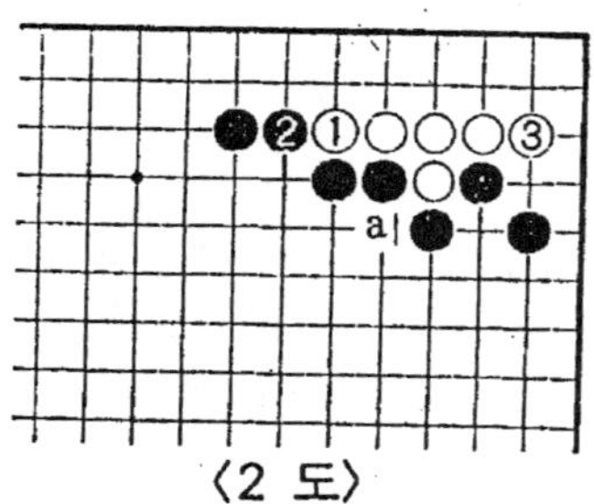

〈2 도〉

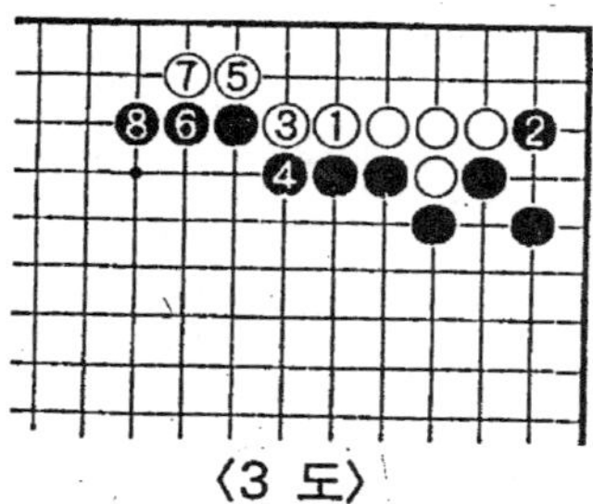

〈3 도〉

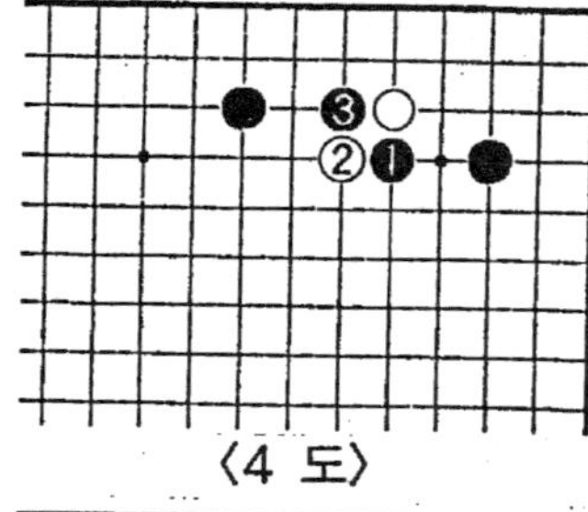

〈4 도〉

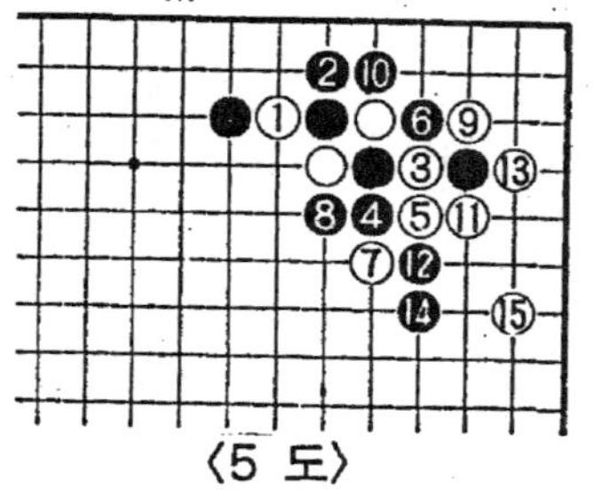

〈5 도〉

2도

옛날엔 백1 늘이 정석이었다. 흑2라면 백3내려서고 a의 단점(斷点)을 노리겠다는 것이다.

그러나 이 생각은 독선으로서 백1에는 흑2로 받지 않는다.

3도

이 2로 젖히는게 호수. 백은 3, 5로 둘 수 밖에 없고 흑에게 압도적인 외세가 구축되고 만다.

4도

처음에 흑1의 붙임에 백2 젖히는건 맥을 벗어난 감이 있다. 흑은 3으로 끊는게 결말이 지어져 좋겠지요.

5도

이이서 백1의 단수부터 15까지 수순은 많지만 필연의 진행이므로 눈으로 쫓아 기억해 주십시오.

흑12의 끊음이 매섭고 백15는 생략 못한다. 백5로서 9에 오면 흑5, 백6, 흑11의 우측도 진행되어 충분하다.

(5) 두칸 높은 협공

참고도

혹1로 두칸 높게 협공한다. 전후에 대유행했고 지금껏 거의라 할 만큼 사용되며 이를테면 현대 바둑의 골격을 이루고 있는 수법이다. 백의 응수는 a의 3삼붙임, b의 모붙임, c의 두칸 뜀, d의 마름모, e의 어깨짚기, f의 한칸, g의 두칸 되협공, h의 목자, I의 마늘모붙임.

그리고 손뺌으로 열종류나 두기법이 있다.

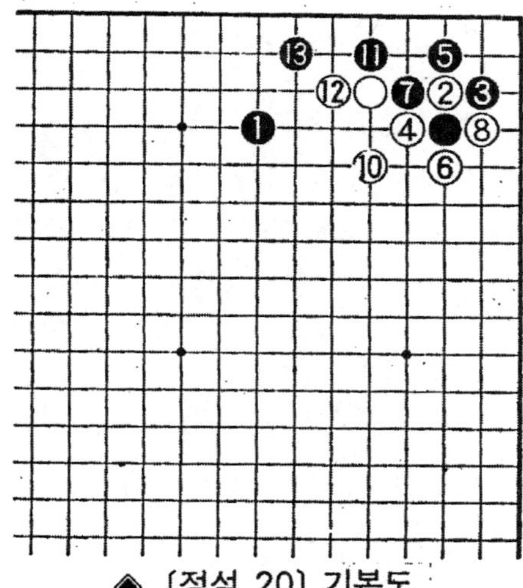

〈참고도〉

정석20 두칸 높은 협공

【급 소】

혹5, 두칸높은 협공에선 반드시 이렇게 되젖힌다. 혹11, 13이 호형(好形)

기본도

이 협공에 한해 혹5의 되젖힘이 절대이다. 왜냐하면 백10의 뒤 혹11, 13으로 넘어가는 모양이 다른 어느 협공보다도 바람직하기 때문이다.

◆ 〔정석 20〕 기본도

1도

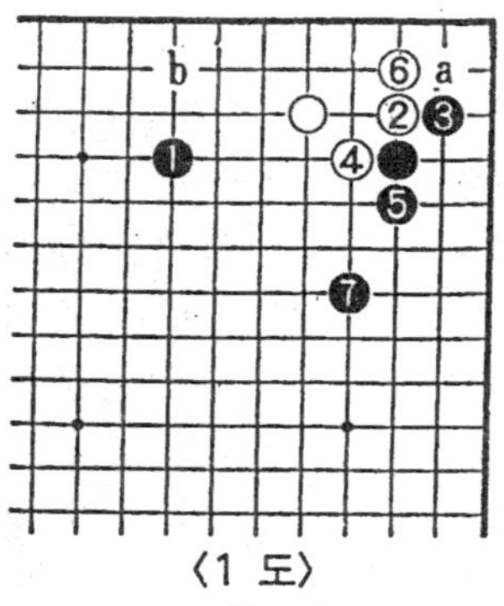

〈1 도〉

백4의 부풀음에 흑5로 끌면 백6수습되고 흑7에는 물론 손뺌을 당한다. a와 b가 맞보기로서 백에 위험은 없다.

2도

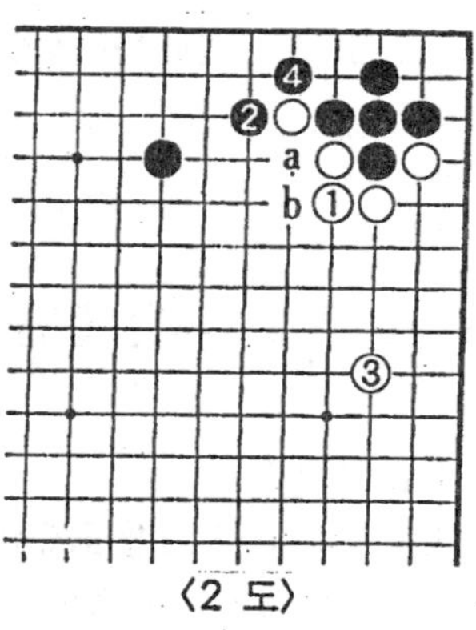

〈2 도〉

기본도의 백10으로서 이 1로 굳게 잇으면 흑은 2로 붙이는게 수맥. 백3, 흑4가 되고 이것도 정석이다. 흑4로 a에 두어 잡음은 백b를 가져와 오히려 손해다.

3도

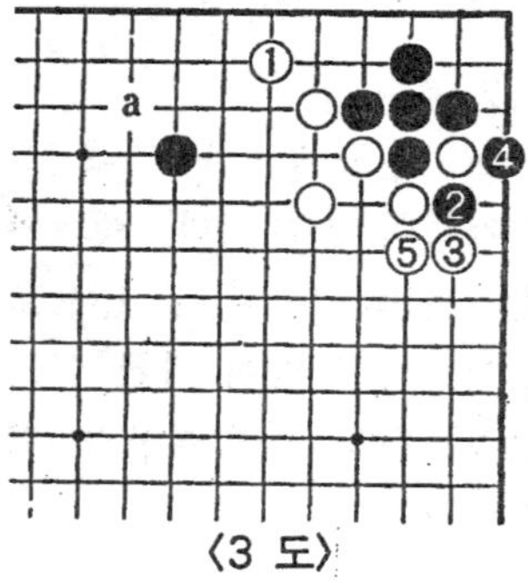

〈3 도〉

만일 흑이 넘어감을 두지 않으면 백1이라는 멋진 맥이 있다. 흑에게 2, 4의 삶을 재촉하고 후수라도 백5로 잇는 모양이 두텁다.

그리하여 다음에는 백a의 진출을 보고 있다.

이것이 있으므로 흑은 곧 넘어가는 것이다.

【급 소】

흑3, 5의 맞끊음은 기합. 백6수맥. 백10, 생략할 수도 있다.

기본도

백2의 모붙임에 흑이 3, 5로 맞끊는 건 협공한 흑1의 위치가 좋기 때문이다. 그 증거로는 백이 저항 못하면 6붙이는 맥으로 비키게 된다.

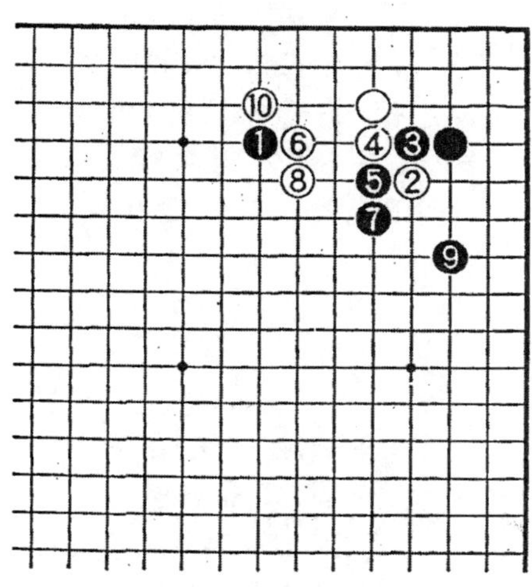

◆ 〔정석 21〕 기본도

1도

흑이 3, 5로 받으면 백6 흑이 불리하다는 건 아니다.

애당초 흑1이 없는 걸로서 백이 2의 모붙임부터 6으로 겨누는 것은 흔히 있는 모양이다.

거기에 흑1 말뚝받고 그것도 백이 손뺌을 한 이치이므로 흑을 두지 못하란 법은 없겠지요.

그런데도 흑이 맞끊는 것은 기본도의 결과가 흑에게 야간 유리하다는 판단에서 이리라고 생각된다.

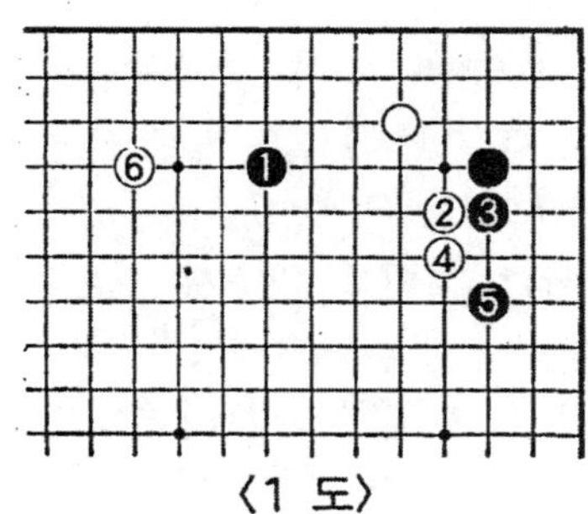

〈1 도〉

2도

혹의 맞끊음에 백6뻗어 싸우는 것은 확실히 무리라고 하겠다. 흑7뻗고 1의 위치가 착 어울린다. 낮은 두칸 협공인 때에는 마침 간격이 벌어져 있었으나 이번에는 그틈이 없기 때문.

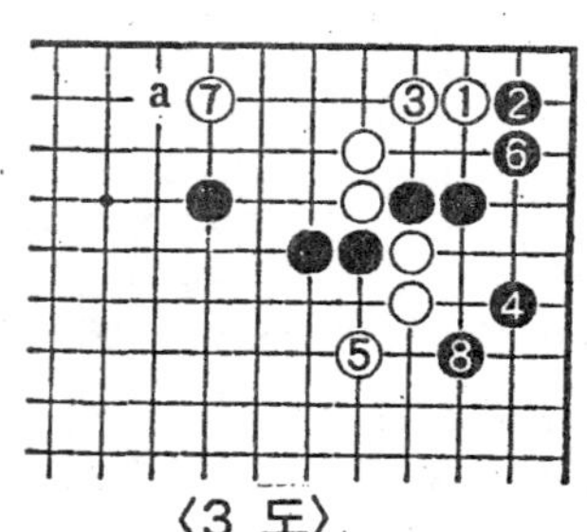

〈2 도〉

3도

이어서 백1부터 흑8까지 되었다 하고서 백의 고전은 명백. 8이 백의 급소를 찌르고 있는데다가 위쪽에는 흑a의 강렬한 붙임이 남아있다.

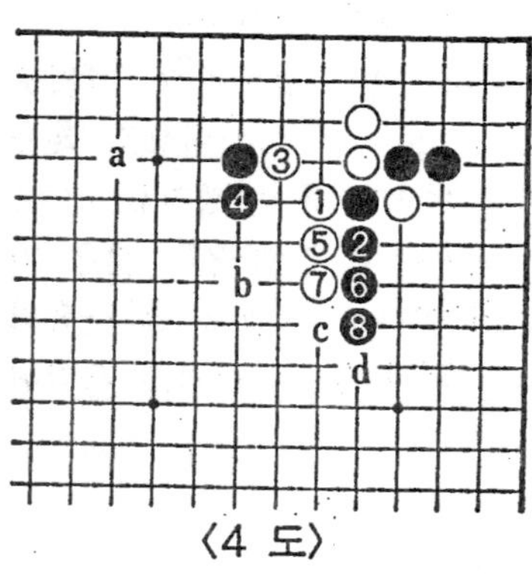

〈3 도〉

4도

기본도의 백6은 상용인 처리의 맥. 그것을 모르고서 4도의 1로 단수 모는 건 속수(俗手)이다. 흑2뻗게 되어 후속수단이 없다. 백3부터 5, 7로 밀면 흑은 자꾸만 뻗어 집을 만드는 조력을 하는 셈이다. 이 뒤 백a로 협공해도 흑b로 뛰게되어 백c, 흑d로 밀잖으면 안된다. 속수의 해는 언제까지나 따라다닌다.

〈4 도〉

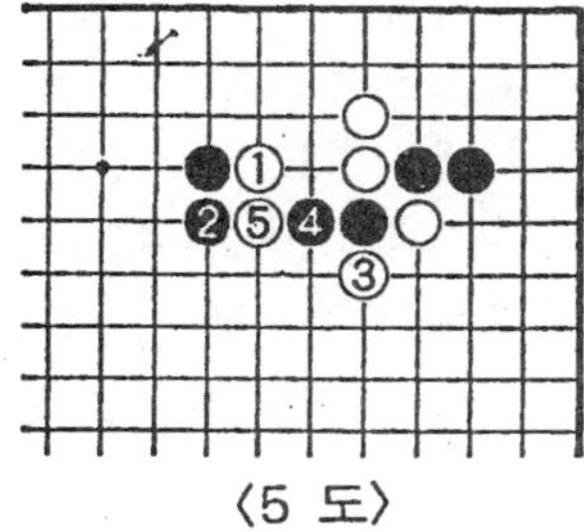

〈5 도〉

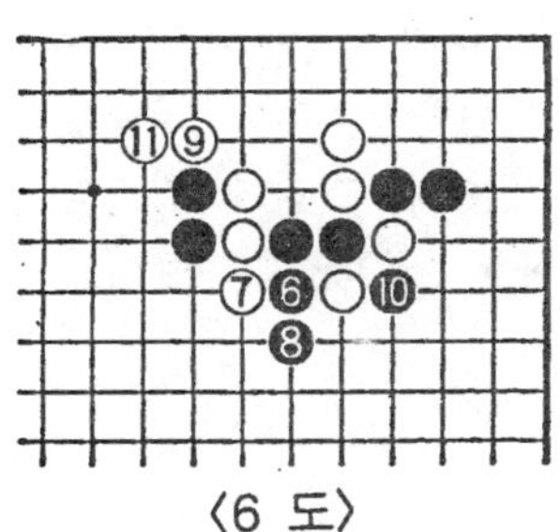

〈6 도〉

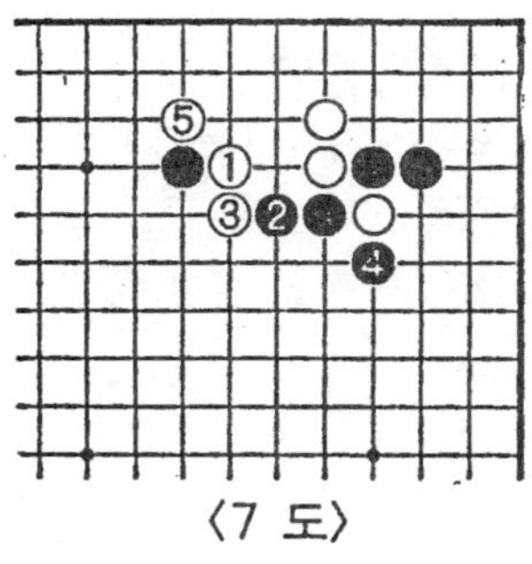

〈7 도〉

5도

백1로 뛰어붙이는 맥은 기억한다 하기보다 모양을 일견하여 퍼뜩 떠오르도록 해달라고 싶다. 이것에 대해 흑이 2로 뻗어 오면 백은3, 4로 꾀어 5로 찌르는 것이다.(백3으로 4에 단수모는 것은 4도의 속수와 같게 된다)이어서―

6도

흑6에 백7로 머리를 내밀고 11의 뻗음이 된다. 흑10까지의 두터움도 상당한 것이지만 백11 한껏 뻗은 모습도 훌륭하여 우선 대등한 갈림이다.

7도

흑2로 이곳을 뻗어 백5까지 되는 것도 하나의 패턴이다. 처음엔 이것이 정석으로 변화되었다. 왜냐하면 흑2,백3의 교환이 〈찢긴 모양〉으로서 자못 두기 어렵기 때문이다. 다만 이모양이면 백5를 생략할 수 없고 흑이 선수를 잡게된다. 기본도의 흑9는 생략하지 못하나 백10의 젖힘은 극히 드물게 생략하는 일이 있다. 그러므로 딴곳에 긴급한 요소가 있어 아무래도 흑이 선수를 잡고 싶다면 7도를 택하는 것이 당연하다.

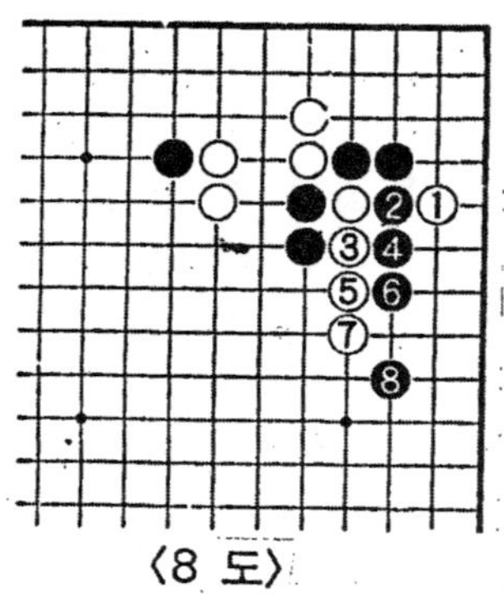

〈8 도〉

8도

기본도의 흑9를 생략했을때 백1로 두는게 맥이 된다. 응용 범위가 넓은 수로서 꼭 알아둘 필요가 있다. 1로서 2라든가 3 이든가 직접 움직여도 잘 되지 않는다. 백1로 맥에 두고 흑2,4 로 단수 몰고 나와 8까지 될 정 도인데, 백의 대성공이다.

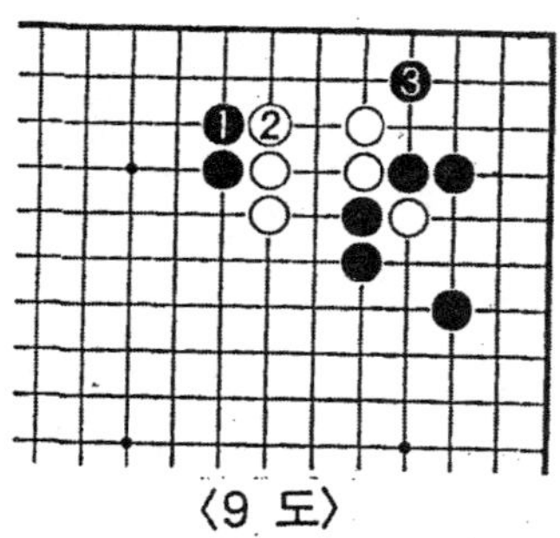

〈9 도〉

9도

흑은 1로 내려서고 백2에 3으 로 집을 벌면서 공격하는게 실 전적이다. 왼쪽의 흑이 자충수 이니만큼 백에게 그다지 위기감 은 없다해도 공격받는 불리는 역시 크다.

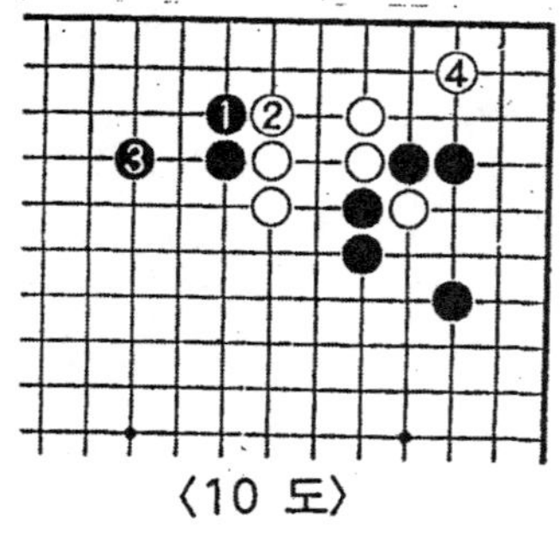

〈10 도〉

10도

이 흑 1, 3은 백4로 미끄러져 무르다. 9도의 흑3에 두든가 이 그림의 백4로 미끄러지든가로 집만해도 20집가까운 집이 왔다 갔다 함이다.

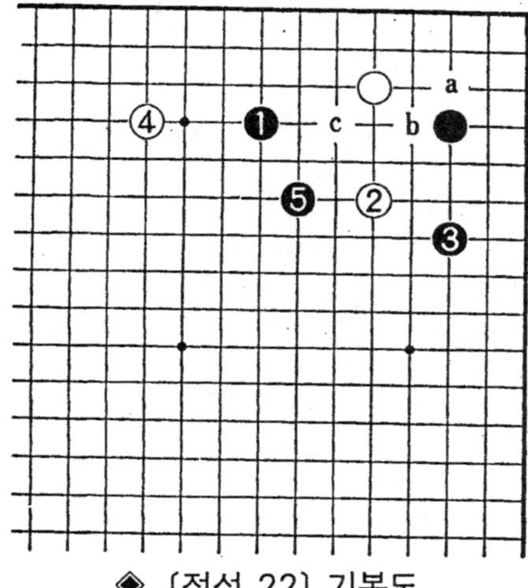

◆ 〔정석 22〕 기본도

정석22 두칸 높은 협공, 두칸 뜀

【급 소】

백2의 두칸 뜀은 낮은 협공과 변화가 아주 비슷하다. 흑5, 역시 급소.

기본도
두칸 높은 협공이 유행하기 시작했을 무렵은 백2의 두칸 뜀이 가장 많이 두어졌다. 그것이 현재로선 거의 볼 수 없게 된 것은 낮은 두칸협공과 마찬가지로 뒤의 처리가 잘되지 않기 때문이다.

백4로 협공하여 흑5 급소에 육박하고 다음에 백a 또는 b. 그리하여 또하나 백c의 마늘모가 있는게 낮은 협공과 다른 점이다.

1도
백1, 3으로 붙여 부풀고 흑4 끌면 14까지. 낮은 협공과 같은 수순이다. 지금은 정석이란 이름뿐, 두는 사람이 없게 되었다. 백5로서 6이라면 물론 흑13의 붙여 넘어감이다.

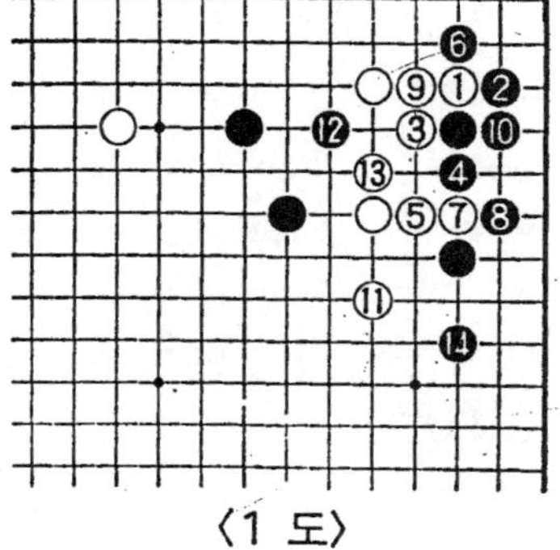

〈1 도〉

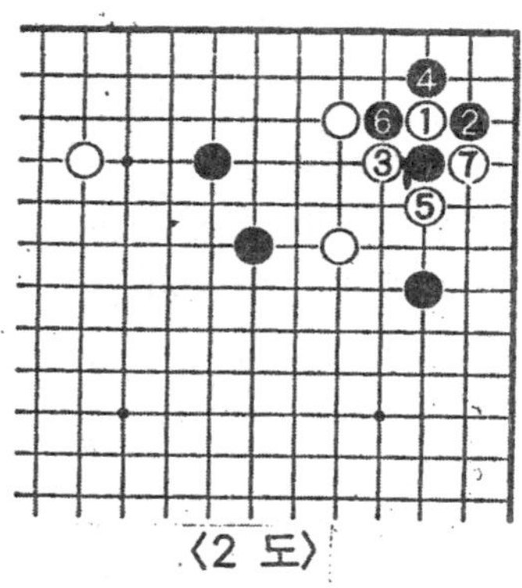

〈2 도〉

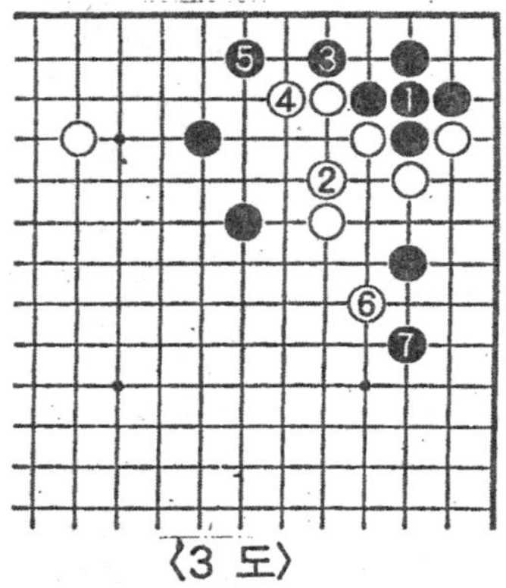

〈3 도〉

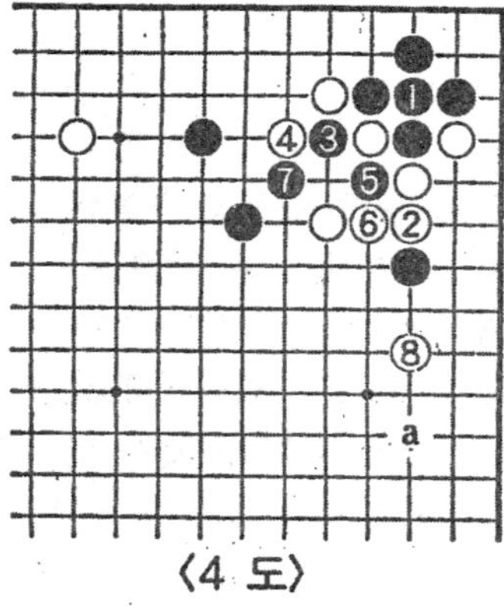

〈4 도〉

2도

협공이 높으므로 흑4 되젖힘
이 유력하다. 백5, 7단수몰아—

3도

흑1로 잇고 백2라면 3, 5로
넘어간다. 백은 전체가 포위된
모양이라 혼자서 괴로와하듯 되
어있다. 백6에 흑7의 받음은 상
용의 모양.

4도

3도가 싫다면 흑1의 이음에
백2 부딪칠 수 밖에 없다. 흑은
3으로 끊고 백4, 6은 수단. 그러
나 흑7이 되어 실리가 크고 백
은 8 대비해도 자못 태세가 빈
약하다. 흑a로 다가섰을 때 흑
한점의 움직임을 봉쇄하기 위해
무언가 또 한수 두어야 한다.
이 정석이 폐물이 된 것도 당연
하다고 생각된다.

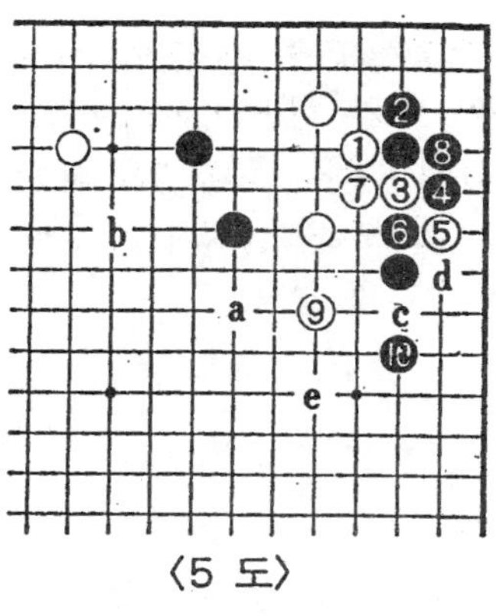

〈5 도〉

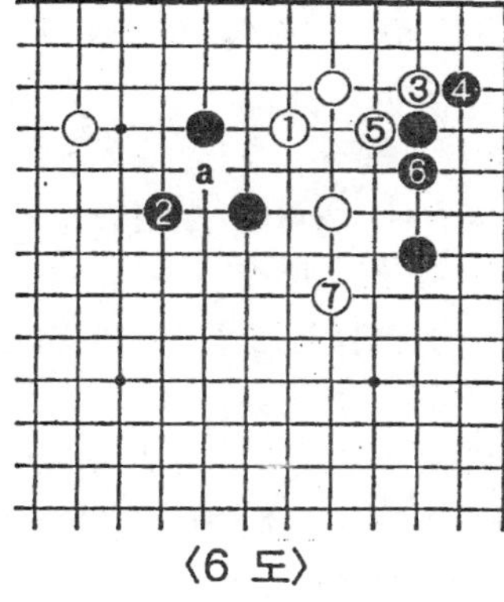

〈6 도〉

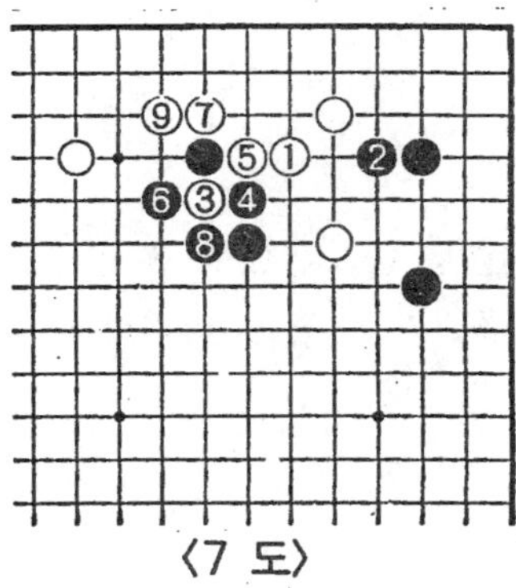

〈7 도〉

5도

다음에 백1의 마름모붙임인데 이것도 낮은 협공때와 마찬가지. 흑2로 내려서 실리를 차지하고 백은 일로 달아남이 있을 뿐이다. 흑10의 뒤 백a라면 흑b. 흑10으로 선 a에 뛰고 백c, 흑d, 백e의 진행도 있다.

6도

백1 마름모하는 수는 비교적 새로운 수. 이것은 백a에 붙여 넘겠다는 노림수로 흑이 2로 그걸 대비하면 3, 5를 이용해서 7로 뛰어

나간다. 5도 또는 1도에 비교한다면 이 그림이 가장 여유있는 모양이고 우변의 흑도 굳혀주지 않는다.

7도

백1에 흑2 나란히는 모양의 급소를 찔러 준엄한 것 같지만 축여하를 막론하고 백3붙임의 수가 있다. 한점을 버리고서 백9까지로 넘어가 흑은 닭쫓던 개 울 쳐다보기.

이어서 흑이 4의 우측에서 한점을 끊는 것은 공배를 두는듯한 수라서 두기 어렵다.

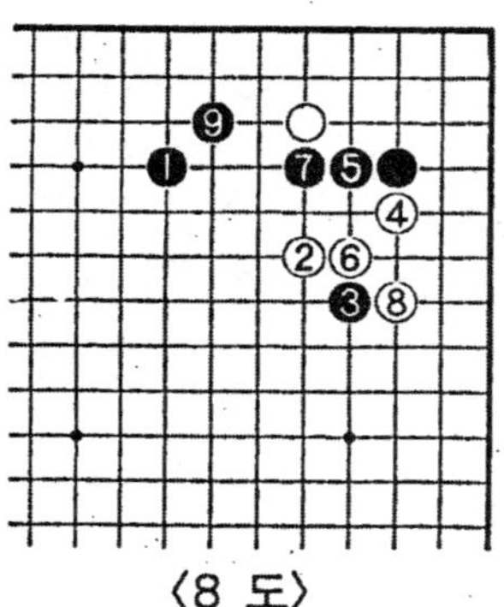

〈8 도〉

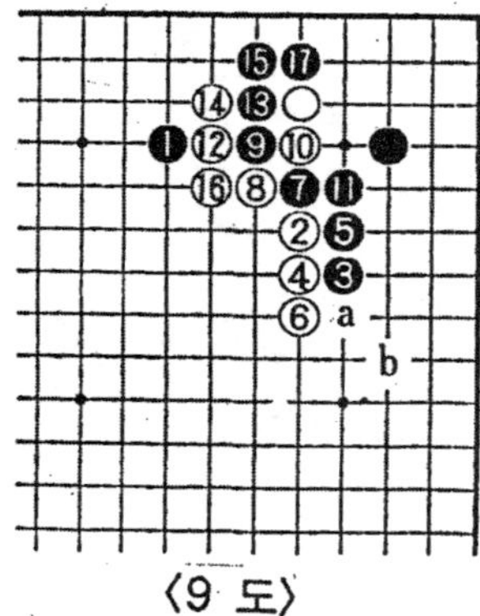

〈9 도〉

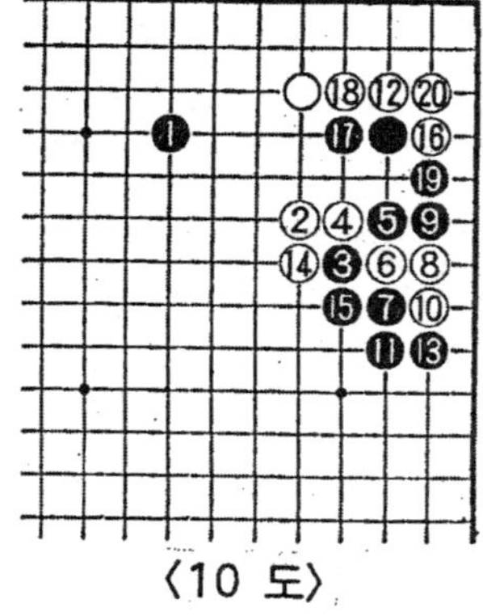

〈10 도〉

8도

흑3 모퉁이에 두는 수의 변화도 모두 낮은 협공의 응용이다. 백4로 붙여 8까지, 흑은 9의 마늘모가 된다. 백은 선수지만 집이 커서 흑 유리의 갈림.

9도

백4로 밀어 붙이면 흑5로 되돌아가고 6의 뻗어나감에 7, 9로 젖혀나가 17까지.

이 결과의 평가는 기풍(棋風)에 따라 다르리라. 실리를 즐기는 사람이라면 흑을 택하고 두터움을 즐기는 사람이라면 백을 택한다고 합니다.

흑17 다음 백은 즉각 a로 눌러둠이 바람직하다. 흑b의 일자가 절호점이기 때문이다.

10도

백4, 6으로 맞끊음도 전혀 같다. 백12로 옮겨가 석점을 버리고 귀의 집과 바꾼다.

정석23 두칸 높은 협공, 마름모

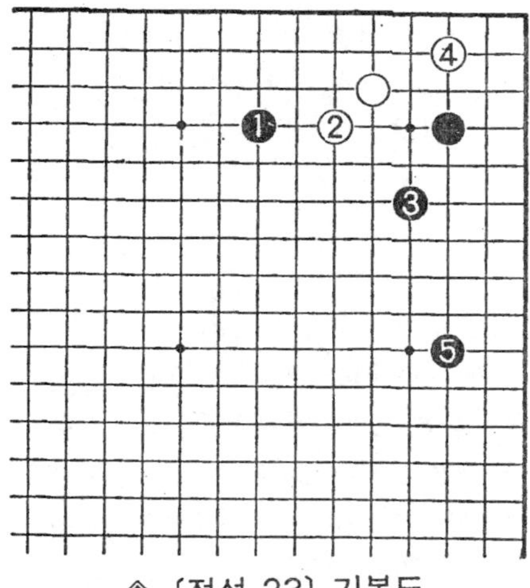

◈ 〔정석 23〕 기본도

【급 소】

백2, 4로 간명(簡明)두칸 높은 협공의 정석중 가장 많이 이용된다. 흑5, 일로 삼가는 것도 있다.

기본도

백2, 보기에도 견고한 수. 흑3에 4로 달려 수습하는 걸 첫째 목적으로 삼는다.

본디 백2 마름모하는 수는 3삼에 붙였을 때 되젖히지 못하도록 두어진 것이다.

1도

백2, 흑3으로 교환하고서 4, 6 두면 흑은 8의 곳에 되젖힐 수가 없다. 흑7, 백8이 되어 백은 목적대로 수습되는 셈이다. 흑9까지로서 이 정석은 오랫동안 사용되고 그뒤 기본도마냥 잠자코 달리는 모양으로 바뀌었다. 왜 1도가 잘 두어지지 않느냐 하면 흑을 굳혀준다는 난점이 있기 때문이다.

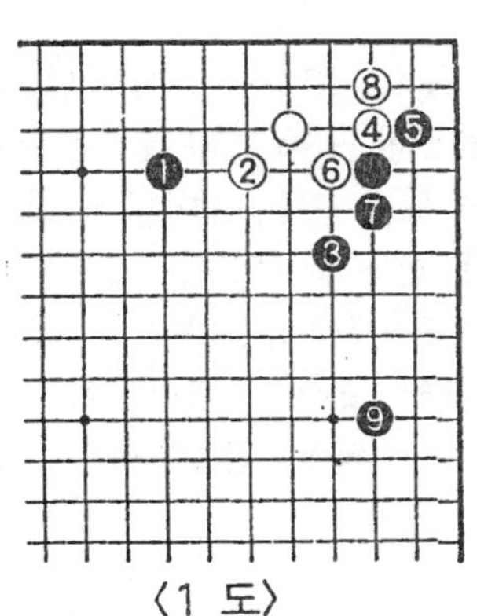

〈1 도〉

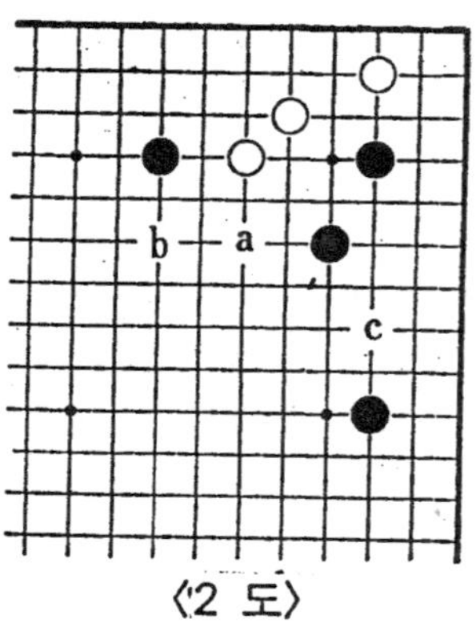

〈2 도〉

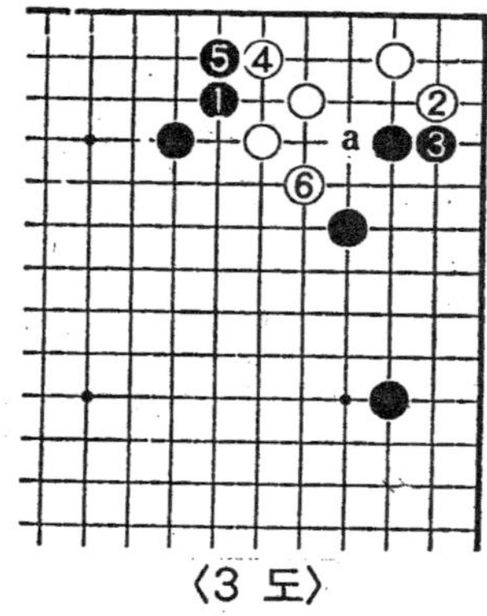

〈3 도〉

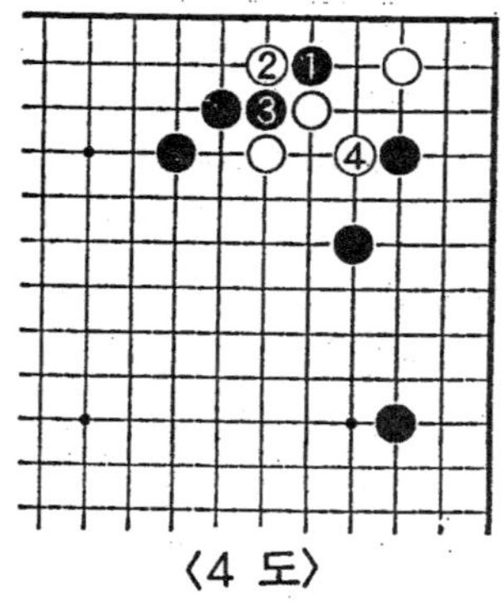

〈4 도〉

2도

기본도 다음 a의 뜀이 어느 쪽에 있어서나 좋은 곳. 흑a로 뛰면 다음에 또 b의 좋은 모양이 보이고 백a로 뛰면 c의 말뚝박음이 매섭게 된다.

3도

또 흑부터는 1로 마늘모 두어 공격하는 것도 유력한데, 많은 경우 백은 2부터 6까지 받지 않으면 안된다. 백2이하를 생략하면 흑a의 나란히가 급소를 찌르고 백은 눈이 없어진다. 그 흑a로—

4도

흑1붙이면 백2, 4라는 버팀에 묘수가 있는 것이다. 그렇다면 공격은 완전히 실패다. 이런 변화까지 모두 알은 다음이 아니면 정석의 바른 운용이 어렵다. 기본도에 나타난 수순은 간단하나, 그것만 기억한다면 효과가 적다. 한수마다 갖는 "의미"를 파악하는게 필요

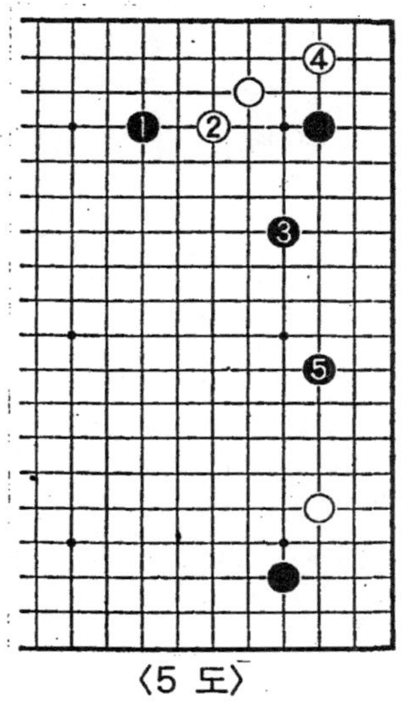

〈5 도〉

5도

흑3의 목자형은 기략이 넘친 재미있는 수로서 다른 부분과의 관련으로 두어진다.

우하귀에 이와같은 배치가 있다면 백4에 흑5로 발을 쭉 뻗고 3부터의 벌림과 우하의 백에 대한 세칸 협공도 겸해서 5가 일석이조의 활약을 한다.

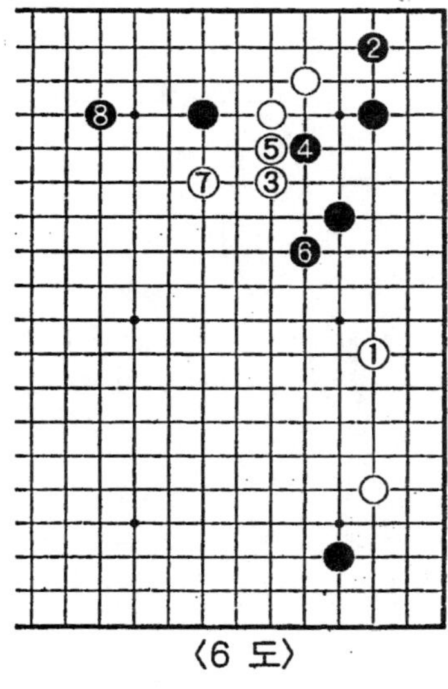

〈6 도〉

6도

그것을 싫어하여 5도의 4로 백1 벌리면 흑은 2로 발밑을 낚아 백을 공격한다.

백3의 뜀에는 흑4, 6이 호조(好調).

5도, 6도 모두 백이 불만이면 처음인 백의 마름모는 다시 생각해야 하는 셈이다.

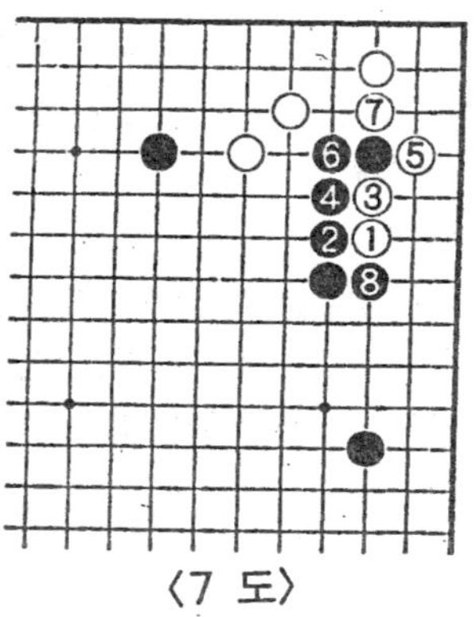

〈7 도〉

7도

목자형은 발이 빠른만큼 반면 틈이 생기는 것은 부득이하다. 백 1의 침입은 흑도 각오한 바. 흑2, 4로 누르고 흑8까지. 도려내어 졌다고는 하나 흑도 두터워졌다.

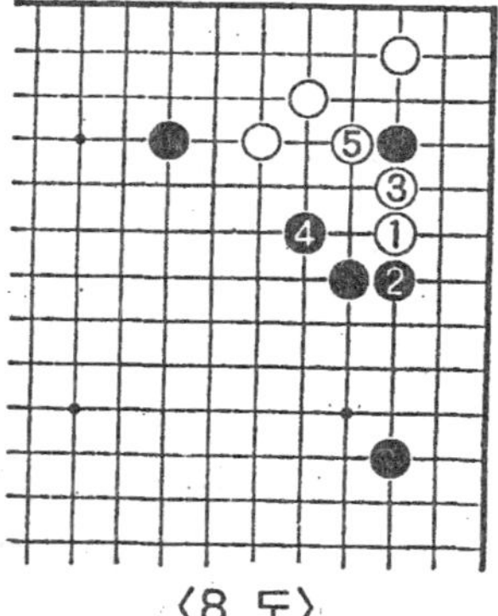

〈8 도〉

8도

흑2로 두는 건 선수를 잡는게 노림. 백3의 부딪침이 수단. 흑4, 백5까지로 흑이 선수가 되는 대신 귀의 백집은 꽤나 커진다.

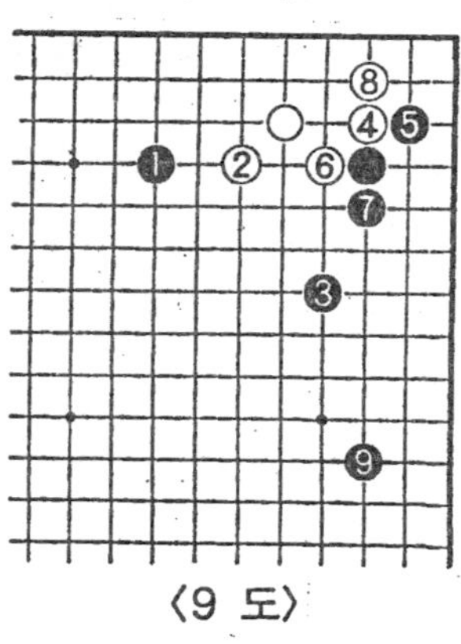

〈9 도〉

9도

흑3으로 목자형일때 백이 4로 붙여 결말짓는 것은 확실히 손해되는 수라 하겠다. 흑9까지의 결과를 1도와 비교하면 3, 9의 두 수가 일로씩 넓어지고 있어, 이것은 흑의 활동임을 알 수 있다. 이유없는 손해는 아무리 작은 손해라도 금물이다.

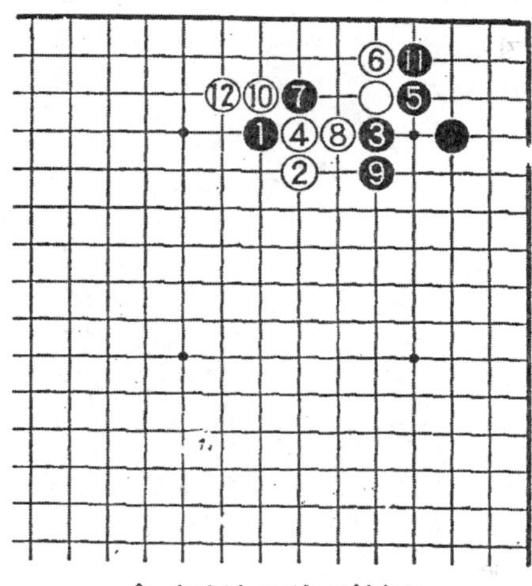

◆ 〔정석 24〕 기본도

【급 소】

흑3, 급소. 백4부터 흑9까지 모두 급소이다. 흑11, 백12, 둘다 본수.

기본도

백2로 발전자두어 어깨를 짚는 수에는 흑3의 붙임이 모양의 급소가 된다. 백4에 흑5로 누르고 백6 이하의 수순은 어색한 느낌도 들지만, 실은 이것이 최선이다.

백6은 흑7를 찌고 흑7은 백8를 재촉하여 9로 뻗는 가락을 얻는다.

과거 여러가지 수순이 시도되고 마침내 백12까지의 패턴이 결론이 되었다.

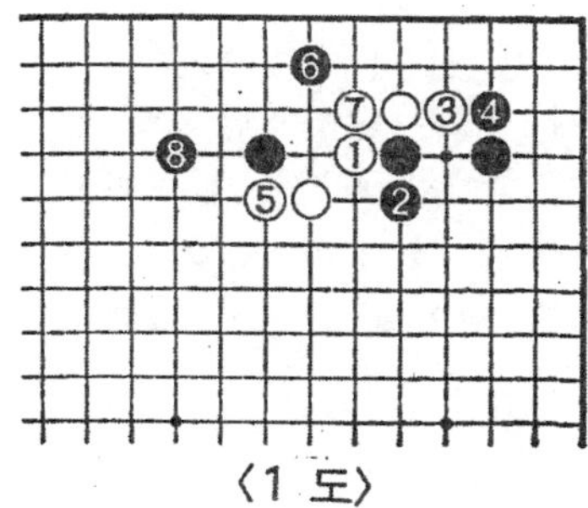

〈1 도〉

1도

낮은 두칸협공과 마찬가지로 흑의 붙임에 백이 1로 뛰는 건 서투르다. 흑4뒤 백은 5로 미는 정도인데 흑에는 6, 8이라는 경쾌한 공격이 있다.

흑6의 들여다봄이 호수, 백7의 이음은 부득이하다.

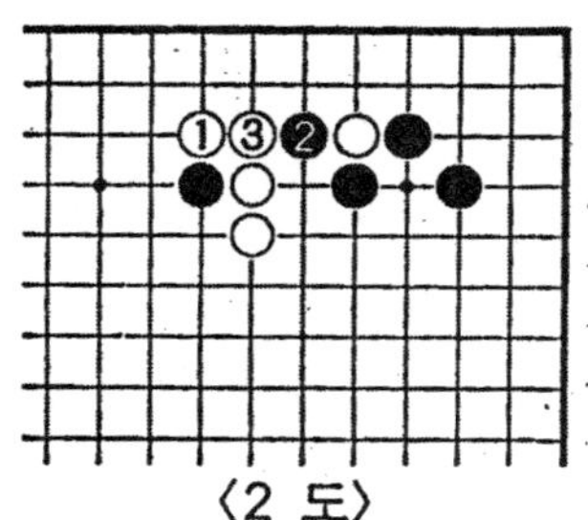

〈2 도〉

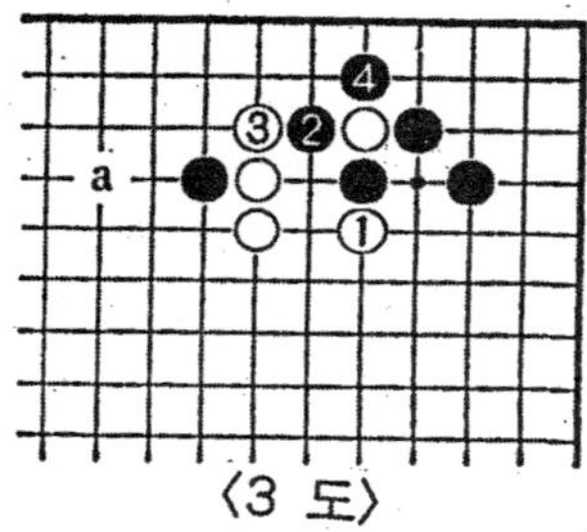

〈3 도〉

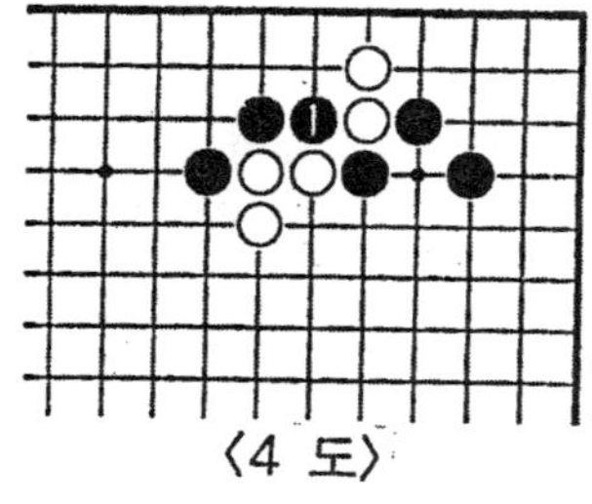

〈4 도〉

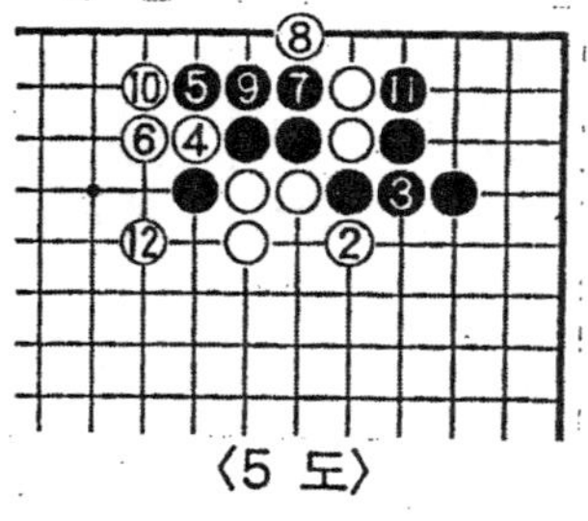

〈5 도〉

2도

기본도의 6으로 백1 젖히고 흑 2 백3되는 것은 낡은 정석이다. 집의 손실이 심하므로 지금은 두 지않는다.

3도

또 백1로 끼어붙이고 흑4까지 되는 것도 낡은 패턴. 백은 선수 이지만 한수의 차이상으로 흑은 맛이 좋고 집도 크다. 백이 손뺌 하여 흑에게 a로 한칸 뜀을 당하 면 일자들이 공격당한다.

4도

기본도의 9로서 흑1끊으면 어 떻게 되는가. 흑은 두점을 잡을 수 있다.

5도

그러나 백2의 단수부터 4로 끊 겨 흑11로따내어 목적을 달성해도 백12가 되면 백이 유리. 흑은 눈 앞의 작은 이익에 얽매어 대세에 뒤진 모양이다.

정석25 두칸 높은 협공,
한칸 되협공

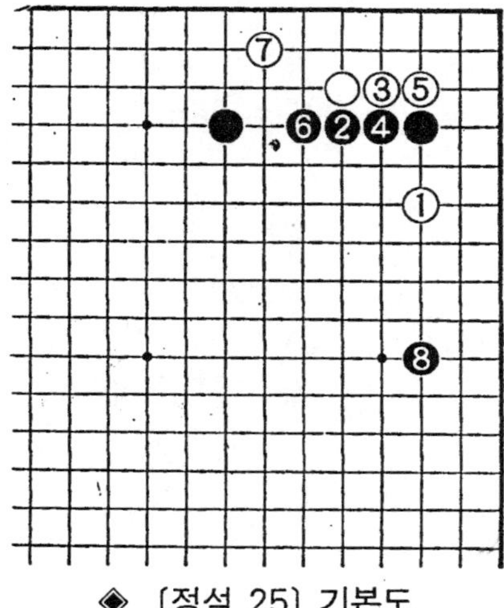

◈ 〔정석 25〕 기본도

【급 소】

백1은 흑의 움직임을 기다려 처리하려 한다. 흑2, 상형. 흑6에는 별법이 있다.

기본도

백1로 한칸 되협공하여 먼저 걸친 한점을 버리겠다는 건 아니다. 오히려 흑의 움직임을 기다려 처리의 가락을 얻겠다는 작전이다.

흑은 2로 붙이고 백이 3부터 7까지 살았을 때 8로 크게 협공하여 공격하게 된다.

1도

흑에게 협공되는게 싫다면 백은 기본도의 달아나는 수로 1에 두는 것도 생각된다.

흑2눌려도 백3, 5의 선수로 사는 수가 있어 또 다른 큰곳에 갈 수가 있다.

귀는 어쨌든 삶만을 확보하고 발이 빠르게 두자는 것. 이번에는 입장을 바꾸어 흑측에서 생각해본다.

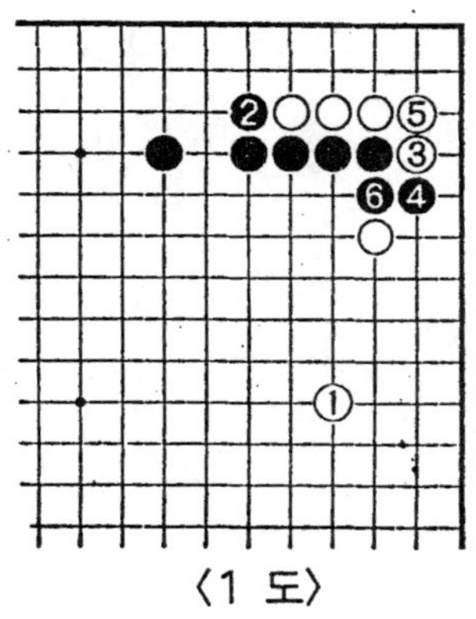

〈1 도〉

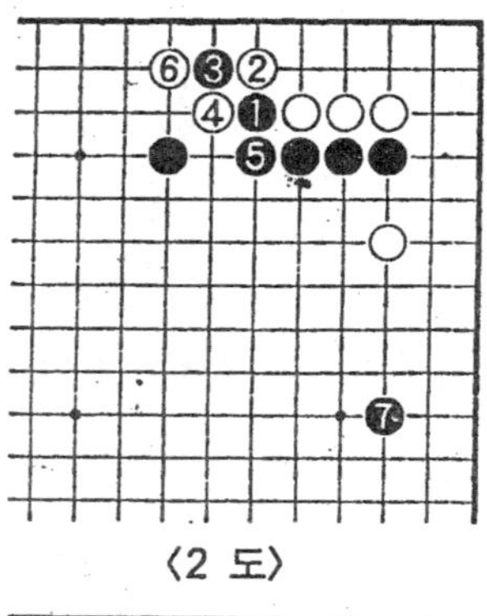

〈2 도〉

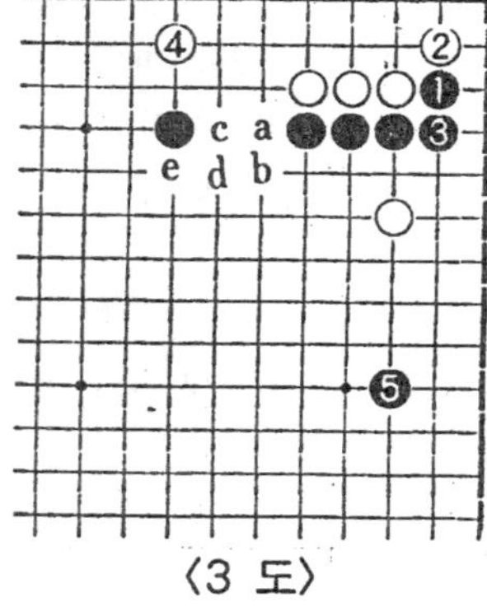

〈3 도〉

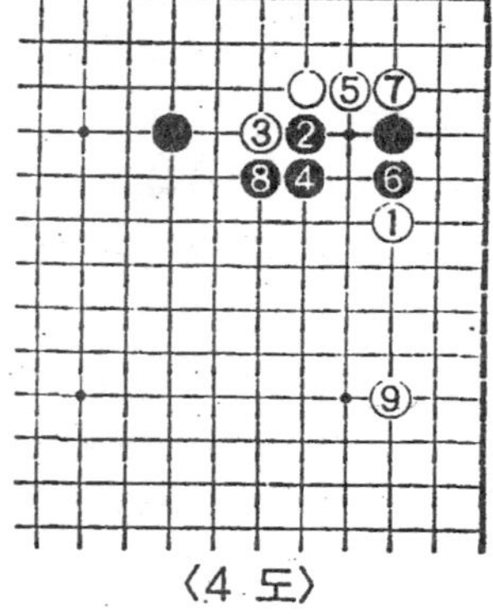

〈4 도〉

우변을 백에게 두도록 해서는
곤란, 협공으로 두고 싶다면, 귀의
응접에서 선수를 잡아야 한다.

2도

그러자면 기본도의 6으로 1, 3
의 이단젖힘을 하면 된다. 이거라
면 백4, 6은 절대이므로 흑은 소
망의 7을 둘 수 있다. 국면에 따
라 이러한 허실의 줄다리기가 중
요하다.

3도

이밖에 흑1, 3으로 귀를 젖혀
잇는 것도 유력하다. 백4를 생략
할 수 없고 역시 흑5로 향한다.
단 이윽고 백a, 흑b, 백c, 흑d, 백e
가 백부터의 노림수롤 남는다.

4도

흑2에 백3 젖히고 9까지 되는
것도 정석. 얇지만 백이 활동한
모습.

정석26 두칸 높은 협공,
두칸 되협공

【급 소】

백1, 3의 노림은 낮은 협공 때와 다름없다. 흑4가 좋다. a라면 무르다.

기본도

백1로 두칸 되협공, 흑2에 3으로 벌린다. 우하귀와의 관련으로 두는 취향이다. 흑은 4로 마늘모붙임이 좋고 협공이 높은만큼 흑a라면 무른 것이다.

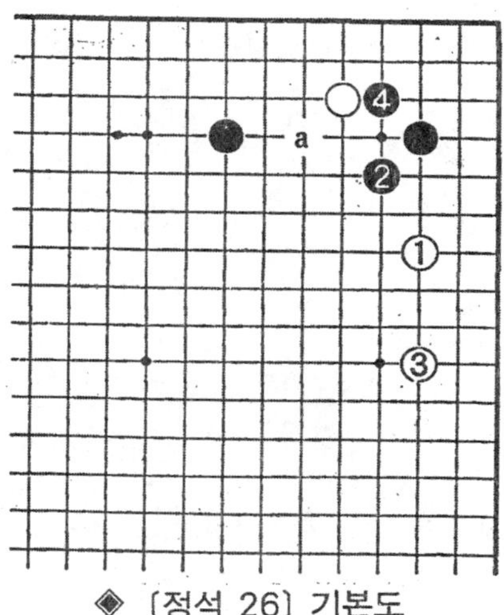

◈ 〔정석 26〕 기본도

1도

흑2의 붙임이면 백도 3끼어 넣어 움직이게 된다.

백3의 축관계에 관해서 새삼 말하지 않겠다. 흑6이 모양, 백은 7의 붙임이 수단.

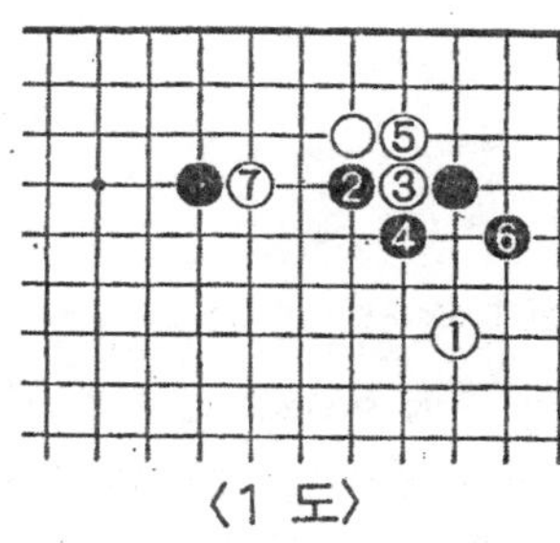

〈1 도〉

2도

이어서 흑은 8부터 12까지로 결말짓고 백13의 미끄러짐까지가 정석이다. 13에서 일로 아래인 뛰어나감이면 흑에게 귀의 누름을 준다.

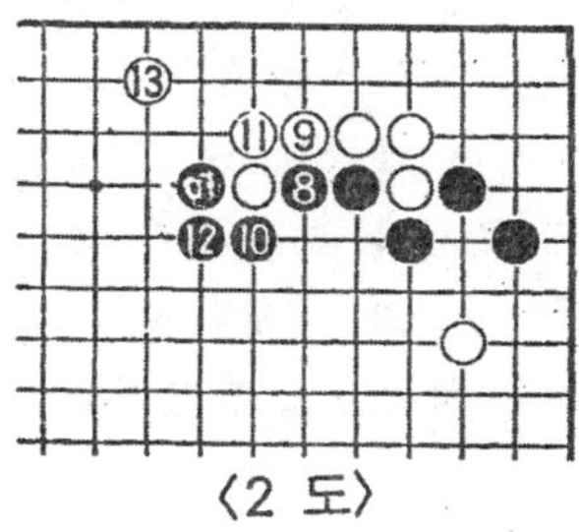

〈2 도〉

77

3도

1도의 7로선 약간 속된 맥이지만 백1, 3으로 두는 것도 있다. 흑4뻗고 백5의 젖힘부터 7로 뛰어나가—

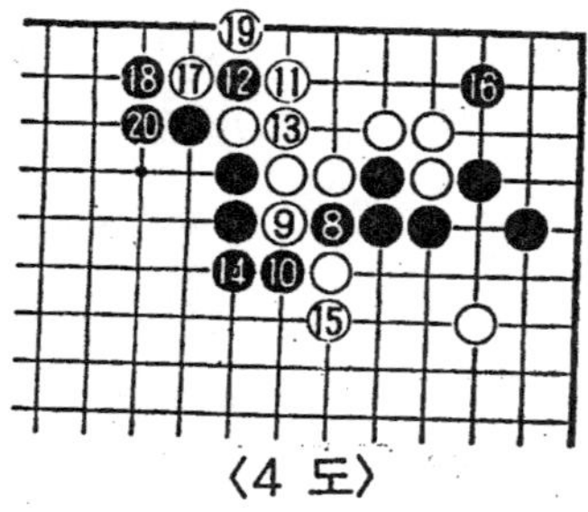

〈3 도〉

4도

흑은 강하게 8, 9로 맞끊고, 뒤는 이미 필연적 코오스다. 흑20까지, 후수라도 두터운 모양. 이 두터움의 효과를 계산하지 않고선 백이 섣불리 두지 못한다.

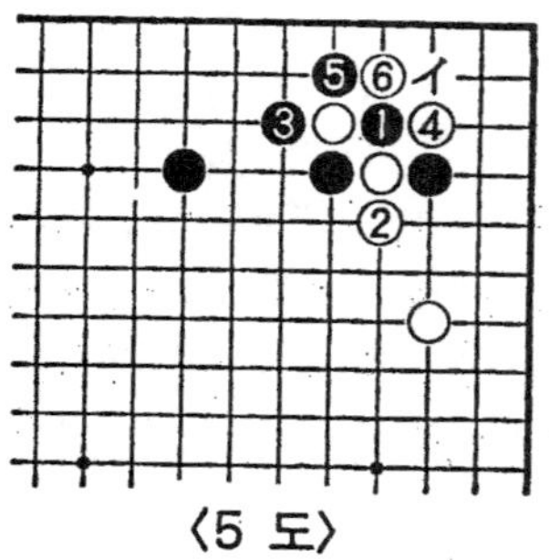

〈4 도〉

5도

백의 끼움에 흑1로 끊어 3으로 안는 것은 백4, 6으로 단수가 되어 a의 패가 문제다. 큰 팻감이 몇개 있어 흑a을 결행하면 좋지만 서전에서는 우선 가망이 없다. 패를 이어버리면 백a이어져 수가 없기 때문에 확실히 흑불리가 된다. 축이 좋을 때말고는 흑1 끊는 수는 성립되지 않는다고 하겠다.

〈5 도〉

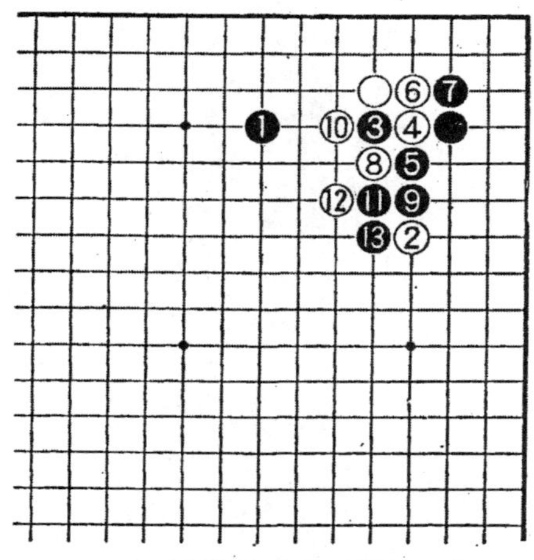

◆ 〔〔정석 27〕 기본도

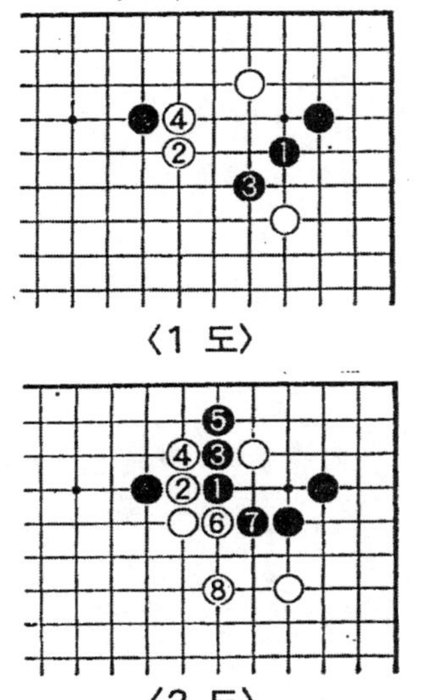

〈1 도〉

〈2 도〉

【급 소】

혹7이 급소, 절대. 백10 따내게해도 혹11, 13으로 나와 불만이 없는 모양.

기본도

백2는 걸친 한점부터 보면 목자형이지만 두칸으로 높게 되협공했다고 하겠다. 호칭이 정해져 있지 않은 듯. 백4, 6에 혹7의 누름이 호수이다. 혹13까지의 갈림은 혹의 불리가 생각되지 않는다.

1도

붙이지않고 혹1 마름모면 백2가 능숙한 수.

혹3에는 백4로 누르고 여기에 돌이 오면 백이 재미있다.

2도

1도의 3으로 혹1 밭전자를 찌르면 백은 2부터 6까지를 두고 8로 뛴다. 흑집보다 백의 두터움이 뛰어나 백유리의 갈림이다. 즉 혹은 기본도의 3으로 붙이는게 좋고 그 때 백은 4, 6이외는 없으므로 (4로 10에 젖히면 혹8로 뻗는다) 급소를 혹7로 눌러 버린다.

극히 간명하다. 혹7로서 —

79

3도

1로 잇으면 백은 2로 끊는다. 흑3 몰고 7까지로서 상당한 두터움이긴 하지만 선수로 한점을 잡은 백의 실리는 가벼이 보지 못하고 흑의 불충분한 갈림이라 하찮을 수 없다.

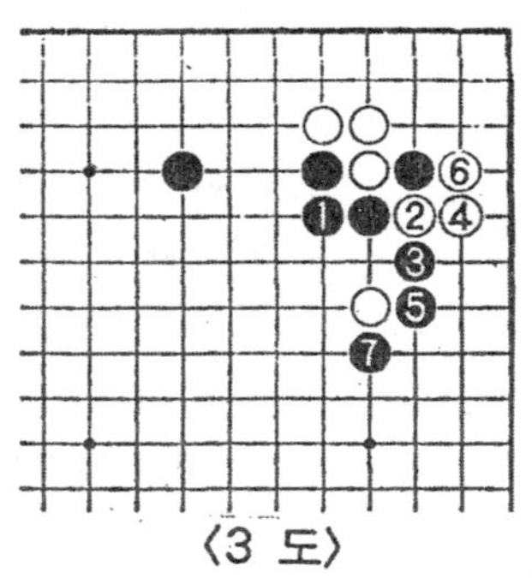

〈3 도〉

4도

굳이 기본도 흑7의 별법을 든다면 1의 호구이음이 있다. 백은 여기서도 2로 붙이는게 맥으로서 흑3의 뻗음이라면 4, 6으로 젖혀 잇는게 하나의 패턴.

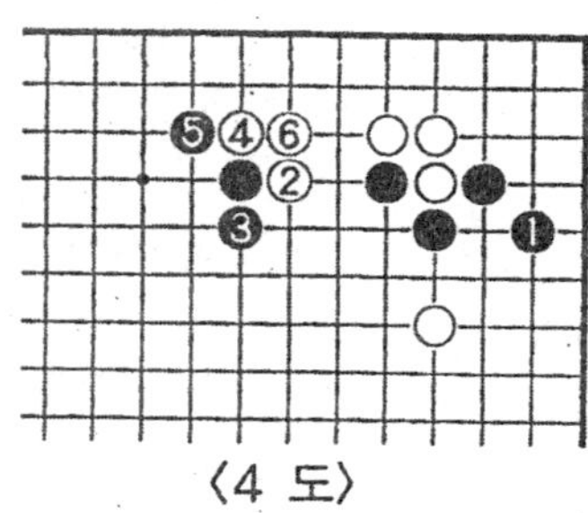

〈4 도〉

5도

이것은 고단자의 실전에 나타난 변화로서 흑이 주로 두텁게 둔 예이다. 이 모양, 흑a로선 백b의 젖힘으로 응하게 된다.

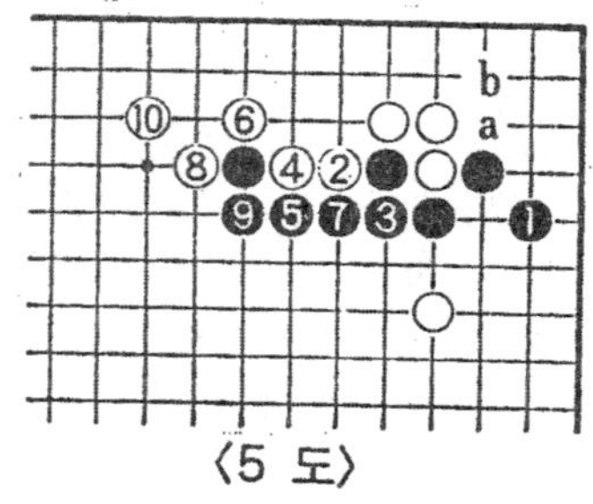

〈5 도〉

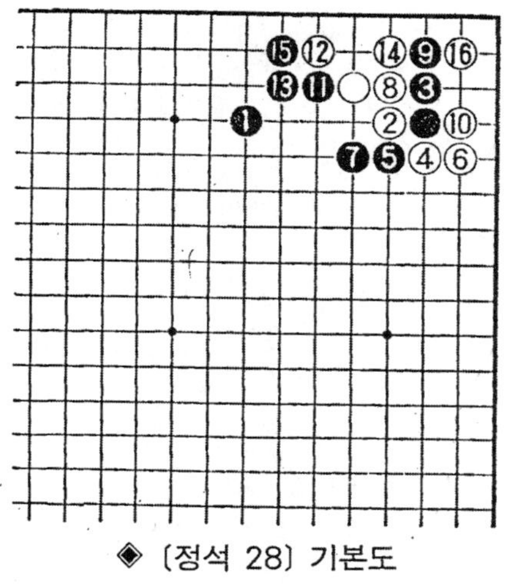

◈ 〔정석 28〕 기본도

정석28 두칸 높은 협공, 마름모붙임

【급 소】

백2에는 중요한 축관계가 있다. 흑3, 절대. 흑7에는 유력한 별법이 있다.

기본도

백2의 마름모붙임은 흑에게 4로 끌게하고 백3 젖혀, 수습하려 한다.

그것을 방해하여 흑3은 절대.

백4, 흑5로 정면충돌이 되고 복잡한 변화로 이끌린다.

흑7로 끌면 백12까지는 필연이라 하고서 여기서 중요한 축관계가 생기는 것이다.

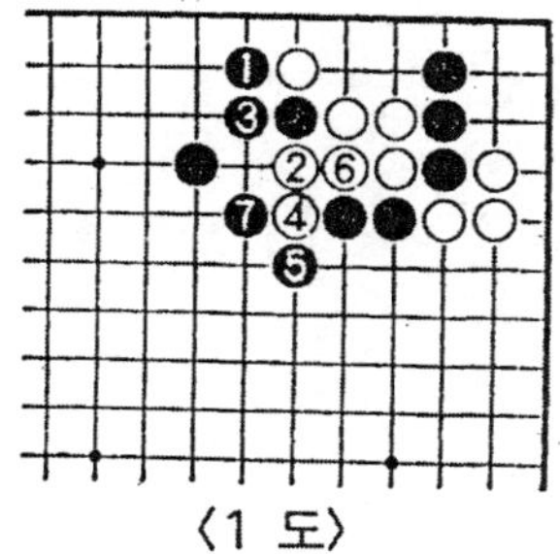

〈1 도〉

축이 백에게 유리하다면(백2인 때 그것은 당연히 계산되었을 터) 흑13 끌어 백16까지, 두터움과 실리의 평온한 갈림으로 낙착된다. 축관계로선 흑13으로—

1도

1로 눌렀을 때 생긴다. 백2로 몰아 4, 6까지, 거기서 흑7로 버티는 수가 성립할지 어떨지.

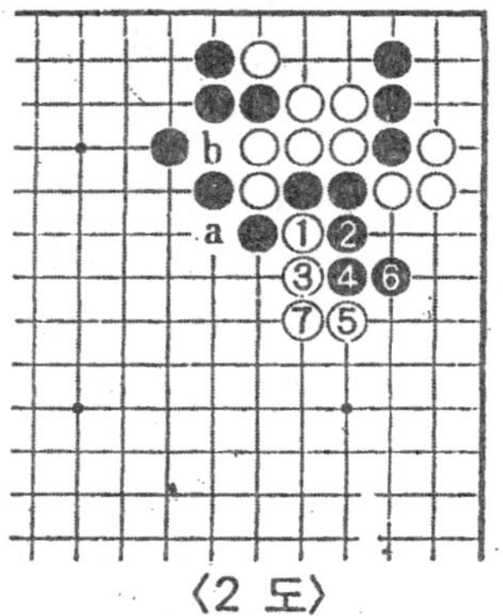

〈2 도〉

2도

이어서 백은 1로 끊고 흑4에 5로 젖혀 7로 잇는다. 이렇게 되어 백a로 끊는 축의 성립여부가 대문제인 것이다. 만일 축이 되지 않으면 흑b로 공배가 메워져 백은 괴멸.

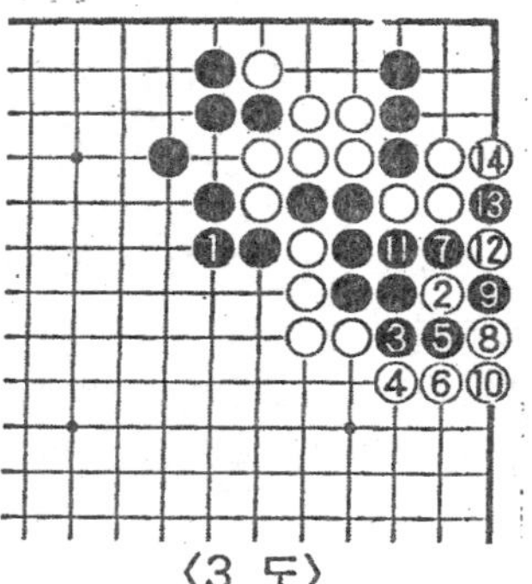

〈3 도〉

3도

그 축이 백에게 유리하면 흑1로 이을 수 밖에. 그리하여 이번에는 오히려 흑이 괴멸된다. 백2로 붙여 이후는 수싸움인데 백12, 14가 결정수로서 큰 패가 백의 딸 차례라 흑은 살지 못하는 셈이다. 만일 축이 나쁠 때는 1도의 2로 모는 수로서—

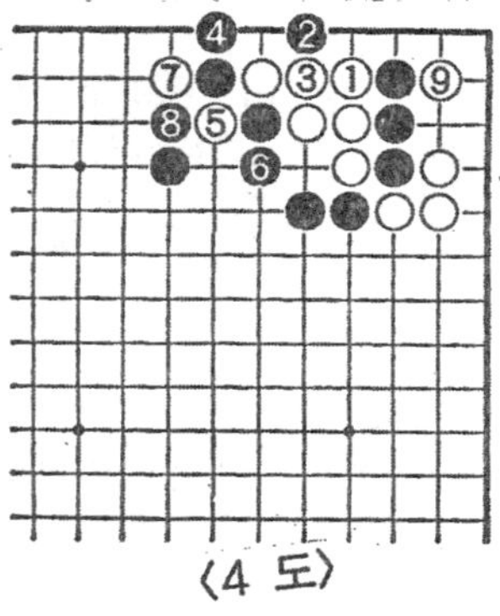

〈4 도〉

4도

1로 누른다. 그러나 흑에는 2, 4라는 절묘한 수가 있어 백은 5, 7의 희생에 의해 간신히 석점은 잡지만 엄청난 불리는 모면치 못한다.

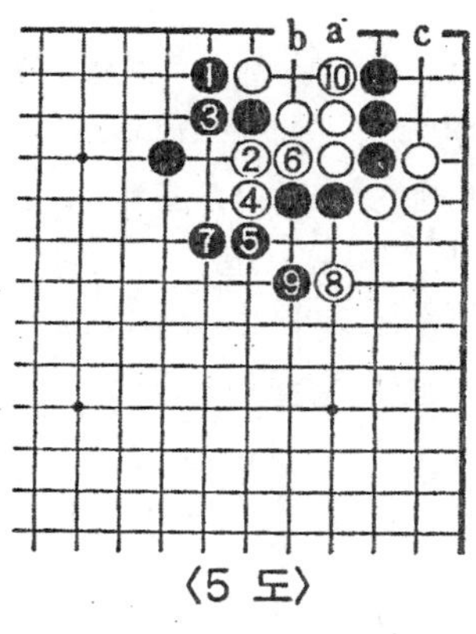

〈5 도〉

5도

흑1로 이단 누르고 백2로 몰아 6까지. 여기서 흑은 축이 불리하다면 7로 뻗어두면 된다. 백8, 10이 되어 귀는 흑a, 백b, 흑c, 의 끝내기 패도 남고 대등한 갈림이다. 따라서 이 정석에서의 축관계는 백측에 있어 중요하므로 흑은 축불리라도 뭐 어떻다는 것은 없다.

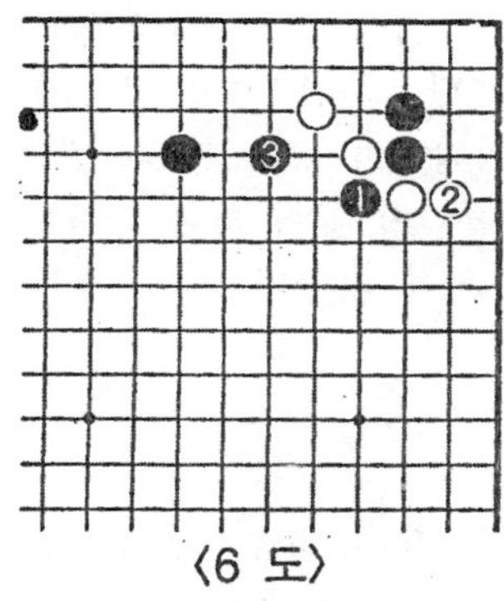

〈6 도〉

6도

흑1, 백2일 때 흑3 압박하는 수단도 있다. 이것은 변화가 비교적 단순한데 이 뒤—

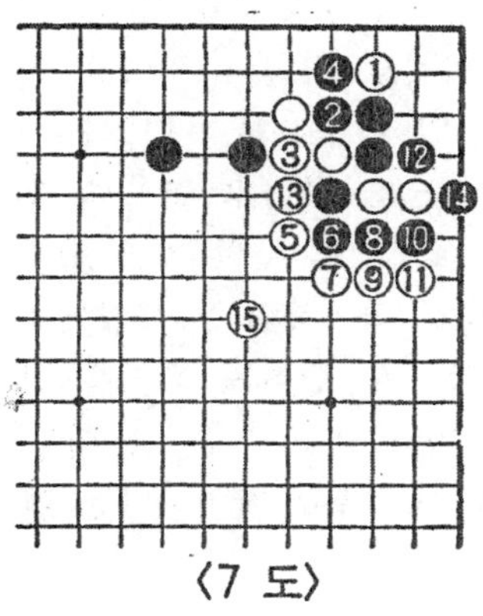

〈7 도〉

7도

백1의 붙임이 처리의 맥. 흑2, 4를 꾀고 백5의 압박이 교묘한 수로서 두점을 버리고 선수로 죄여, 백15로 호형(好形)이 된다. 흑2로서 4는 백2의 끊음으로 흑이 손실.

8도

흑3으로 이쪽에 **뻗**는 것도 강수다. 백은 4로 공배를 메우는 한수인데 흑에는 5로 마름모하는 호수가 있다. 다음에 백이 4의 위로 내려서면 흑은 3의 우측에 누르기까지. 그렇다면 끝장이므로—

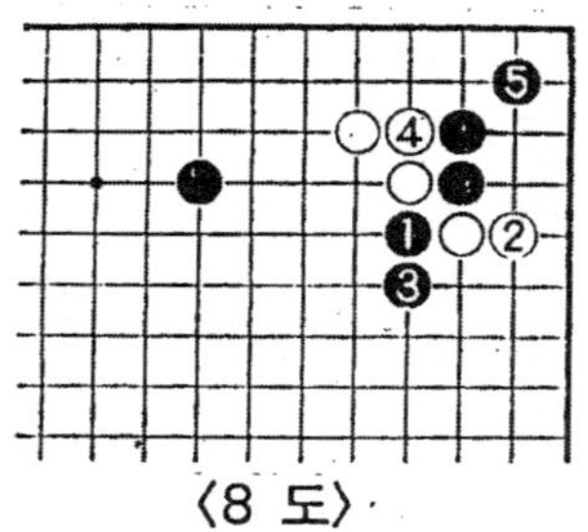

〈8 도〉

9도

백1, 3도 이것 이외는 없는 곳. 흑4, 6으로 귀를 살고 백의 움직임을 살핀다. 우선 백은 상변의 일단을 처리해야 하는데 흑a부터의 밀어 붙임이 있어 좋은 탈출방법이 발견되지 않는다.

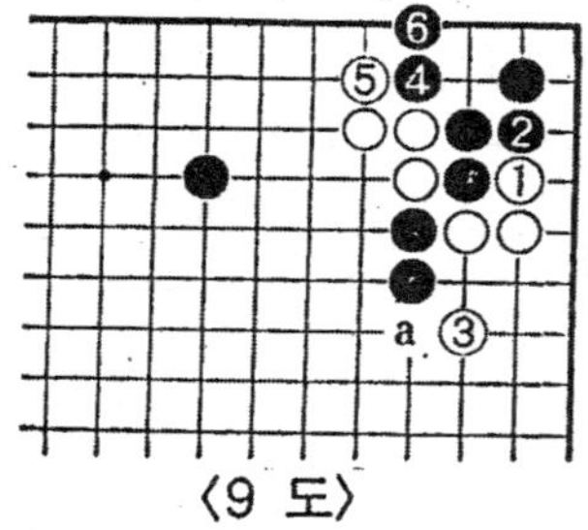

〈9 도〉

10도

달아나면 피로와질 뿐이므로 백은 1, 3으로 활용하고 상변은 5부터 11까지로 정해져 넉점은 버릴 도리 밖에 없을듯. 흑12에 이어서 좌측으로 벌리고 좌우로 두고 있어 이것으로 못할 것은 없지만, 적어도 흑 불리는 예상되지 않은 결과이다. 변화의 요점을 간추리면 기본도외 5도, 7도는 대등. 4도와 10도는 흑이 뛰어나다는 것이 된다.

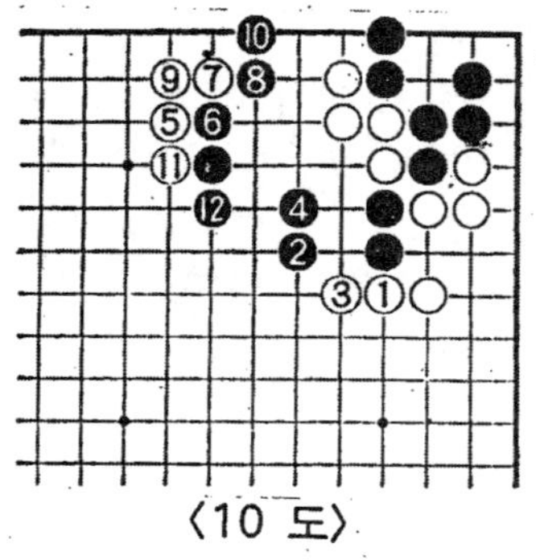

〈10 도〉

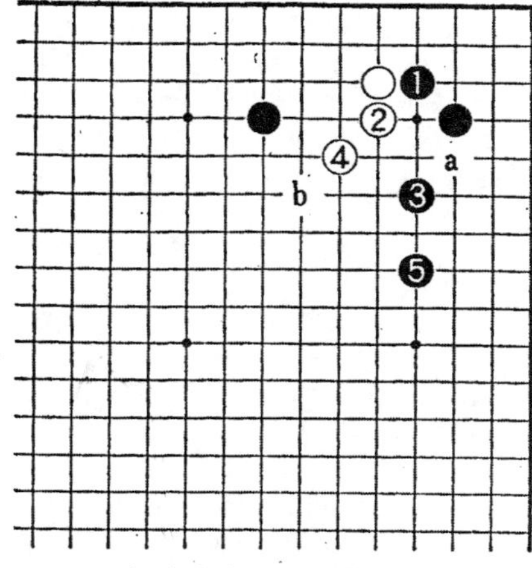

◆ 〔정석 29〕 기본도

정석29 두칸 높은 협공, 손뺌

【급 소】

흑1, 3이 통법(通法). 집을 차지하며 둔다. 백4는 모양, 흑5는 본수.

기본도 ·

두칸높은협공에 백이 손뺌을 하면 흑은 1, 3으로 밀어낸다. 발이 늦은듯 싶어도 백4로서 달리 좋은 수도 없다.

흑은 5로 뛰어 a의 붙임에 대비하고 백의 움직임을 기다리게 된다.

다음에 백은 b로 마늘모하든가 왼쪽부터 흑의 한점을 협공하든가 이겠지요.

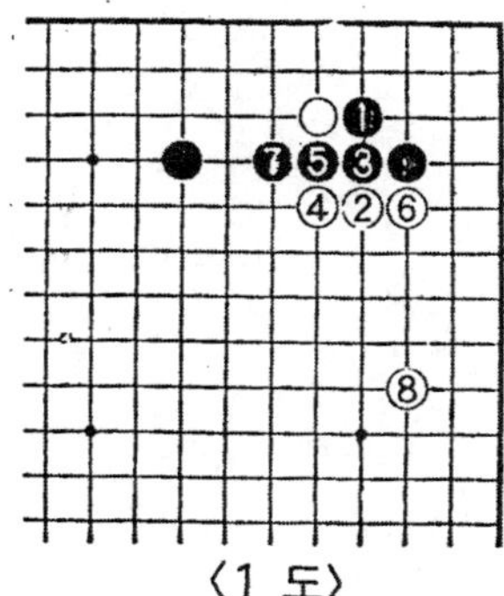

〈1 도〉

1도

백2 모붙임하는 건 기본도마냥 공격되는 걸 싫어할 때의 일책이다. 흑3을 두게하고 백3, 6으로 결말내고 8의 벌림.

무사하긴 하지만 흑집은 확고하고 수쪼갬으로 보아도 백이 좋을 턱이 없다.

흑3으로 6에 기는 것은 백에게 2의 아래로 뻗혀서 무기력.

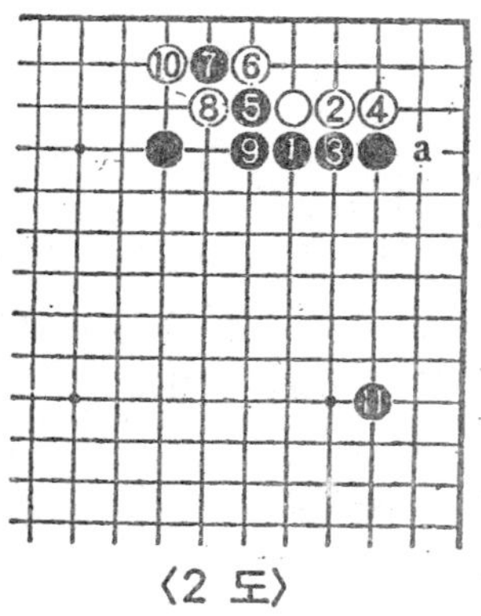

〈2 도〉

2도

흑1로 붙이는 것도 정석. 집보다도 두터움으로 두는 방침으로서 백은 2, 4로 곧 수습된다. 흑5, 7의 이단젖힘은 앞에서도 제시한 선수를 잡는 방법. 흑11의 큰곳으로 간다. 흑7로 8에 뻗으면 백7, 흑10, 다음에 백은 a의 곳을 젖혀 잇든가 손뺌하여 11의 방면을 차지하게 된다.

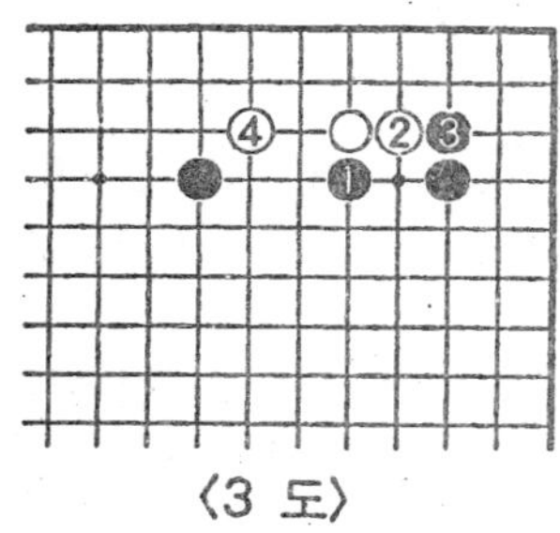

〈3 도〉

3도

백2에 강력히 흑3 누르는 수도 있다. 백은 4로 뛰는게 처리의 수단. 오른편에 나가면 흑에게 눌리고 자기의 공배를 메울 뿐이다.

4도

이어서 흑5의 누름이라면 백6, 8부터 10의 따냄을 활용 12의 달아남까지. 흑은 하나 패로 따고 우변에 벌리면 보통이다. 축관계에 따라선 흑5로 8에 뺀는 수, 또 5로서 6에 잇고 백5에 흑a로 누르는 변화도 실전에 나타난 일이 있다.

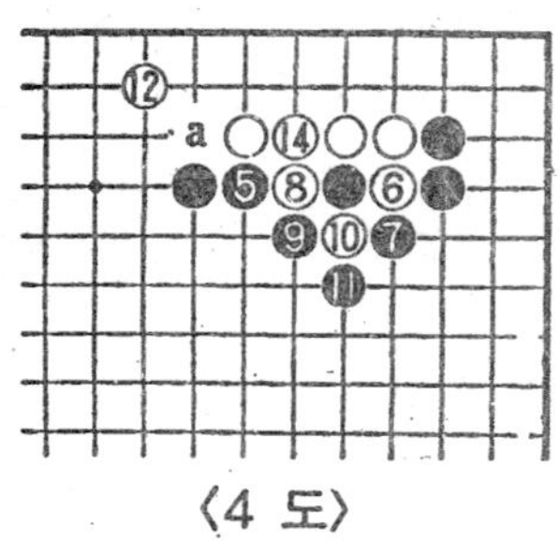

〈4 도〉

(6)세칸 협공

참고도의 흑1이 세칸협공. 협공으로선 가장 느슨한 걸로서 이 이상 멀어지면 이미 협공이라고 하지 않는다. 백의 응수는 a의 3삼붙임, b의 마늘모붙임, c의 모붙임, d의 두칸 뜀 e의 한칸 되협공. f의 두칸 되협공, 그밖에 g의 대사(大斜)손뺌으로서 h의 다가섬이 있다.

〈참고도〉

정석30 세칸 높은 협공, 3삼붙임

【급　소】

백1, 3으로서 흑4라면 백5로 수습된다. 다음에 a와 b를 맛보아 백의 선수.

흑6으로선 c도 있다.

◆ 〔정석 30〕 기본도

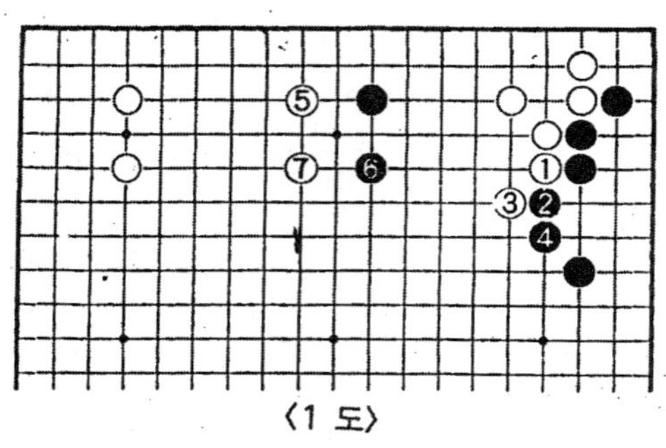

〈1 도〉

기본도

어느 협공의 경우도 그랬듯이 백1, 3의 붙여부풀음은 빨리 수습하겠다는 의미이다.

흑6의 두칸 벌림은 세칸협공에 한해서 쓰여지는 두기법.

c의 일자형과의 선택은 주로 좌상귀의 배치에 따른다.

1도

좌상에 백의 굳힘이 있는 이 모양으로선 흑의 두칸 벌림이 좋지않다.

백부터 1, 3영향이 있어 이어지는 5의 다가섬, 7의 뜀이 효과적이기 때문이다. 이런 경우는 흑이 두칸 벌림이 아니고 일자형으로 두어야 한다.

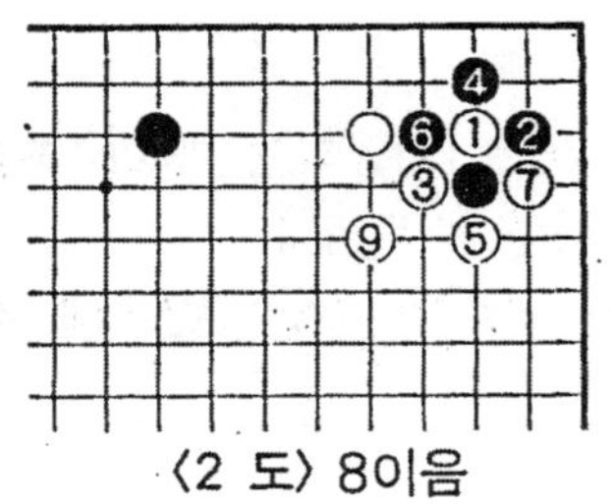

<2 도> 8이음

2도

흑4로 되젖히면 예에 따라 오히려 백5로 단수몰고 9까지.

잠시 이대로 방치되는게 보통이다.

흑8의 이음으로—

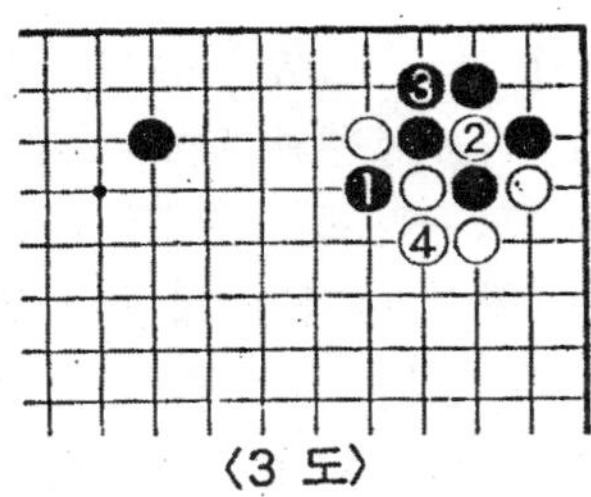

<3 도>

3도

1로 끊어오면 백은 2로 따내어 4의 곳이 수단.

백이 처리에 곤란한 모양은 아니다.

정석31 세칸 협공,
마름모붙임

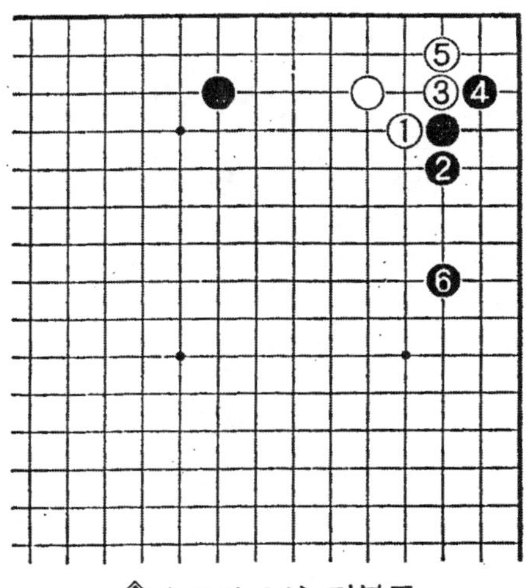

◆ [정석 31] 기본도

【급 소】

백1의 마름모붙임부터 두면 5의 내려섬까지된다. 되젖힘을 피한다면 이 수순이 확실.

기본도

현재는 모두 1부터 두게 되었다. 협공이 먼 세칸이므로 흑은 2로 끌수밖에 없으므로 이것이라면 백은 되젖혀질 염려가 없는 셈이다.

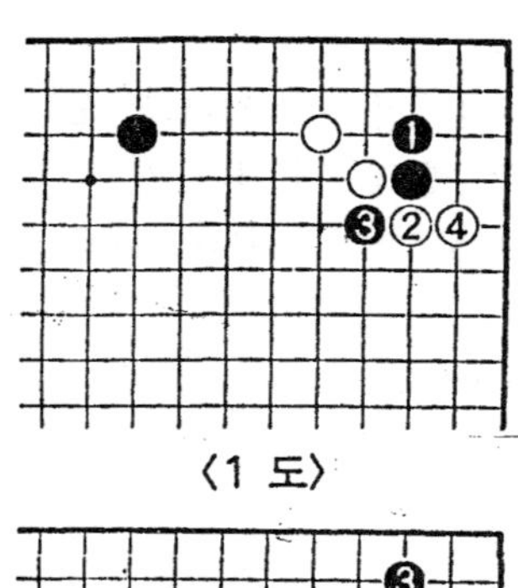

〈1 도〉

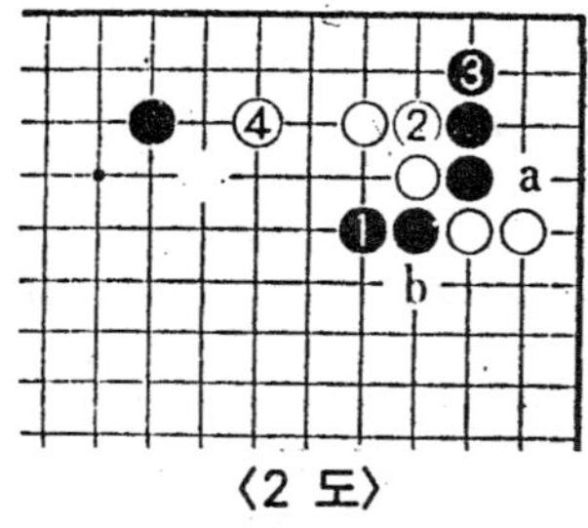

〈2 도〉

1도

두칸 높은 협공과는 달리 흑1로 뻗어나감은 무리다.

백2로 누르고 흑3의 끊음에 4로 내려서—

2도

흑1에 백2, 흑3 결말지은 뒤 백에는 4로 뛰는 여유가 있으며 4에도 백a로 꼬부리고 있어도 흑은 두칸 높은 협공때 마냥 매섭게 결말내는 수가 없다. 또 1로 b에 뻗고 <정석28>의 9도까지 되었다하고서 백은 이 그림의 c로 어깨를 짚고 쉽게 탈출한다.

3도

백2에 흑3으로 젖힌다면 강하게 흑1로 둔 것과 수미(首尾)가 일관되지 않는다. 백4로 이단누르고 이하10까지로서 두점을 잡는게 알기쉽고 확실히 유리하다. 백은 실리를 얻어 안정되고 이걸로선 흑이 무엇을 두었는지 모른다.

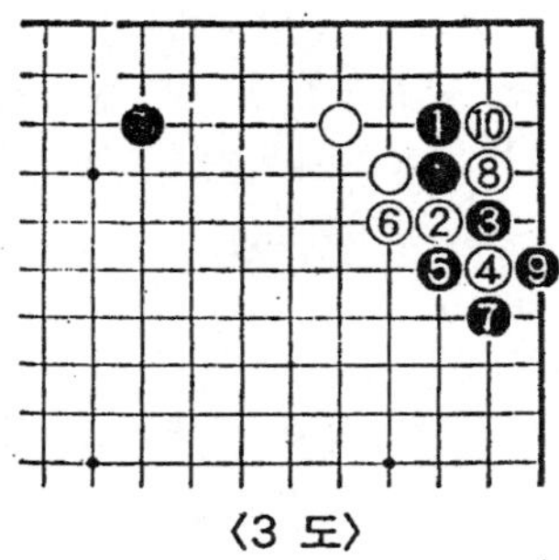

〈3 도〉

4도

기본도의 흑6으로 1의 꼬부림부터 3, 5라는 두 기본이 특정한 경우 성립된다. 이를테면 우측아래 이 그림같은 배치가 있으면 다음의 흑7이 벌림과 협공을 겸한 좋은 곳이 되기 때문이다. 흑1부터 5까지 이것도 세칸협공에 한해서 허용되는 걸로서 다른 협공에선 협공한 한점이 백의 세력에 너무 가깝기 때문에 주위에 관계없이 두어선 안 된다.

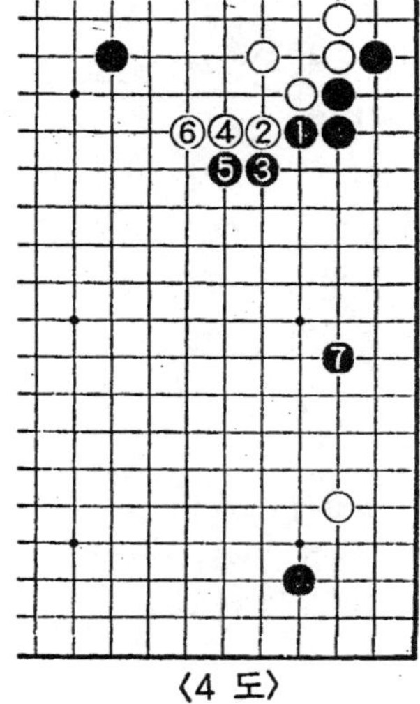

〈4 도〉

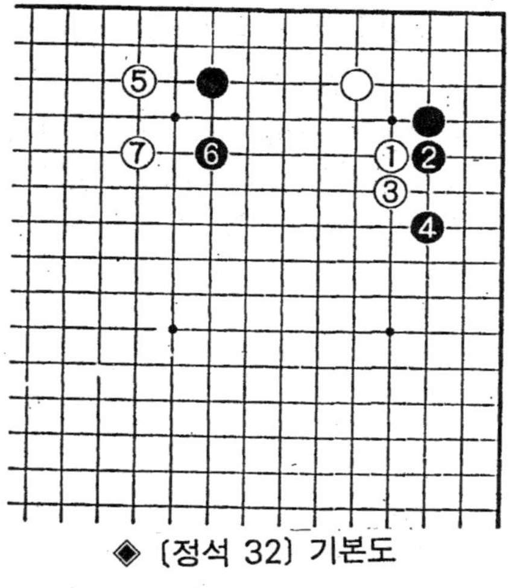

◈ 〔정석 32〕 기본도

정석32 세칸 협공, 일자형

【급 소】

백1로 압박하는데 의도
는 두칸협공때와 마찬가지
다. 백5로 유박하고 7로 좌
측을 확대한다.

기본도

백1로 압박, 흑은 실리를
주는 대신 외세를 얻는다.
그 두터움을 활용하기 때문
에 백5로 협공해서 공격한
다.

두칸협공인 때와 사고방식의
요령은 같다.

백5, 7로 다가서고 이것이 좌상
을 확대하는게 아니면 백1로 압박
하는게 애당초 우습다.

좌상귀에는 당연히 백의 배치
가 있어야 하며 오히려 흑의 굳힘
이 있든가 한다면 백은 공배만 두
는 듯한 결과가 된다.

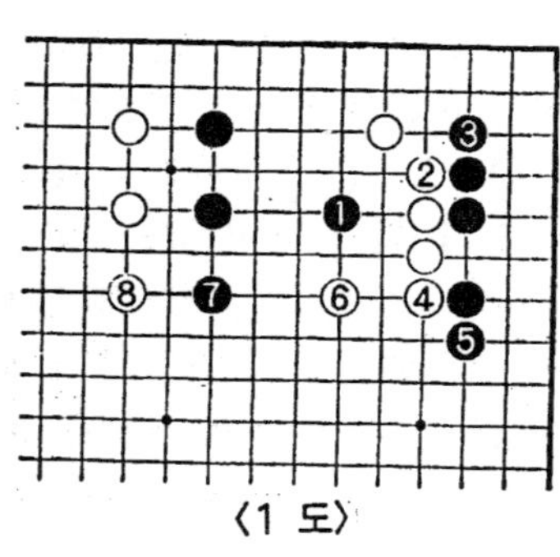

〈1 도〉

1도

기본도의 뒤 극히 상식적으로 예상되는 진행이다. 흑1 급소를 찔
러 백2을 꾀고 흑3 실리를 차지하며 백의 근거를 뺏는다. 백은 4, 6
으로 한숨 돌리고 흑7에는 8로 뛰어 더욱 세력을 확대한다. 어느 수
이고 낭비가 없어 무리가 없다.

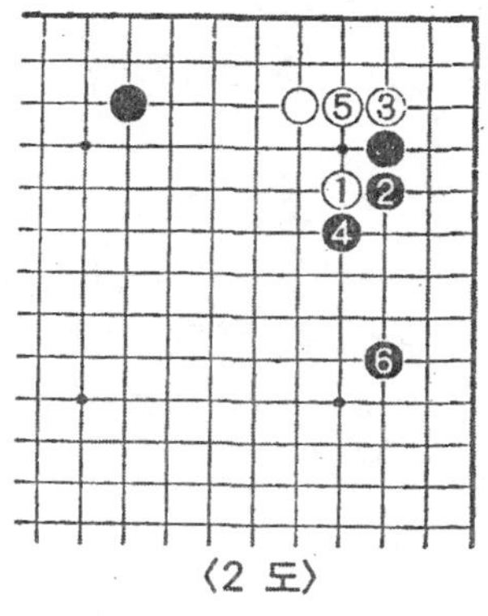

〈2 도〉

2도

일단 백1로 두고 흑2에 3으로 귀에 가는게, 이것도 세칸협공 특유의 변화로서 성립한다. 흑은 거슬리지 않고 잠자코 4로 젖히는게 정착(正着). 백5, 흑6 서로 수습되어 일단락인데 결과적으로 흑이 충분한 모양이겠지요. 흑4로 3의 우측에 젖히든가 1의 위로 나가든가 하는 건 백에게 당하는 것 뿐이다.

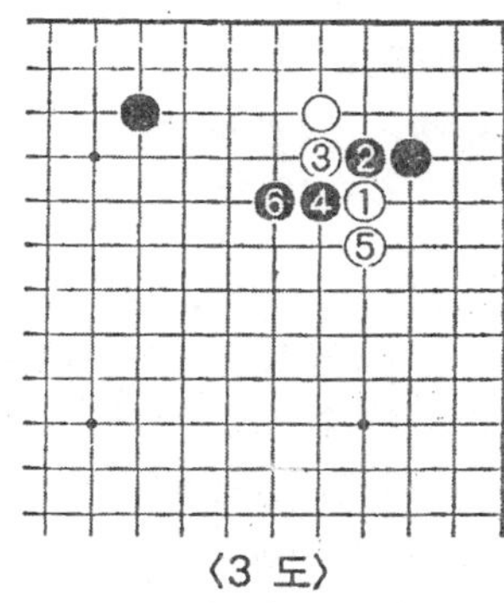

〈3 도〉

3도

흑2, 4의 맞끊음은 무리는 아니라 하더라도 즐겨 고난을 청하는 것. 흑6다음—

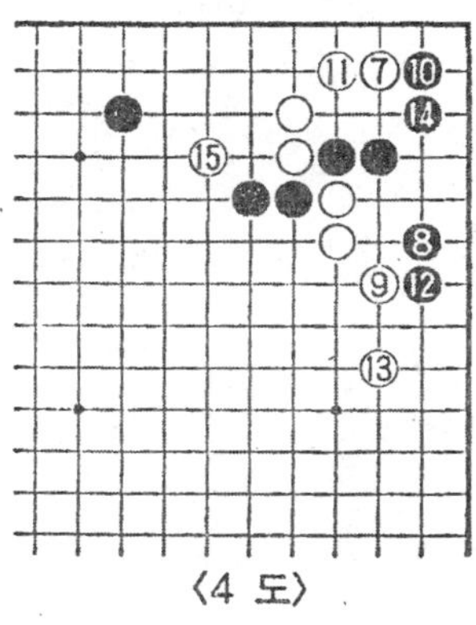

〈4 도〉

4도

백7부터 15까지가 되어 흑이 고전의 양상이다.

【급　소】

백1로 두칸 뜀하고 다음
에 a로 협공하면 보통. 세
칸 협공에선 이대로 방치되
는 일이 많다.

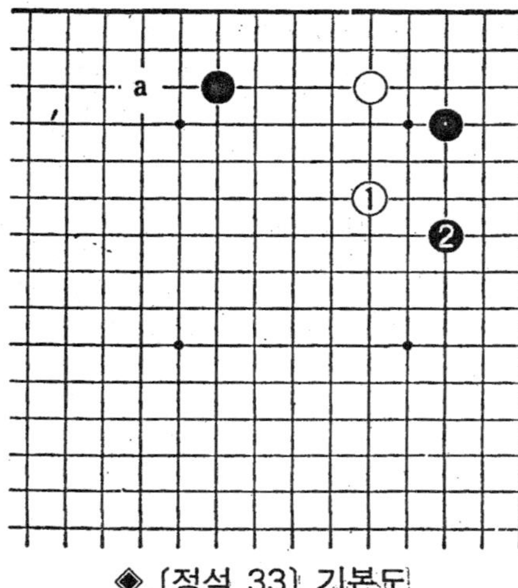

◆ 〔정석 33〕 기본도

기본도

백1, 흑2인채 백이 다른
곳에 갈수 있다.

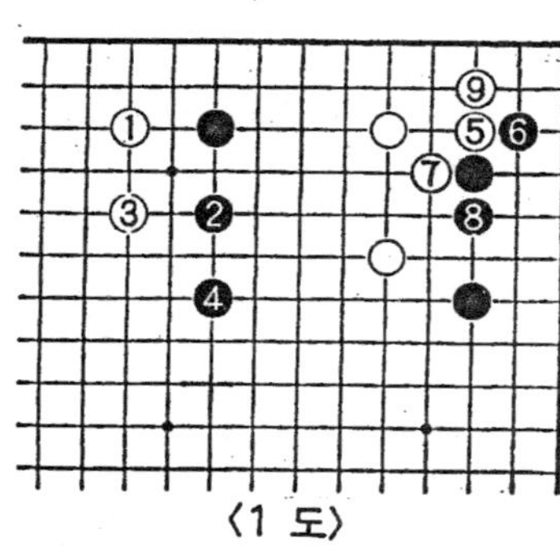

〈1 도〉

손뺌하여 공격되는 건 괴롭지
만 한번 1로 뜀으로서 흑부터의
공격을 완화하고 있는 것이다. 협
공이 먼만큼 방치해도 흑부터 그
리 매서운 공격은 없다.

1도

계속해서 둔다면 백1의 다가섬
이다.

흑2라면 백도 3에 뛰어두고 귀는 백5, 7로 처리.
흑8, 백9이면 무난한 갈림.
흑8로 9에 되젖히면 물론 백8로 오히려 단수몰아 처리한다.

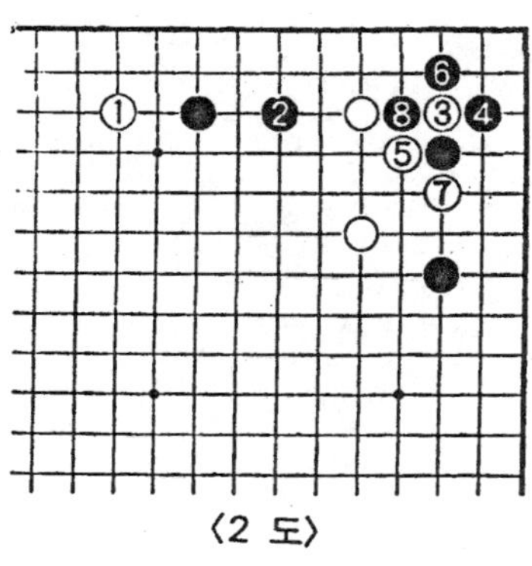

<2 도>

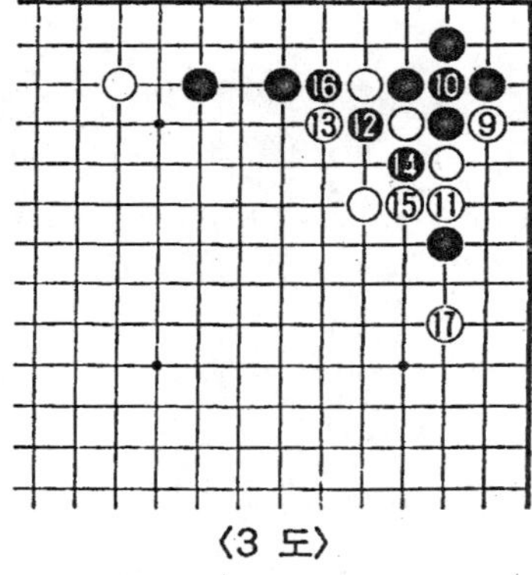

<3 도>

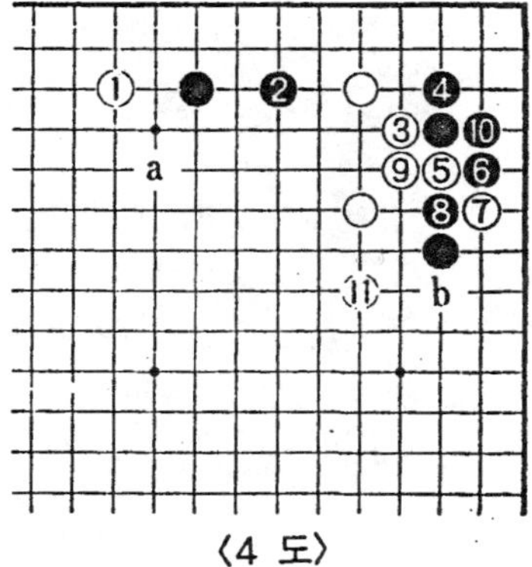

<4 도>

2도

흑2의 다가섬은 현대식. 이 것은 백3, 5일때 6의 되젖힘을 노린 수이다. 백7로 도리어 단수몰고 흑8따내고—

3도 .

백9부터 17까지가 정석이다. 백11로 부딪치고 흑12의 끊음에 13, 15로 진행되는 · 맥은 두칸높은 협공때도 나타난 것으로서 이것이 돌의 가락이라는 것.

4도

흑2로 다가서고 3도마냥 흑에게 실리를 뺏기는게 싫다면 백은 3, 5이하의 처리를 좇는다. 백11까지이며 몇번이고 본수순으로서 다음에 흑이 우변을 받으면 백은 a로 두어 두점을 공격하거니와 흑이 두점쪽을 움직이면 백은 b의 붙임을 활동시켜 뒤의 방침을 검토하게 된다.

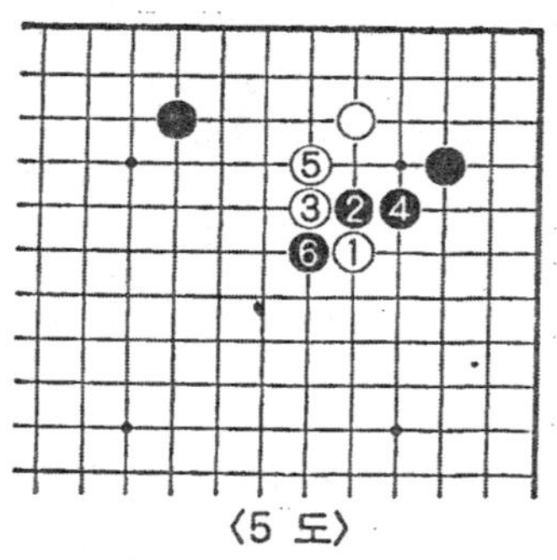

〈5 도〉

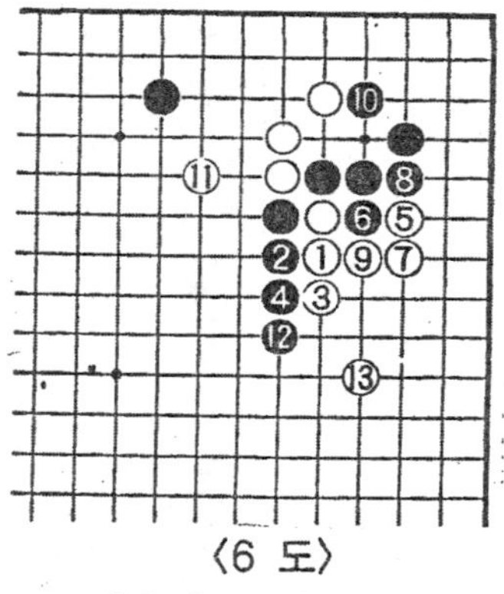

〈6 도〉

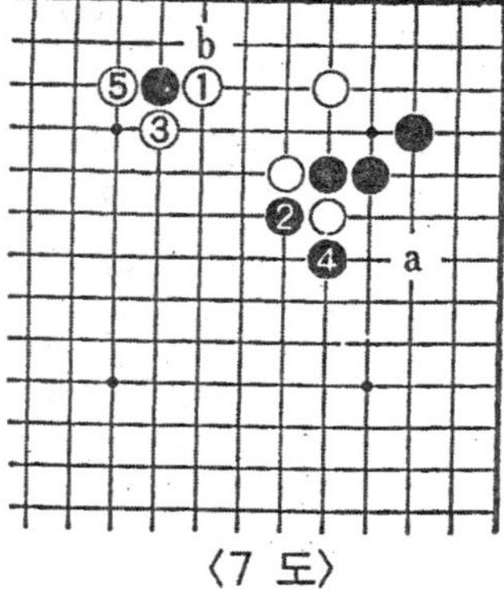

〈7 도〉

5도

흑2, 4로 붙여 끌었을 때의 변화. 다른 협공에선 이것에 대해서 백이 수동적일 수 있지만 세칸협공에선 이것에 싸울 수 있다. 왜냐하면 흑도 잘 앞길을 예상하고 결행할 필요가 있는 셈이다. 백5로 끌고 흑6끊고서—

6도

백은 1로 뻗어 버티고 흑4때 백5가 급소. 백13까지는 우선 이렇게 되리라 예상되고 나머지는 힘겨루기의 싸움이다.

7도

싸움에 자신을 갖지 못한 상황이라면 5도의 5로 백1에 붙여 전신(轉身)한다. 흑2의 끊음에는 3으로 젖히고 흑4, 백5가 되며 무사이고, 흑4로 5에 뻗으면 백은 한번 3의 왼쪽에 밀고 흑5의 왼쪽에 뻗을 때 백4로 움직이기 시작한다. 또 흑2로 3에 서면 백2, 흑a, 거기서 백b의 내려섬이 급소가 된다.

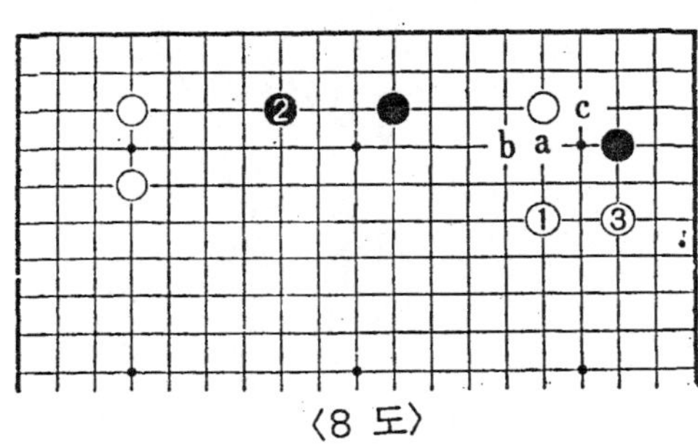

<8 도>

우변을 두칸 벌림하여 받으면 백부터 2의 우로 다가서 그것이 절호점이 되는 걸 싫어한 취향이다.

백3 봉쇄되고 이 부분의 불리는 명백하지만 흑2가 대상이 될 수 있으리라 생각된다.

게다가 귀의 한점은 아직 잡혀있는 셈이 아니며 흑a, 백b, 흑c로 붙여 눌러 살 뿐이라면 용이하다.

소목 돌의 생명력은 참으로 끈질겨 8도처럼 둘러 싸이고 다시 또 백에게 한수 두게 하여도 숨통이 끊기지 않는다.

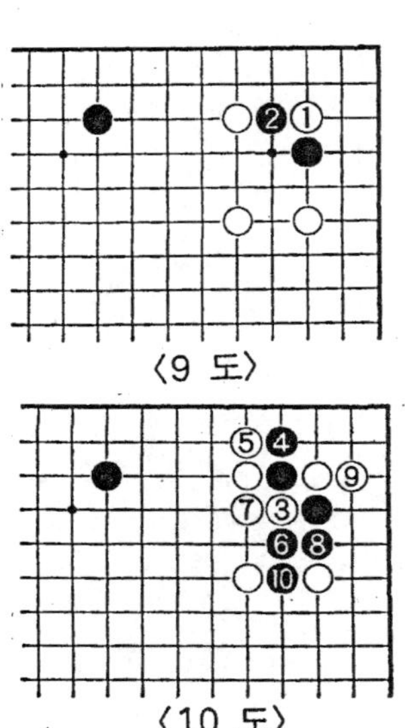

<9 도>

9도
백에게 한수 더 1로 붙여져도 흑2끼우는 수단이 있다.

이걸로서 아무래도 수가 되어 있다.

<10 도>

10도
이어서 백3, 5가 최선인데 흑10까지로 쉽게 달아나고 만다.

정석34 세칸 협공,
　　　　한칸 되협공

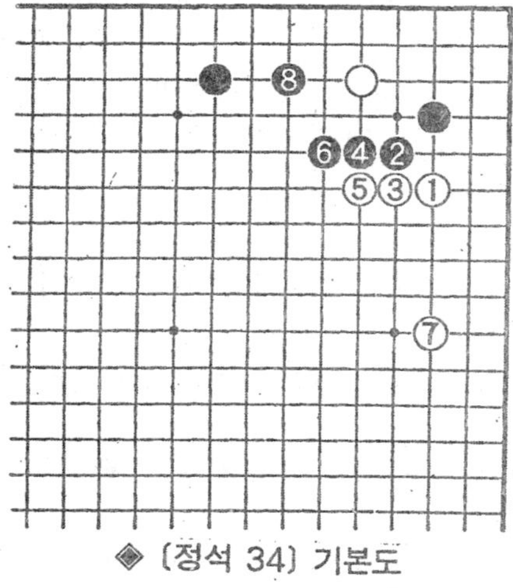

◈ 〔정석 34〕 기본도

【급　소】
　백1은 우변을 중요시한 수. 흑은 2, 4로 평이하게 나와 나쁘지 않다. 흑8, 견실

기본도
　백1의 한칸 되협공은 걸친 한점은 포기하고 7까지로 우변을 두겠다는 거다.

　흑8로 잡고 부분적으로 나쁜 이유는 없다.

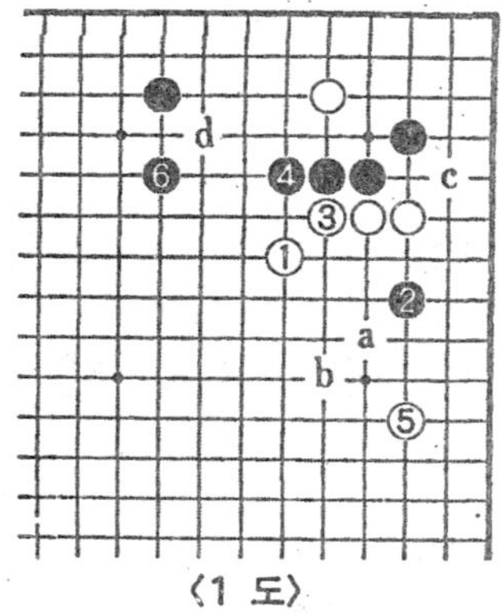

〈1 도〉

1도
　기본도의 5로서 백1 일자형이 되면 흑2로 일격하는게 능숙한 수단. 백3의 기세에 4로 뻗고 백5의 협공에는 흑6뛰어 충분하겠지요. 다음에 백은 a, 또는 b로 두어야 하는데 그러나 흑c를 활용하는 것은 통쾌한 수순.

　난전(亂戰)이 장기인 사람이라면 흑6에서 2의 돌을 움직이는 것도 자유다. 다만 그 경우는 백부터도 d의 반격이 있음을 각오해야 한다.

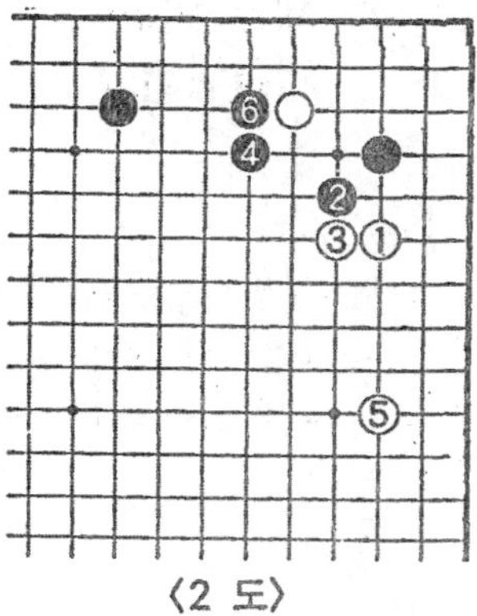

〈2 도〉

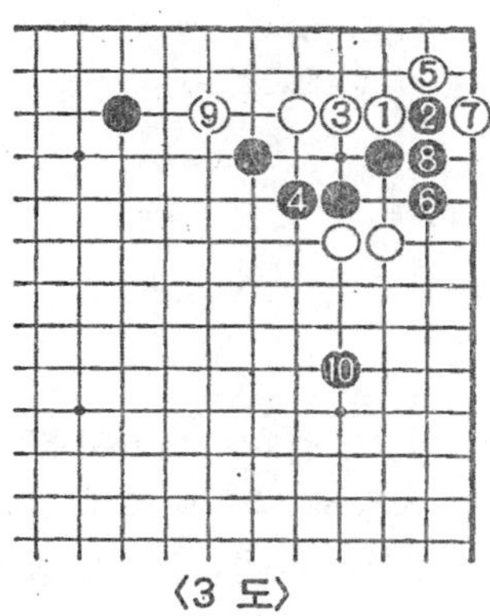

〈3 도〉

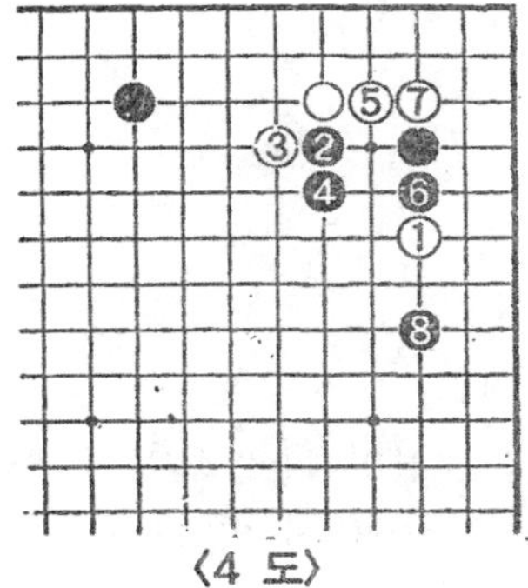

〈4 도〉

2도

백3의 밀어붙임에 흑4는 백5의 벌림이라면 흑6으로 맛좋게 잡겠다는 노림수. 이렇다면 흑이 능숙하므로 백5로선 다음그림과 같은 삶을 꾀한다.

3도

백1로 붙이고 흑2에 3으로 곧장 잇는게 수단. 흑4는 부득이하고 백은 5부터 9까지로 사는데 흑10 협공되고 두점은 좀체 움직이지 못한다. 귀의 집은 손해라도 우변을 백에게 두지 못하게 하려면, 흑은 이변화를 택하면 좋은 셈이다.

4도

흑2로 붙이면 이하 8까지, 역시 우변은 흑을 둘수 있다. 백도 호형으로 수습되고 이것이라면 불만없는 모양.

【급　소】

백1의 두칸되협공은 흑4
까지 두칸협공과 같은 것.
단 백의 움직임은 a의 뜀부
터 시작.

기본도

흑4의 다음, 백은 이내 a
로 움직이는게 보통이다.

망설이고 있으면 흑은
이내 a의 돌에 누를지도 모
르기 때문이다.

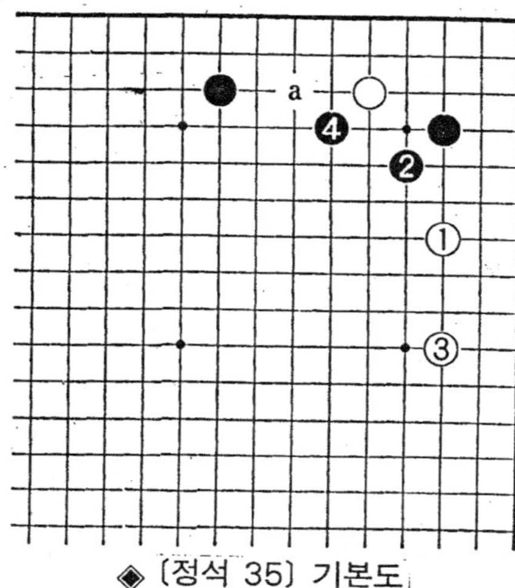

◆ 〔정석 35〕 기본도

1도

백1의 뜀에 흑2의 마늘모붙임
은 가장 신랄한 수. 이밖에 a로
압박하여 작게 살리는 수와 b의
나감부터 정하는 수가 있고 어느
것이나 정석이다.

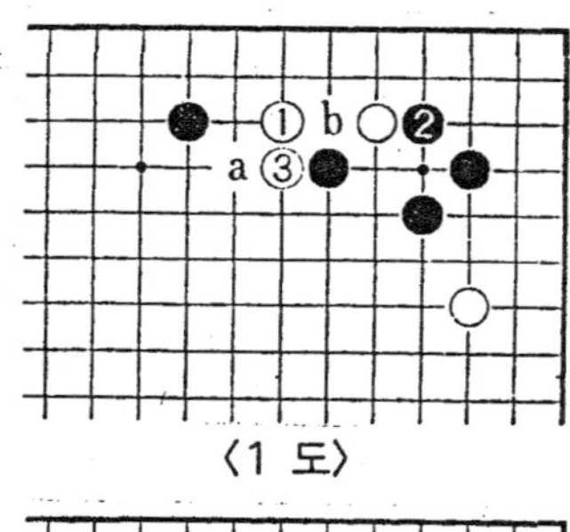

〈1 도〉

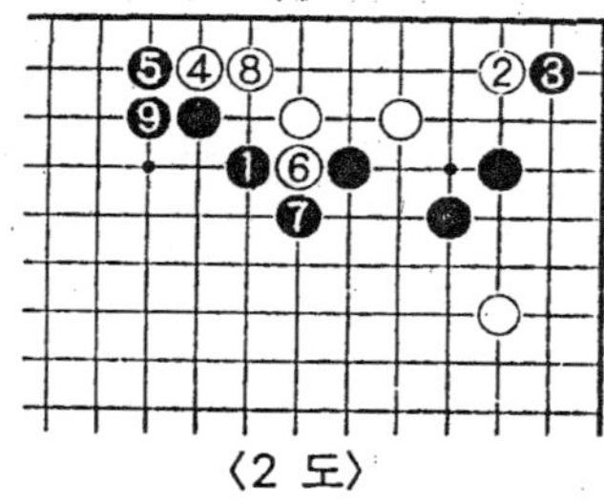

〈2 도〉

2도

흑1의 모붙임에는 백2부터 8로
고심의 수순. 흑9에 이어서—

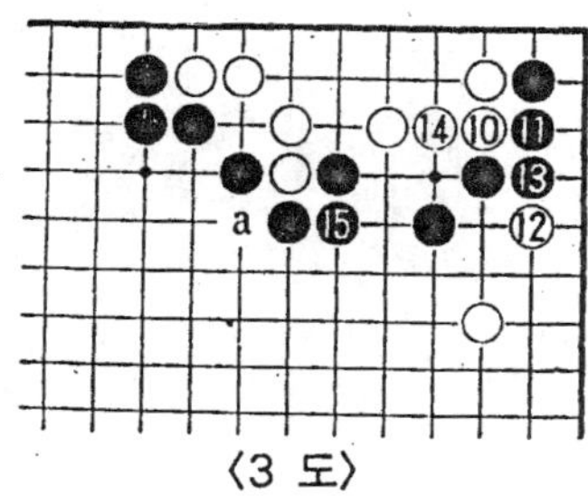

〈3 도〉

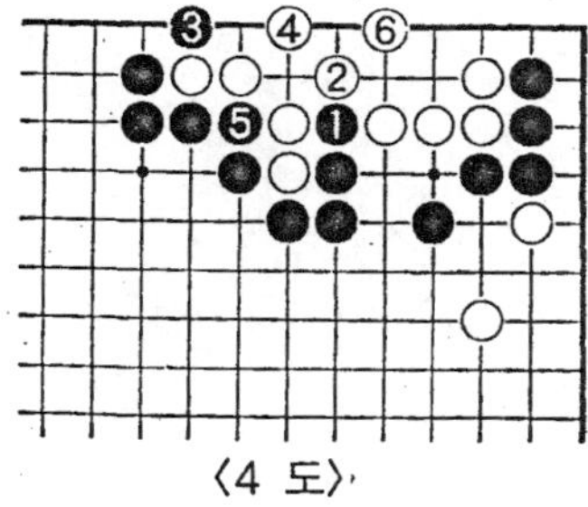

〈4 도〉

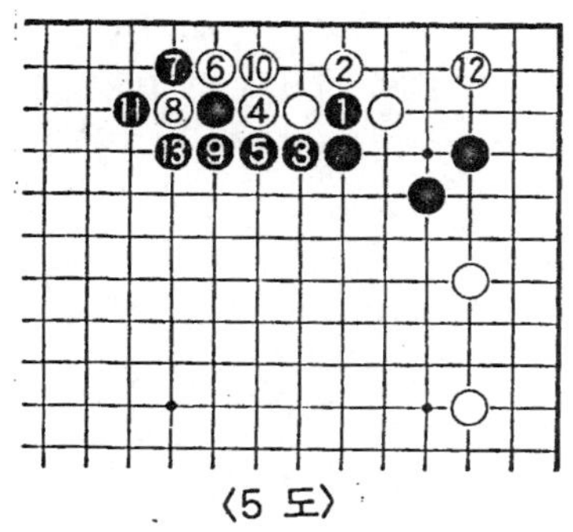

〈5 도〉

3도

백14까지로 산다. 흑15의 이음은 생략할 수 없고 선수로 살려선 시시한 것 같지만, 실은 흑의 외세가 보기 보다는 두터운 것이다. a에 단절이 있어도 백은 끊음을 노리지 못한다.

4도

왜냐하면 흑에1, 3이라는 호수순이 있고 백이 살기 위해선 4, 6으로 굴하지 않으면 안되기 때문이다. 흑5의 몰음에 두점을 잇으면 흑6의 치중으로 백은 전멸. 즉 두점은 흑에게 선수로 잡힐 운명에 있는 것이다. 또한 2도의 백6을 두지 않고 3도의 14까지로 진행하면 흑은 15의 수로 2도의 6의 곳을 잇는다. 그러면 4도와 같은 수순으로 패가 되므로 백은 손뺌을 하지못해 후수가 된다.

5도

흑1부터 나와 정하는 것은 13까지, 간명하고 흑은 두텁다. 11로 안는 축유리가 전제라는 건 말할 것도 없다.

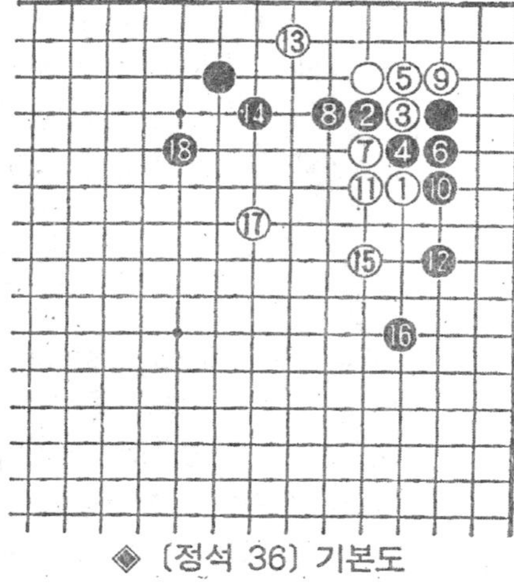

◈ 〔정석 36〕 기본도

【급　소】

백1로 대사하고 흑2에 3
이 수맥. 흑10, 축관계가 있
다. 18까지 기본형.

기본도

백1의 대사는 흔히 대사
변화이라 일컫는 변화가 많
은 수인데 세칸협공의 대사
는 그다지 복잡하지 않다.

대사에 관해선 외목(外目)에서　해
설할 것이므로 그것을 참조해 주십시
오. 여기선 백13에서의 기습만을 소개
한다. 13으로—

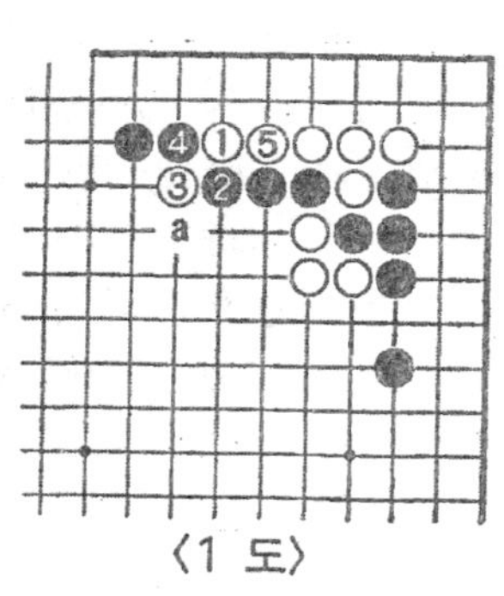

〈1 도〉

1도

백1로 뛰어나가고 흑2에 3으로 젖
혀끼우는 수단이 있는 것이다. 흑4,
백5되고 다음에 흑a의 축이 성립되지
않는다 하면 대사건이다.

물론 백은 축관계는 확인을 한것이라, 이렇다면 흑이 함정에 빠진
결과가 된다. 흑4의 끊음으로—

2도

흑1, 3으로 맞끊음은 백이 기다리는 바이다. 흑5의 끊음에 백6 내려 서고 버리는게 수맥. 흑7에 백8몰고 흑9로 따낸 뒤—

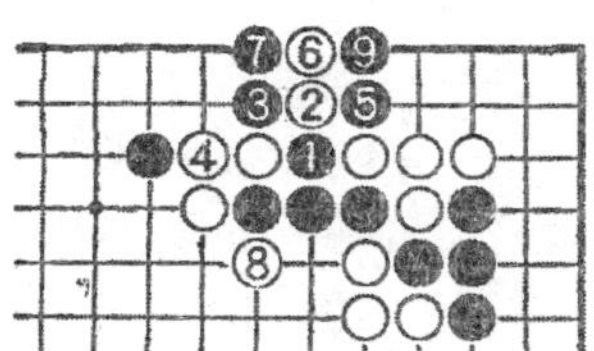

〈2 도〉

3도

백10, 12로 죄어 14로 나가면 흑은 전멸되고 마는 것이다. 흑15로 젖혀도 백18까지, 흑은 자충수라 미는 수단이 없다. 이런 일이 되어서는 야단이다. 대사에는 이같은 위험한 수, 속임수 비슷한 것이 많이 있다. 축이 불리한 때는 기본도의 흑10으로선 4도와 같이 두는 걸 기억해 두십시오.

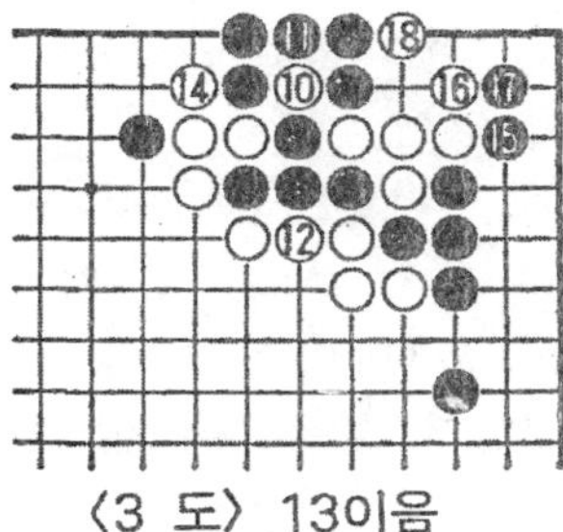

〈3 도〉 13이음

4도

흑은 1로 젖히고 백2와 교환하고서 3으로 뛰어나간다. 1의 젖힘이 백의 공배를 메우고 1도의 기습을 봉쇄하고 있는거다. 이것이라면 백4 일자형이 될 수 밖에 없고 흑은 5, 7로 진행되어 안전하다. 그리고 기본도 백17은 일로 좌로 나갈 수도 있고 그때는 흑18로 일로 좌에 둔다.

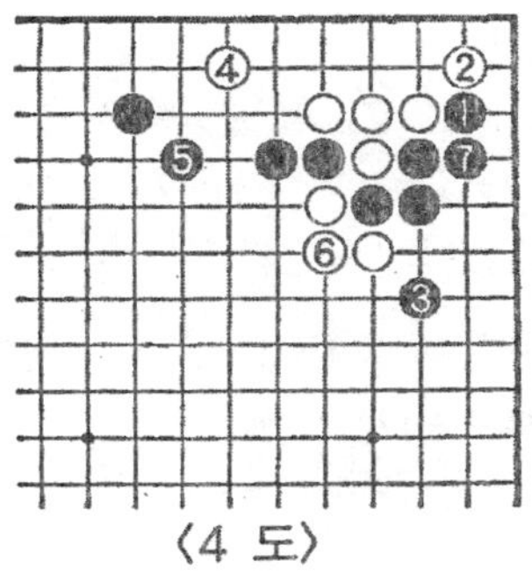

〈4 도〉

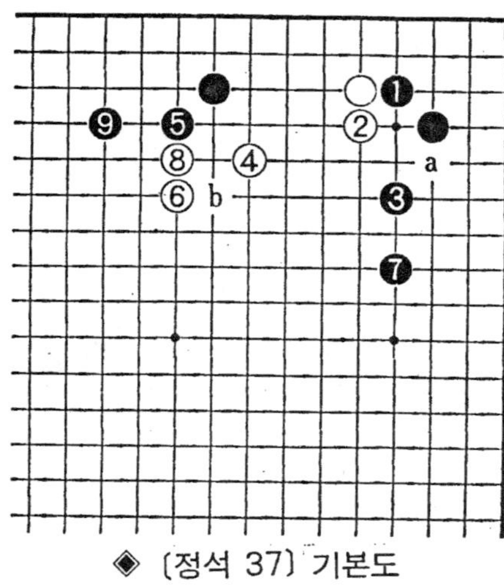

◆ 〔정석 37〕 기본도

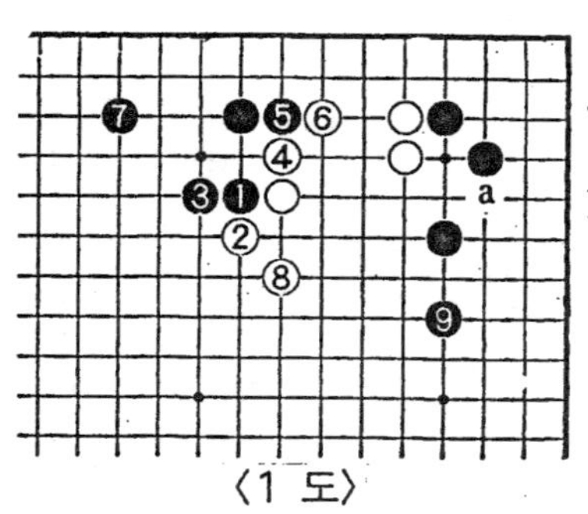

〈1 도〉

【급 소】

흑1, 3은 이것뿐. 백4, 이
러한것, 흑7은 a에 대비하
고 백8은 b를 막았다.

기본도

세칸협공의 손뺌에는 흑
1, 3뿐이다. 1로 2에 붙이는
건 잘못. 백4로선 달리 두
는 수도 있지만 이 4가 극
히 보통.

흑5도 상식적으로 9까지는
이른바 값이라고 여겨진다. 흑7
을 생략하면 백a가 있고 백8을
생략하고서 흑b를 당해선 안된
다.

1도

기본도 흑5의 별법이다. 1, 3
을 붙여놓으면 자기도 굳히는
대신 백도 굳혀주는게 난점.

흑9까지라면 온당하지만 백8로 a를 결행될 불안이 있다. 그때의
축관계는 이미 두칸 협공항목에서 설명했다.

흑이 축불리인 때의 대책과 더불어 여기서 상기해 주십시오.

혹1 두칸 벌리는 건 안전제일의 두기법.

백2이하는 백이 수습할 경우의 수순이고 수맥이다. 아마 백은 즉시 두는게 필요하며 보류하면—

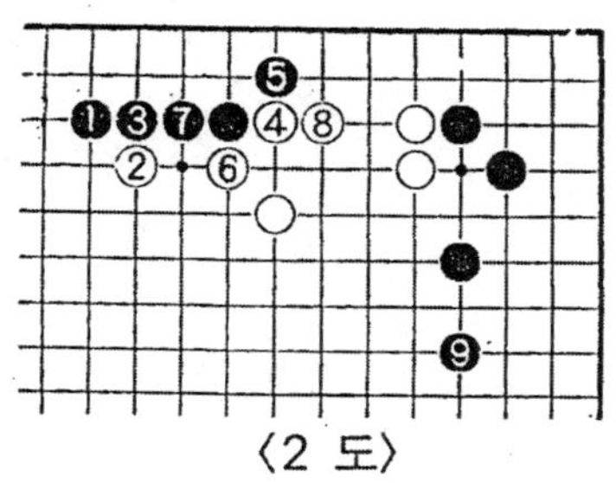

〈2 도〉

3도

혹1로 발밑을 채인다. 백2에는 혹3, 5가 호조로서 백은 공격만 당한다.

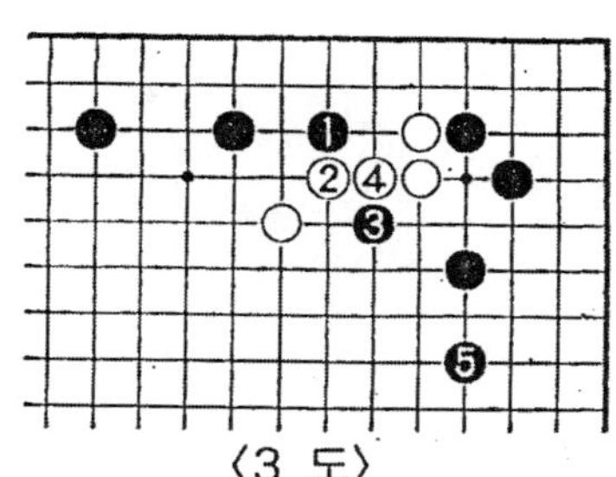

〈3 도〉

4도

기본도의 4로서 이 백1모자씌움은 자못 얇은 수다. 혹은 a또는 b로 받아둬도 좋고 2로 붙여 매섭게 역습할 수가 있다.

백은 3으로 젖히고 5의 붙임이 처리의 맥이지만, 단호히 혹6으로 끊고 뒤의 응수를 잘못하지 않는한 불리하지 않다.

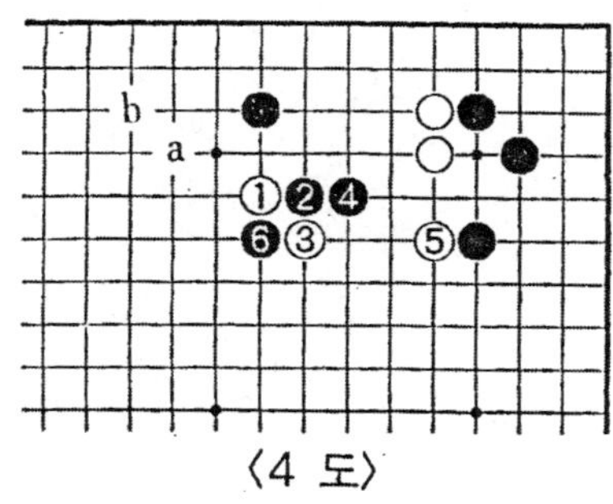

〈4 도〉

제 2 부

고목(高目)걸침

(1) 아래붙임

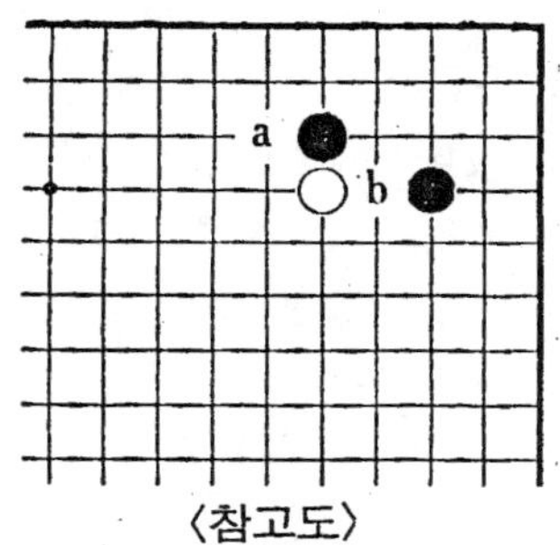

〈참고도〉

고목은 실리보다 세력에, 귀보다 변에 주안을 둔 걸침이다.

참고도 흑1의 아래붙임은 먼저 귀의 집을 확보하려는 수.

백의 응수는 a 또는 b로서 a라면 간단하고 변화도 적다. 백b에 두면 "눈사태형"이라 불리는 변화가 되고 수순이 긴 복잡한 패턴이 된다.

정석38 아래붙임, 누름

【급　소】

흑2, 4로 실리에 철저. 백3이면 벌림은 5가 한도. 5는 높이 화점에 두는 것도 있다.

기본도

가장 기본적인 형이다. 특히 흑4의 한칸뜀이 현대형.

◆ 기본도 〔정석 38〕

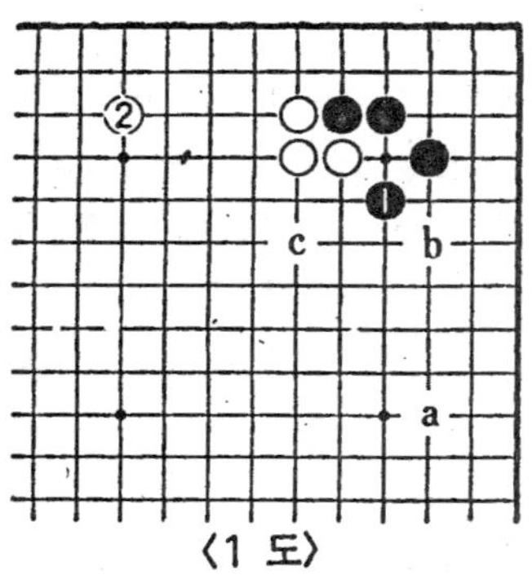

〈1 도〉

1도

바로 10년전까지만 하여도 흑1마름모로 두는게 보통이었다. 1의 마름모라면 다음에 흑a의 벌림이 흑착점이 되는 대신 백a 먼저 두어지면 백b의 턱을 노림 받는다. 흑이 a부터 c로 펼쳐가든가 백이 a부터 b를 노리든가 우변이 바빠진다. 그점 흑1로 b에 한칸 두면 부분적으로 다 둔 모양이고 우변은 어느 쪽이나 서두르지 않는다. 마늘모냐 한칸이냐는 대국자의 기분과 취향에 의한 결로서 물론 옳고 그름은 말하기 어렵다.

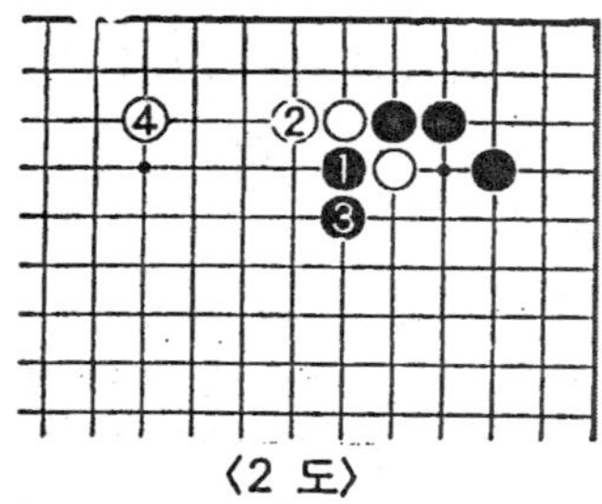

〈2 도〉

2도

기본도의 백3을 생략하고 흑1부터 백4가 되는 예도 많다.

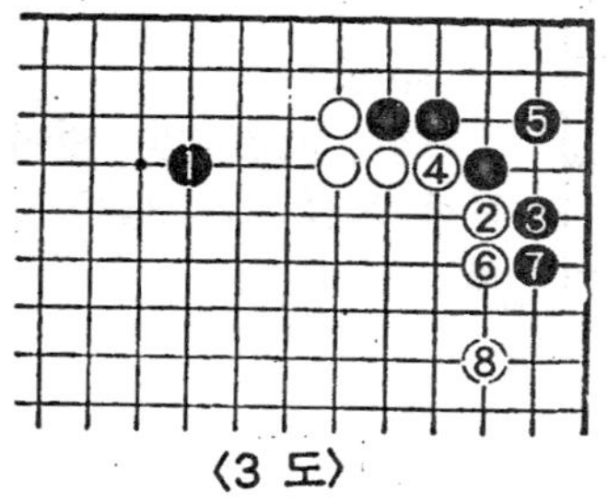

〈3 도〉

3도

우변을 받지않고 흑1로 협공하는 것은 극히 특수한 경우다. 백은 2, 4로 막고 6뻗는데, 흑은 자못 저위로서 납작해진 모양. 이렇다면 흑이 쓰라립다.

(2) 눈사태 형

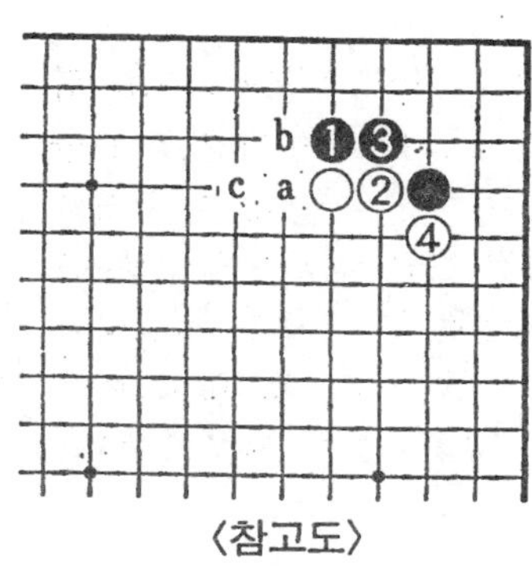

〈참고도〉

참고도

아래붙임의 정석중 백2, 4로 두는 형을 특히 눈사태형이라고 한다.

백2, 4는 꽤나 속된 수단인데 제법 유력하고 참으로 변화가 풍부하다.

백4의 다음 즉시 흑a로 젖히는게 "작은 눈사태라 불리며 흑b로 하나 뻗고 백a로 밀었을 때 흑c로 젖히는 것은 큰눈사태" 라고 불린다.

우선 간단한 형부터 소개하면,

정석39 눈사태. 단이음

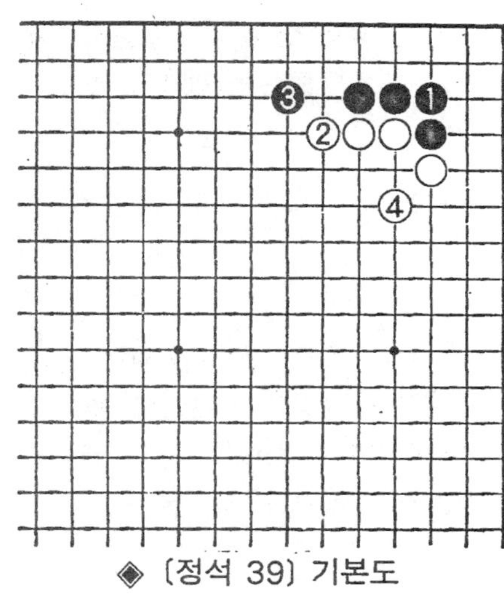

◆ 〔정석 39〕 기본도

【힌 트】

흑1, 주로 간명을 기했다. 백2, 절대. 백4까지, 무엇보다 알기쉽다.

기본도

흑1 이어버리면 큰눈사태도. 작은 눈사태도 없고 아주 명쾌하다. 젖힘을 당해선 안되므로 백2의 뻗음은 절대. 흑3, 백4로 일단락된다.

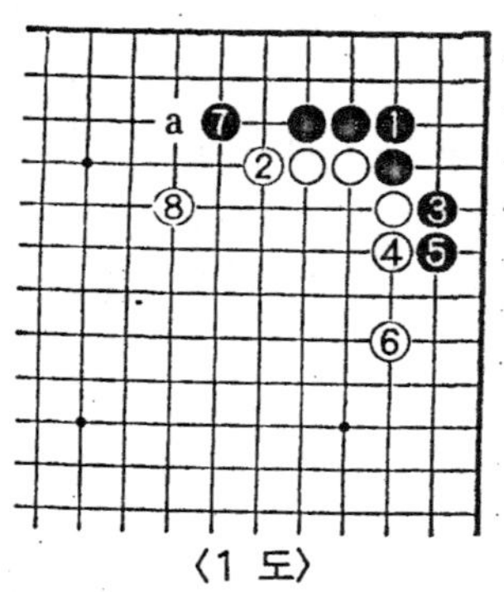

〈1 도〉

1도

흑3, 5를 두어 백6일때 7로 뛰어나간다. 신랄한 수이지만 그만큼 백쪽도 두터워진다. 그 두터움을 개의치 않는 국면이라면 또 몰라도 보통은 너무 집을 벌었다는 느낌이겠지요. 백8 일자형이 되어 대개는 흑1로 받지 않으면 안된다.

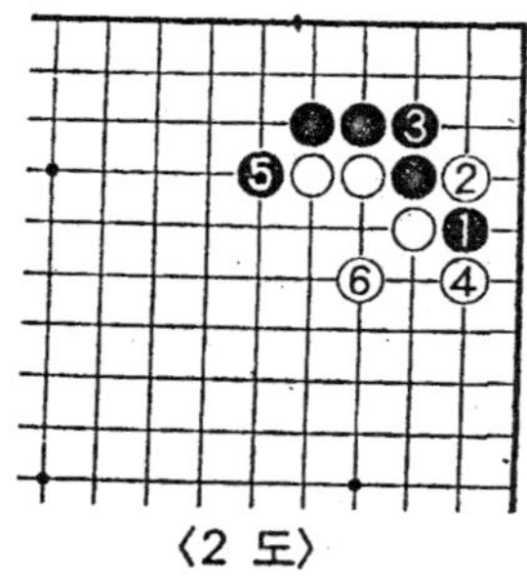

〈2 도〉

2도

눈사태의 번거로움을 피하는 방법으로서 흑1의 젖힘도 있다. 필연 백6까지, 이것도 간명(簡明). 단 이 패턴은 백이 2의 일로 위를 기든가 흑이 그곳을 누르든가, 꽤나 델리케이트한 문제가 남는다.

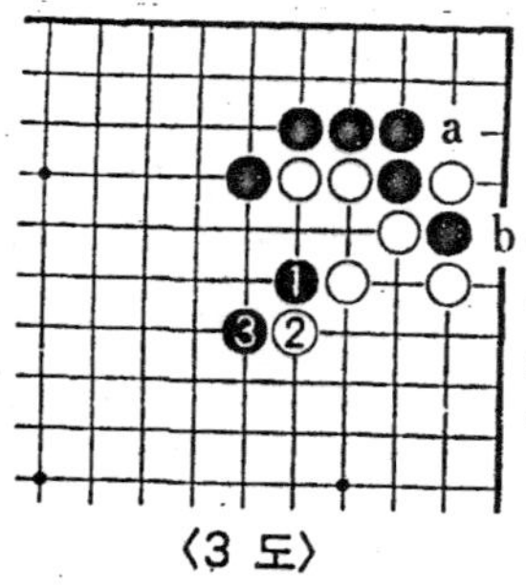

〈3 도〉

3도

흑a로 몰면 반드시 백은 b로 따내지만 그것을 결행하면 흑1, 3 두었을 때의 박력이 작다. 흑a를 서두르는 것은 고려할 문제.

정석40 작는 눈사태

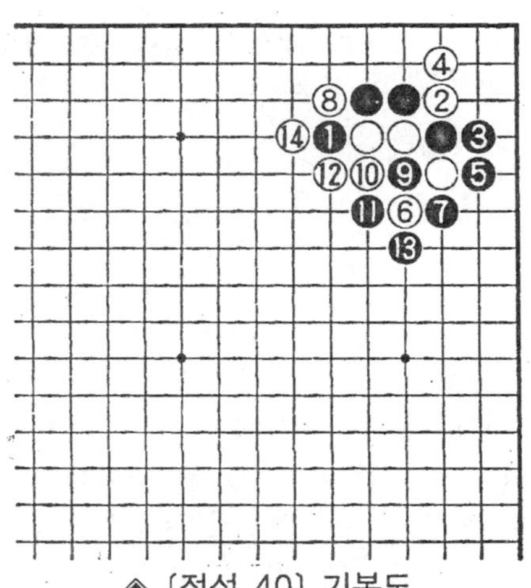

◈ 〔정석 40〕 기본도

【급 소】

흑1, 축관계가 있다. 백6 호구이음하면 흑7부터 백14 까지가 움직이지 않는다.

기본도

흑1로 젖히는 작은 눈사 태는 축을 확인하고 둘 필 요가 있다. 그 축이란 백6 의 호구이음으로—

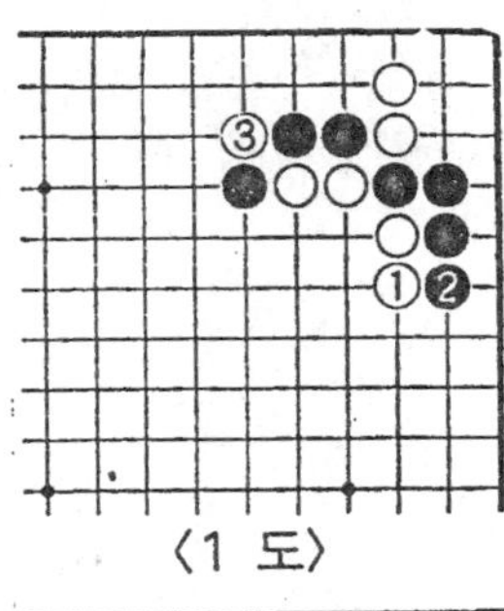

〈1 도〉

1도

1로 뻗고 흑2의 놓음에 백3 끊 어왔을 경우에 생기는 것이다.

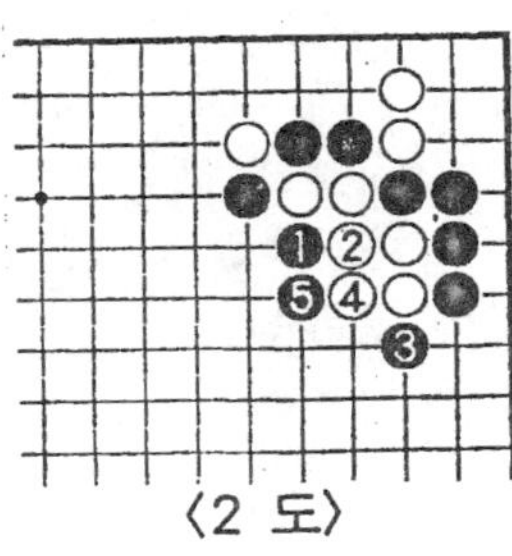

〈2 도〉

2도

여기서 흑1, 3부터 5로 뒤좇아 축이 성립되면 문제는 없다. 만일 확인을 게을리하면 축불리라면 흑 은 다음 그림처럼 변화할 수 밖에 없다.

3도

백1에 흑2로 뻗고 4의 붙임이 수맥. 백5의 끊음에는 흑12까지로 어쨌든 귀를 잡는다. 그러나 13 밀어 붙여 안의 두점을 공격하고 이 갈림이 백 유리.

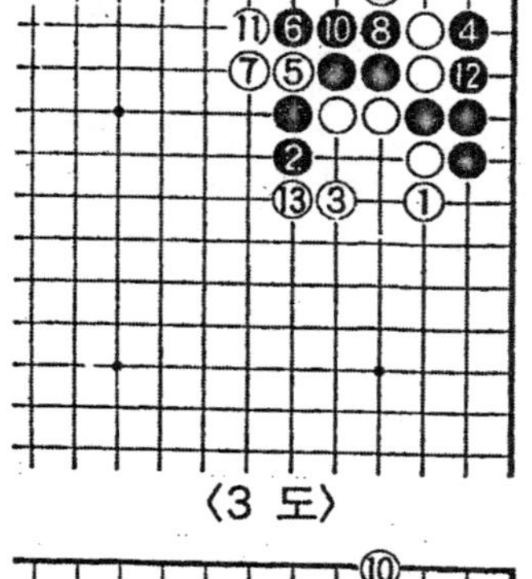

〈3 도〉

4도

기본도의 흑7로선 이 그림과 같은 두기법도 있다. 흑1, 3결행하고서 5로 귀의 두점을 잡는다. 백 6끊어 14까지일때 흑15 압박하는 것이다. 기본도라면 알기쉬운데, 일부러 어렵게 두려는 것이므로 역전가(力戰家)에게는 때로 재미가 있겠지요.

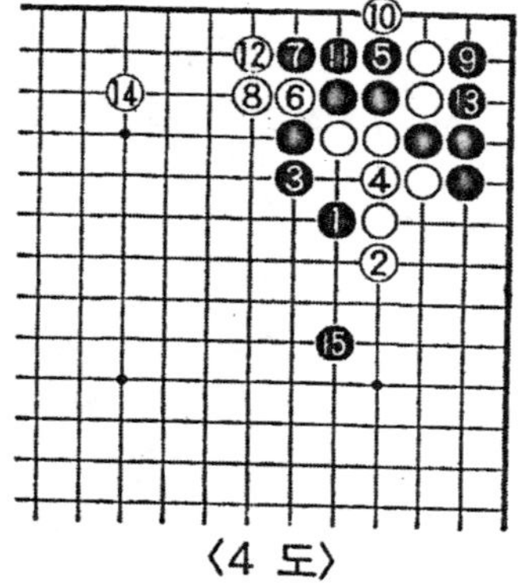

〈4 도〉

5도

기본도의 백14는 반드시 이렇게 잡아두는게 좋다고 생각된다. 드물게 손뺌한 프로의 실전도 볼 수 있으나 흑1로 나와 9까지로 정해지고 백의 쓰라린 모양이라 찬성할 수 없다.

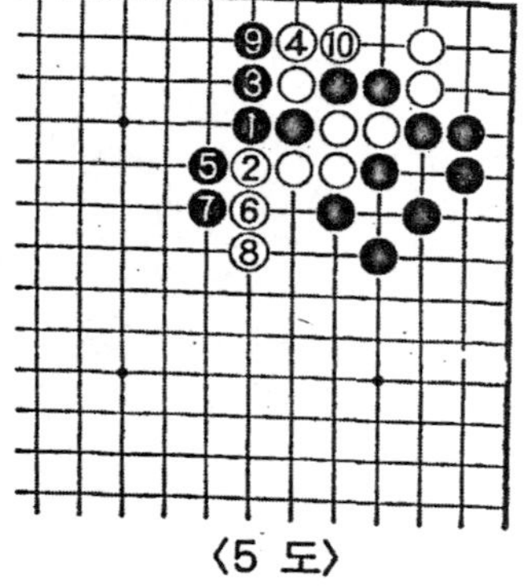

〈5 도〉

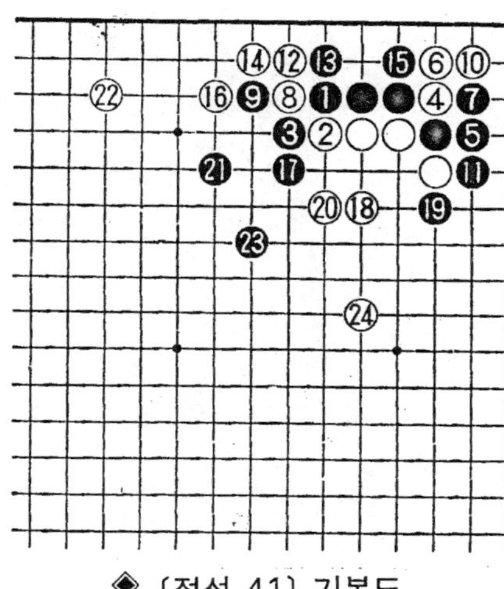

【급 소】

흑7이 호수.

백8, 10이 수순.

흑15로 귀의 세점이 잡혀있다.

기본도

큰 눈사태만큼 변화된 정석은 없다.

◈ 〔정석 41〕 기본도

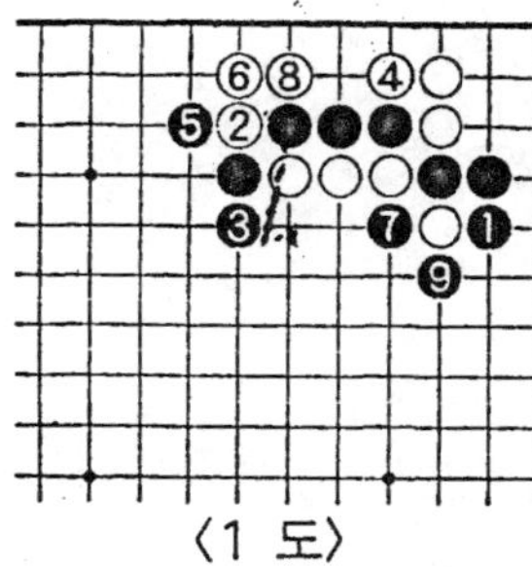

〈1 도〉

현재로서는 일단 백24까지가 결정판이라하는데 흑17에서 3의 왼쪽을 잇는 수단도 시도되고 아직도 신형이 태어날 움직임이다.

큰 눈사태 정석의 진화 자취의 요점을 더듬어 봅시다.

먼저 흑7로—

1도

1로 밖으로 꼬부리는게 보통이었다. 백2의 끊음에 흑3 뻗어 세점을 버리고서 흑9까지.

이것은 후수이면서 흑이 두텁고 곧 비판을 받아 모습을 감추었다. 백4로 허둥지둥 잡으러 나간게 나쁜 것이다.

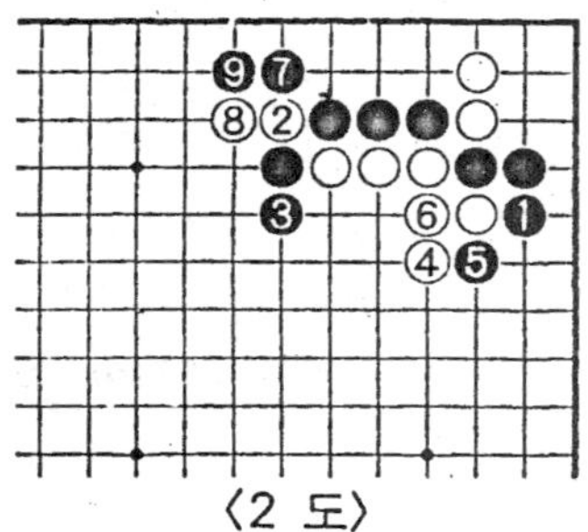

〈2 도〉

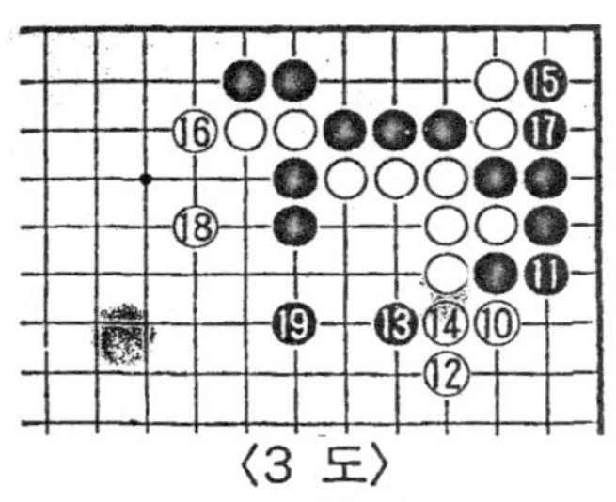

〈3 도〉

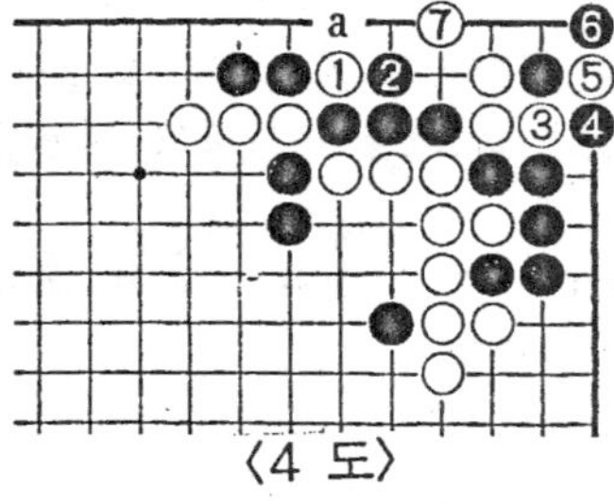

〈4 도〉

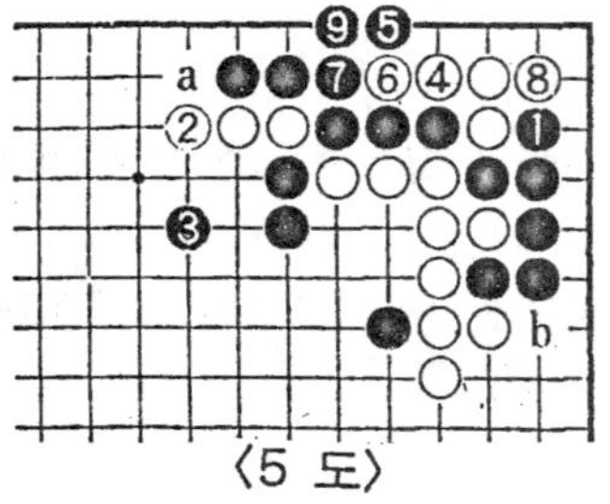

〈5 도〉

2도

그래서 생각된 것이 백4의 호구이음, 흑은 5로 몰고 이번에는 석점을 버리지 않고 7, 9로 움직이기 시작한다.

3도

이어서 백10부터 흑19까지가 정석으로서 인정되었다. 그러나 15, 17로 귀에 두수나 두는 건 쓰라립다는 의견도 있다. 18이 필쟁점으로서 백에게 여기를 두게하면 괴롭다고 한다.

흑17을 두지 않으면—

4도

백1로 끊는 묘수가 있고 7의 마늘모까지 a의 내려섬과 패로 먹어치는 수가 맞보기되어 흑이 괴멸한다.

5도

다음에 3도의 15로 이 1에 두는 수가 고안되었다. 이거라면 백2에 흑3 요점에 ·뛰고 귀는 수가 남지 않는다. 백4이하로 책동하여도 흑9까지로 잡히고 있다. 흑5, 9가 능숙한 수이다. 단 백부터 a, b의 어느 곳인가는 선수로 이용당하게 된다.

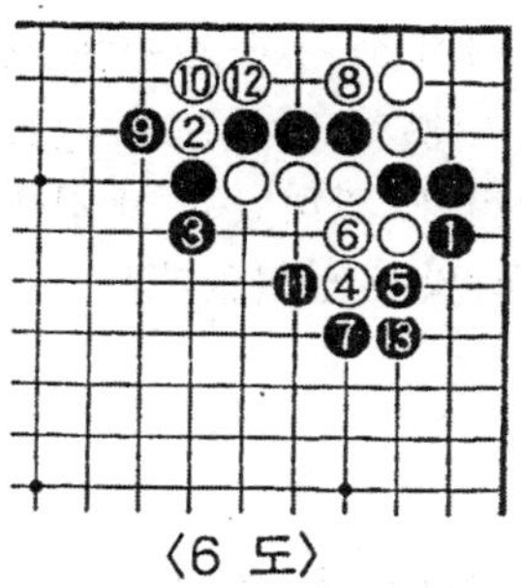

<6 도>

6도

그 다음에는 흑7의 이단젖힘으로 변화되었다. 세점은 또 버릴 방침으로 바꾼 셈이다. 흑13까지, 이 형은 대유행했고 큰 눈사태의 결정판이라 여겨졌던 것이다.

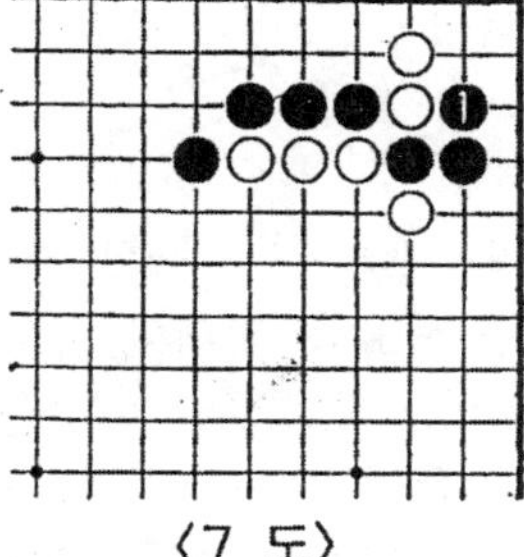

<7 도>

7도

그것을 뒤엎은 것이 오청원이 두기 시작한 흑1의 안꼬부라짐. 이 한수에 의해 큰눈사태 정석에 혁명이 일어나고 기본도의 신형이 탄생되었다.

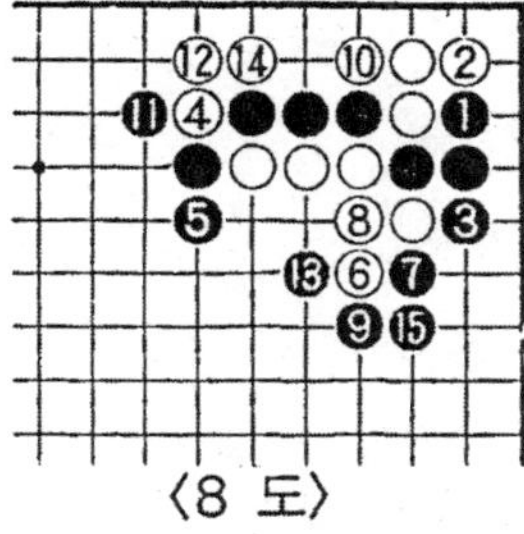

<8 도>

8도

백2로 곧 누르면 흑3부터 5까지로서 6도와 같은 진행이 된다.

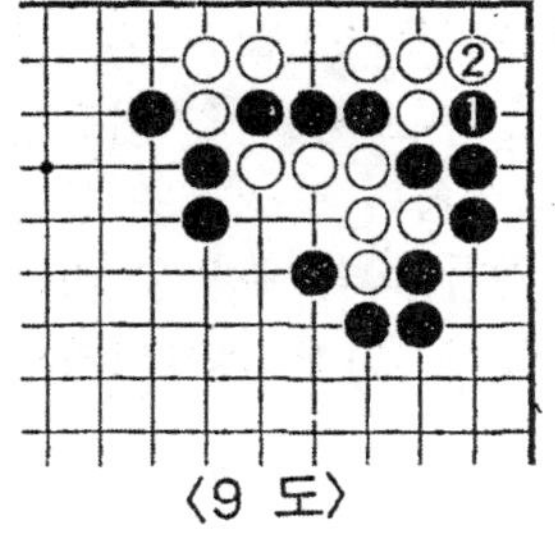

<9 도>

9도

즉 6도의 모양에 흑1, 백2가 덧붙여진 결과인데 이 결과는 백이 활용되고 있고 현실로 두집 가량의 손해가 되어 있다.

백으로선 기합으로 말해도 이 모양으로 참지 못한다.

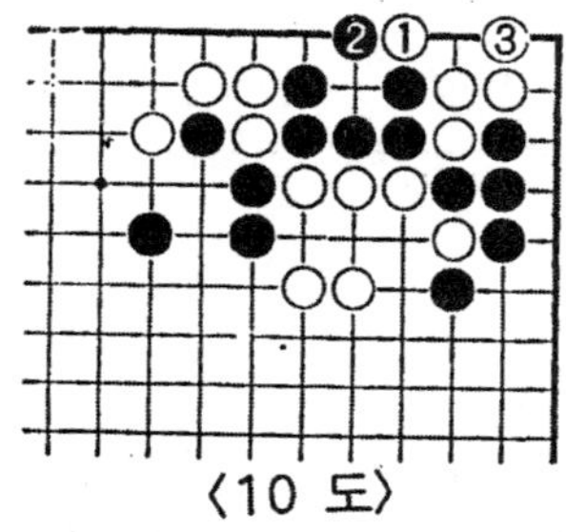

〈10 도〉

따라서 기본도의 진행이 되는데 귀의 세점을 잡아 실리가 크고 흑이 나쁘지 않다는게 정설이다. 그러나 잡혀있는 세점에는 아직도 맛이 남아있다.

10도

백1로 젖히고 흑2에 3으로 두는 맥이 남아있다. 이때 흑은—

11도

4, 6으로 받는게 능숙한 수. 이걸로서 수싸움은 양패의 흑승리가 되지만, 백으로선 이것을 이용하여 다른 부분에서 패가 생겼을 때 무한의 팻감을 갖는 강점이 있다. 아뭏든 문제가 많은 정석이다.

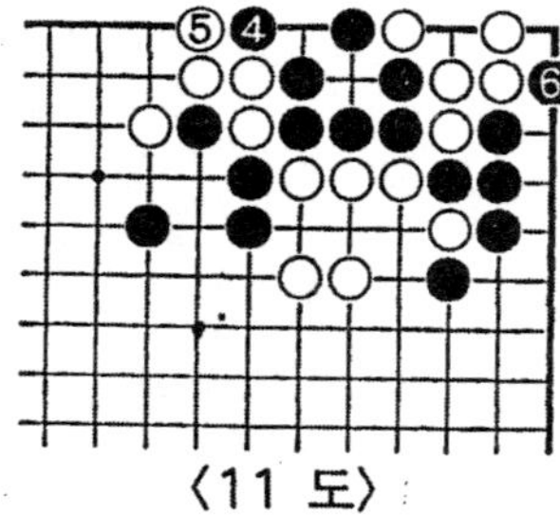

〈11 도〉

12도

이상과 같은 여러 변화가 어려워서 소화하기 어렵다면 백1의 밀어붙임에 흑2로 뻗는데, 이것이라도 두지못할 것은 없다. 백3, 5까지로서 약간 이용되고는 있다고하나 불리라고 할정도는 아니다. 백의 주문을 비키는 의미도 있고 한 계책이기도 하다.

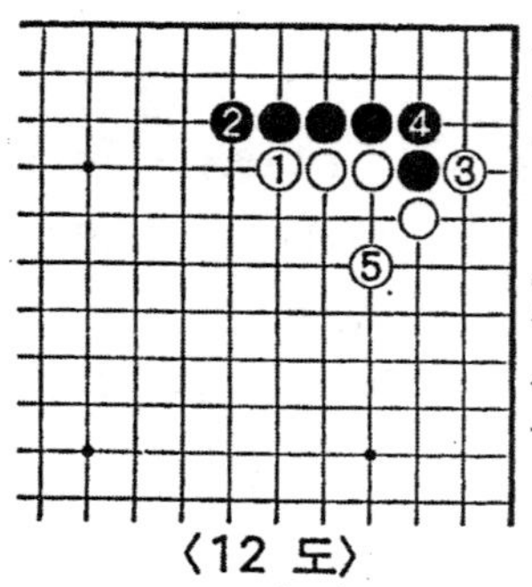

〈12 도〉

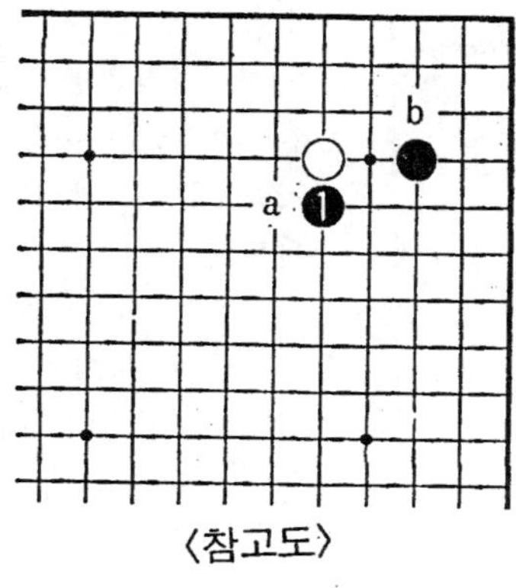

<참고도>

(3) 머리붙임

참고도

흑1로 머리에 붙인다. 지킴을 주로한 아래붙임에 비하여 적극적인 태도인데 귀의 집에 관심이 없는 건 아니다. 백의 응수는 a 의 젖힘이 보통으로서 그때 흑은 1의 우로 끌든가 1의 아래로 뻗는 선택이 있고 그것에 의해 변화는 확 달라진다.

흑1에 백b로 되젖히는 것은 변화를 구하는 권모의 수라고 하겠다.

정석42 머리붙임. 젖힘

【급 소】

백4, 상태(常態). 흑5, 7 은 실리를 주로 했다. 백8, 손뺌하는 일도 많다.

기본도

백4인채로 흑이 손을 빼는 예도 몹시 많다.

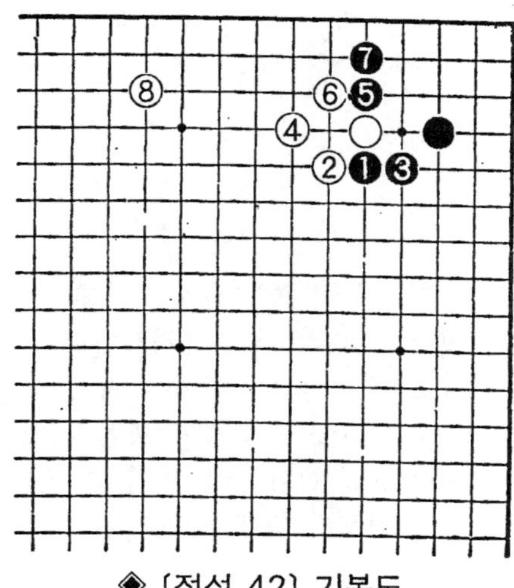

◆ 〔정석 42〕 기본도

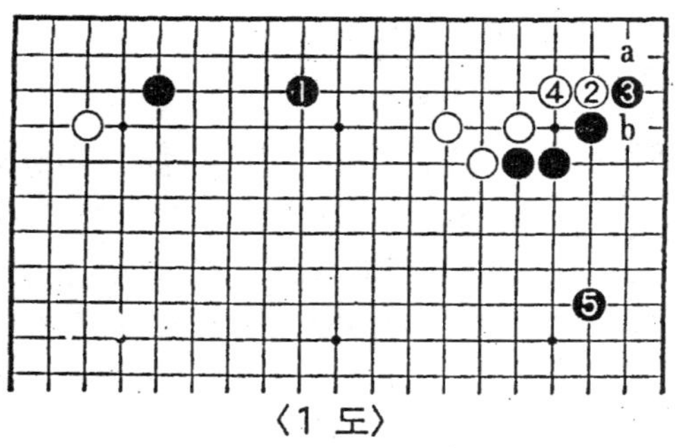

〈1 도〉

1도

이런 배치라면 협공을 피하여 흑1로 벌리는 일이 당연히 생각된다.

그때 백2로 붙이고 흑에는 두가지의 두기법이 있으며 이 3, 5라면 온당하다.

다만 흑이 어딘지 무기력하여 백a, 흑b로 정해지는 것도 마음에 들지 않는다면 차도 이후의 변화를 택할 수 있다.

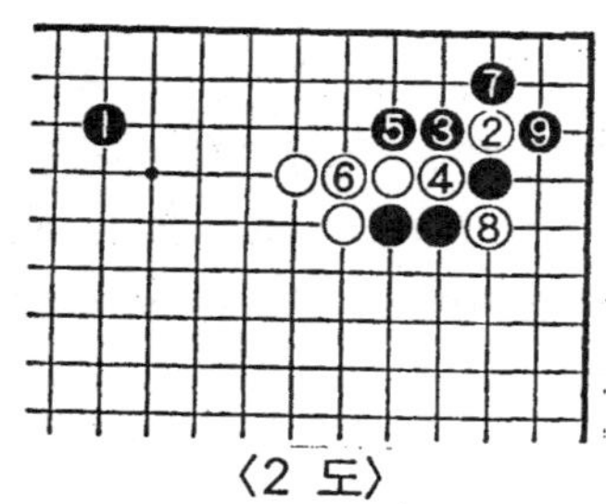

〈2 도〉

2도

흑3으로 젖히고 나머지는 외가닥 길이다. 백8, 흑9에 이어서—

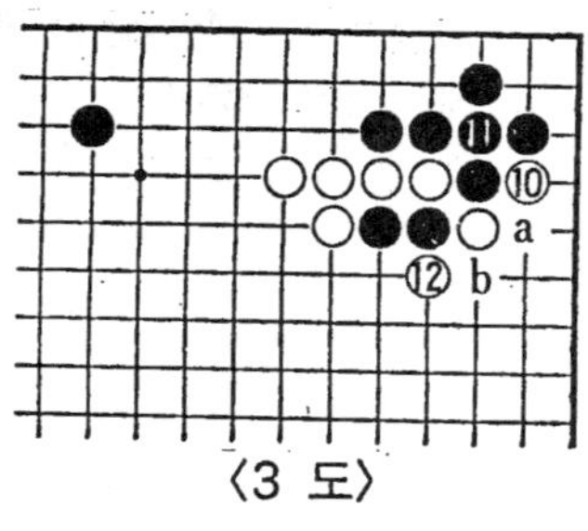

〈3 도〉

3도

백10으로 몰고 12의 안음까지 된다. 백12의 축이 유리해야 함은 말할 것도 없다. 이어서 흑은 축 단수를 두든가 그것이 뜻하지 않다면 a로 끊어 백두점 잡고 흑b라는 진행이 된다.

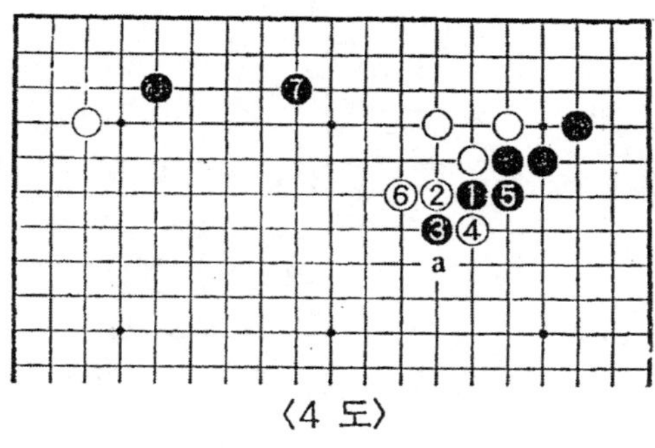

〈4 도〉

4도

이밖에 흑1, 3으로 이단젖힘하여 백6까지로 결말내고 7(이것에 국한되지 않는다. 손을 뺀다는 의미)도 실전에는 곧잘 나타난다.

다음에 백a의 안음이라면 역시 흑은 축단수로 작전을 전개하는 셈이다. 이러한 준엄함, 바삐 두는 감각은 현대바둑의 두드러진 특색이다.

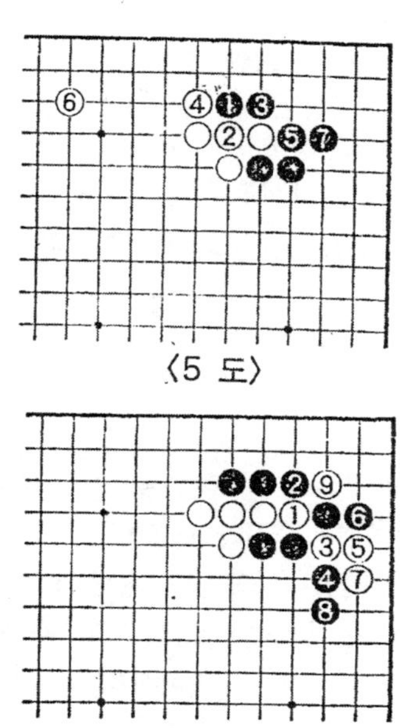

〈5 도〉

5도

흑1로 들여다보고 백2에 3으로 끄는 수. 백4로 눌러 6의 벌림까지는 낡은 책에 정석으로서 실려 있지만 지금은 폐물이 되었다. 이 결과는 흑이 유리하며 백이 무른 것이다. 백4로선—

〈6 도〉

6도

1로 나가 3으로 끊는 수가 있다. 백은 4, 6이 최선의 응수. 백은 7로 꼬부리고 흑8에 또 9로 끊는다.

7도

이어서 흑10부터 백25까지 어느 쪽이나 변화의 여지없는 수순.

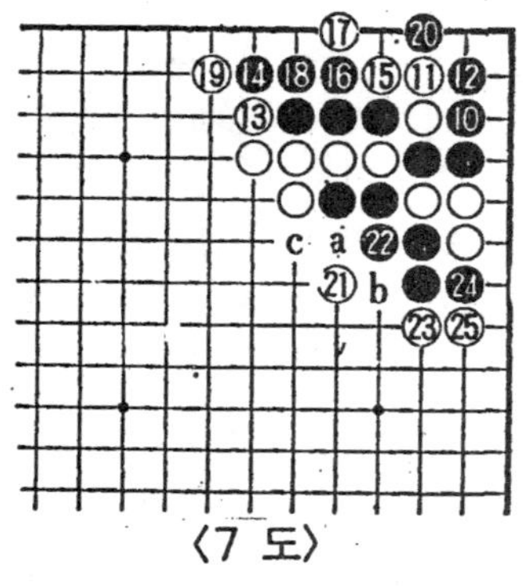

〈7 도〉

백15로 꼬부려 사석을 만들고 21, 그리고 23이 수맥. 백은 호쾌하게 그것도 크게 둘러싸 우열은 절로 명백하리라. 일곱점을 잡았다고는 하나 흑집은 겨우 20집에 불과하고 백의 세력은 계산밖의 것이 된다(백21로서 22에 끊고 흑a, 백21, 흑b, 백c, 흑이음, 백21의 아래에 뻗고 흑24가 되는 것도 있다. 단 그 경우는 흑b로서 c라면 백b로 잇고 c의 좌측에 모는 축유리가 조건이다. 21부터 두면 축에 관계없이 알기쉽다).

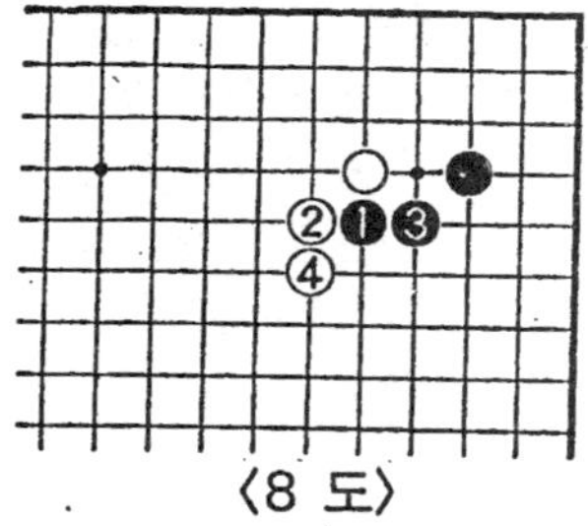

〈8 도〉

8도

흑1, 9의 붙여끌음에 백4로 뻗는 것은 두터움을 주로 한 임기의 두기법.

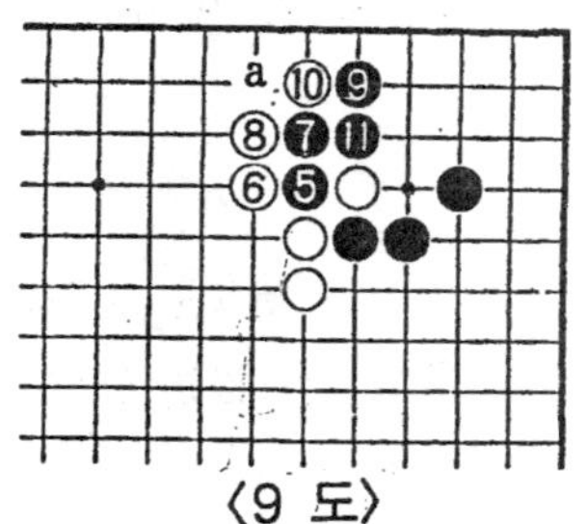

〈9 도〉

9도

흑은 5로 끊어 한점을 잡고 불리함이 없다. 흑9가 상용의 수맥으로서 한때는 후수라도 나중에 10의 한점을 잘라먹는 선수가 약속된다. 9로서 10에 내려서고 백a인 채 속을 빼는 건 흑부터 11의 우측에 마름모하는 수가 남아 귀는 집이라 할 수 없는 것이다.

정석43 머리붙임,
젖혀나감

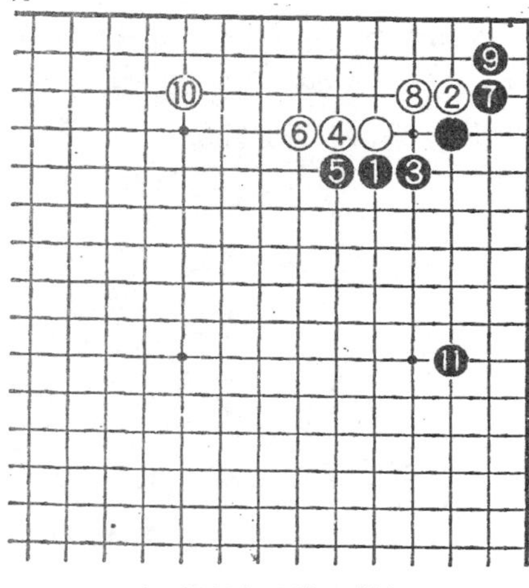

◈ 〔정석 43〕 기본도

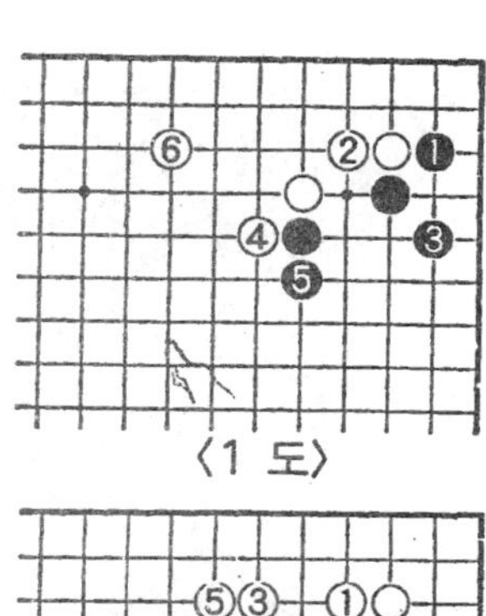

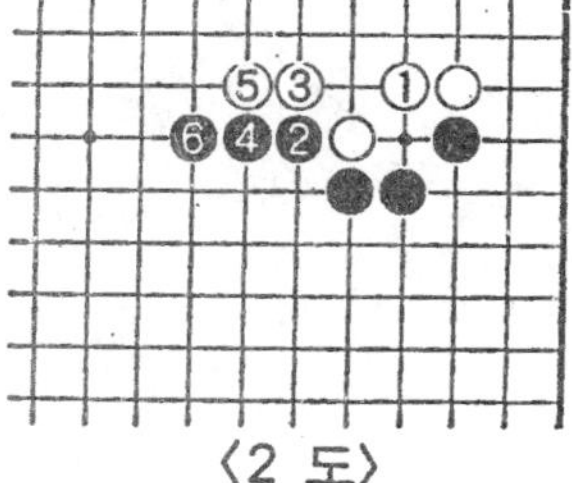

【급 소】

백2는 집에 신랄한 수, 축관계가 있고 변화가 풍부하다. 흑3 끌면 알기 쉽다.

기본도

백1의 되젖힘은 <정석 42> 마냥 실리를 독점당하는 것을 싫어하는 외에 백답게 변화를 구하는 의미가 있다.

흑3의 끌음은 견실, 11로 벌려 당당한 자세다.

1도

백의 붙임에 흑1로 젖히면 백2부터 6까지 예상되는데 흑의 느슨한 모양이라 시시하다.

2도

기본도의 4로 백1끌면 흑은 2로 젖혀 중앙을 두텁게하고 이것은 흑이 유리한 갈림이다. 또—

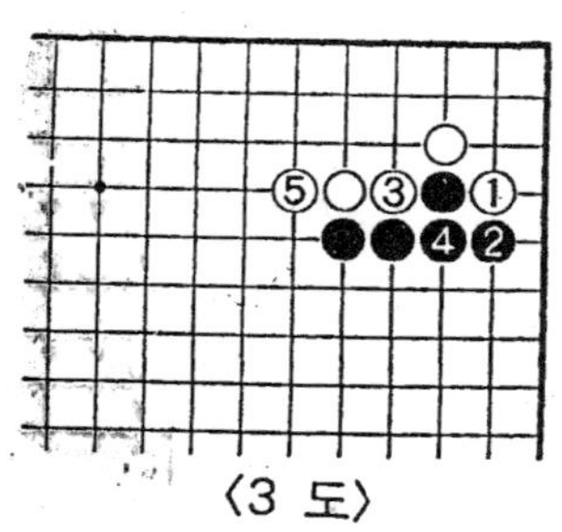

〈3 도〉

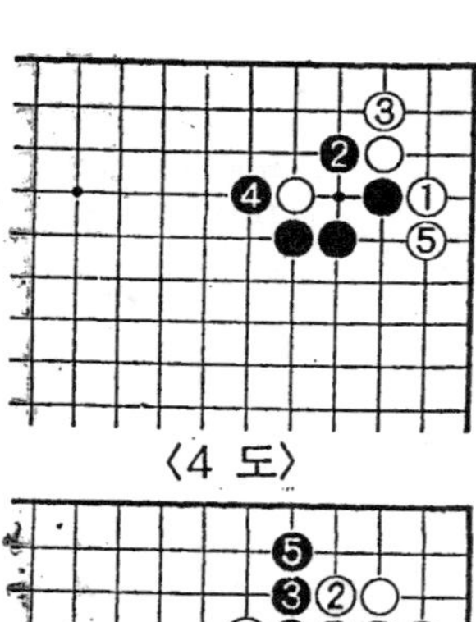

〈4 도〉

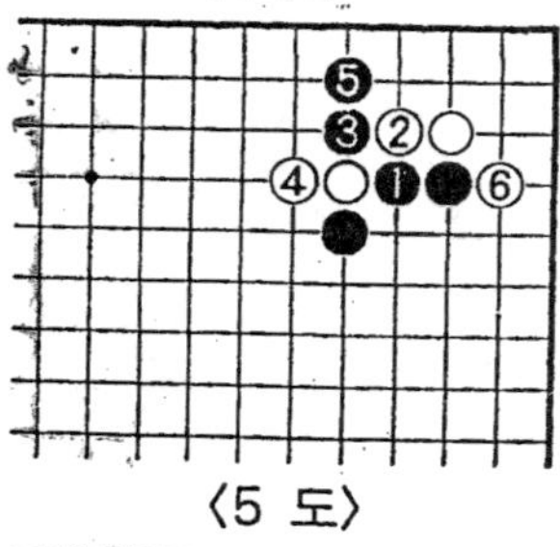

〈5 도〉

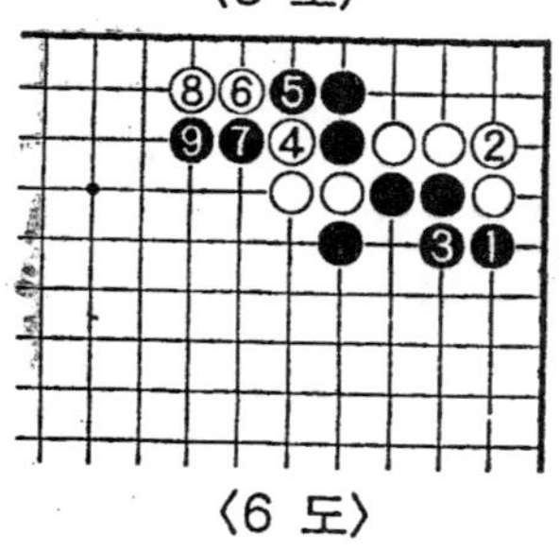

〈6 도〉

3도

백1의 젖힘도 생각된다. 흑2의 누름이라면 백3, 5인데 다음에 흑은 1의 한점을 잘라먹고 백은 한 번 단수 몰고서 귀는 방치하고 상변에 벌리게 되겠지요.

4도

흑이 자세를 바꾸고자 하면 2로 젖히고 백5까지 된다. 좌상귀의 상태에 따르는 것이다.

5도

1의 부딪침부터 3, 5라는 진행이 있다. 백은 6으로 젖히는 한수인데 여기서 축관계가 얽혀오는 것이다.

6도

이어서 흑1, 3일때 백은 누르지 못하면 상태가 나쁘다. 흑5에 6으로 눌러 흑9까지 되고—

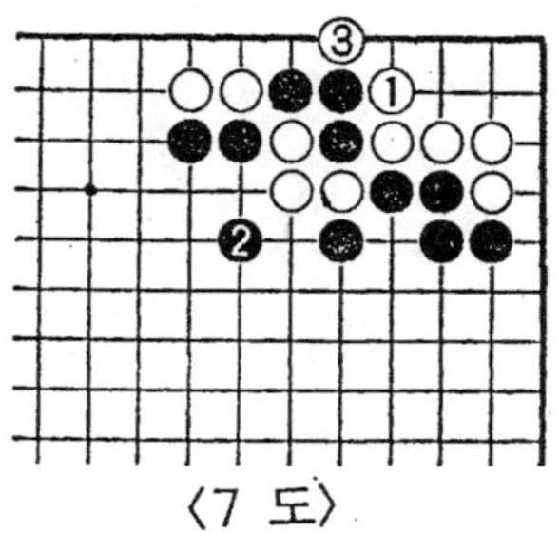

〈7 도〉

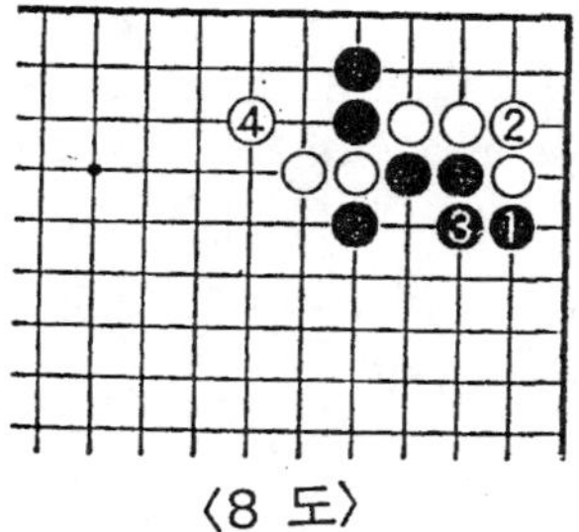

〈8 도〉

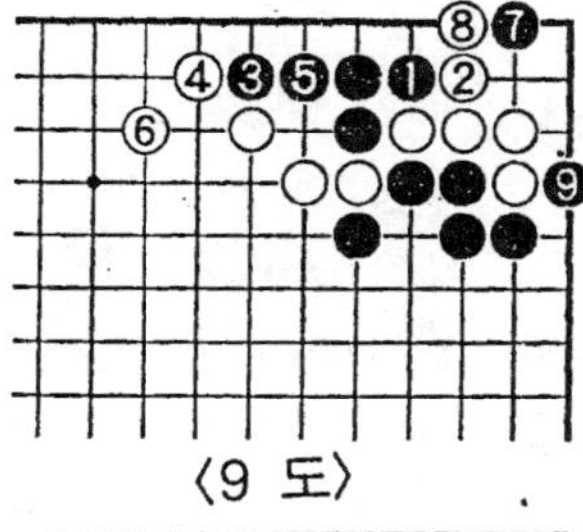

〈9 도〉

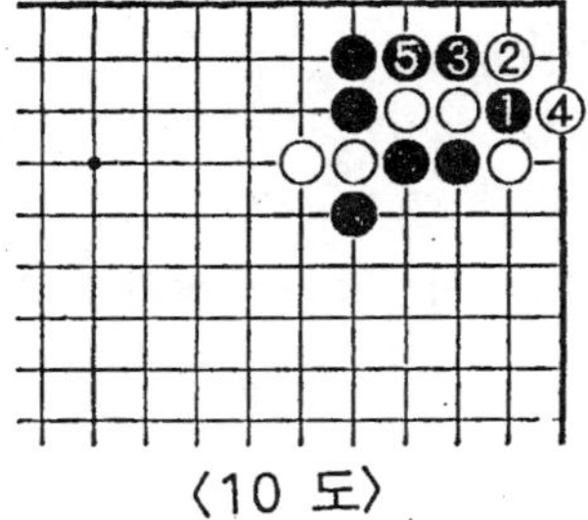

〈10 도〉

7도

백1일때 안의 석점을 축으로 잡을 수 있을지 어떨지. 만일 백이 축유리라면 흑2로 압박하고 백3잡게, 할 수 밖에 없다. 이렇게 되면 흑이 좋지 않은 것이다.

8도

그 축이 성립되지 않을 경우는 백4 마늘모하는 셈인데 이렇다면 귀의 넉점은 잡히고 만다.

9도

흑1로 꼬부리고 백2에 3으로 붙여 5의 이음까지 백은 6의 이음을 생략못하고 7, 9로 공격하여 흑의 한수 이김이다. 8도내지 9도는 흑이 축유리일 때의 성공도인데 만일 축이 나쁘다 하더라도 흑에게는 강력한 별법이 있다.

10도

백의 젖힘에 대해서 흑은 누름이 아니고 1로 끊는 거다. 백2에는 3, 6으로 죄고―

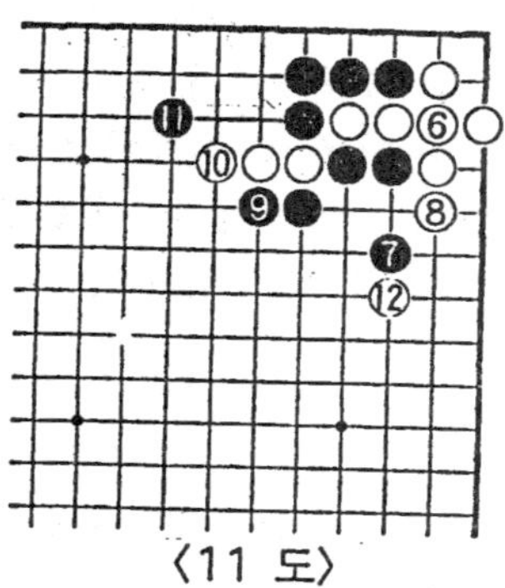

〈11 도〉

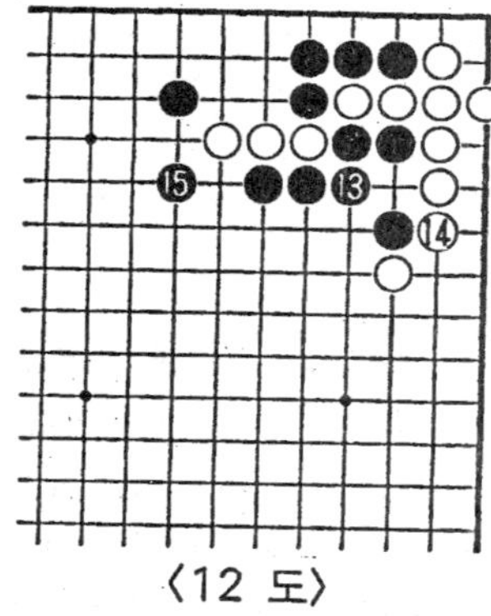

〈12 도〉

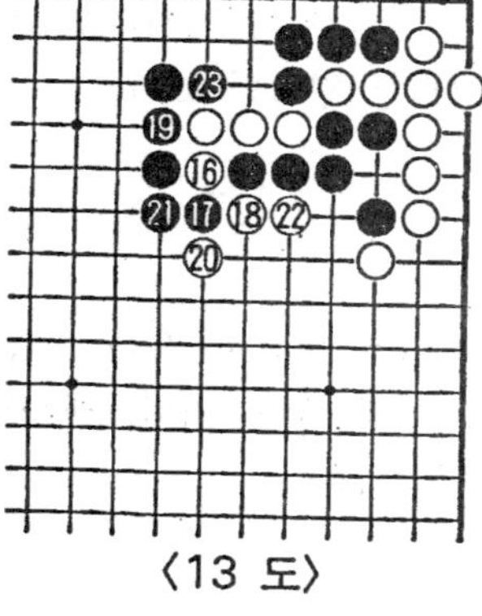

〈13 도〉

11도

백6의 이음에 흑7, 9가 수순. 백10을 기다려 11로 뛰어나간다. 이 뒤의 변화는 특히 정석으로서 고정된 패턴은 없지만 일례를 든다면 백12의 붙임이 재미있는 맥이다.

12도

이어서 흑3으로 잇고 백14 넘어가게 함은 부득이하다. ──그리하여 흑에도 또 15로 압박하는 호수가 있다. 이하──

13도

백은 16, 18로 맞끊고 네점을 버리고서 22까지 죄어댄다. 이 갈림은 흑이 약간 유리라는 정설이지만 백도 제법 두텁고 선수로 되어 있으므로 두지 못할 것도 없다고 생각된다.

결국 5도 이후의 변화에 생기는 축관계는 백에게 있어서만 중요한 것으로서 흑은 개의치 않는 것이다.

(4) 받음

정석44 일자받음,
3삼붙임

【급 소】

흑1의 일자형은 온당한 수.

백2로 붙여 6까지, 상태(常態) 받는 수에는 여기서 제시한 일자형말고 다음에 제시하는 한칸 뜀이 있다.

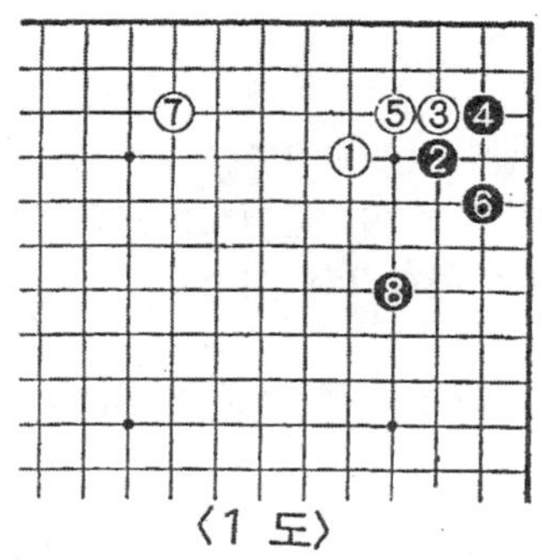

◈ 〔정석 44〕 기본도

〈1 도〉

일자형이든 한칸 뜀이든 「받음」이라 하니만큼 태도로선 소극적이라 그만큼 변화도 적고 간명하다.

이치를 말한다면 모처럼 귀에 선착하고 그것도 소목의 유리한 지점을 차지하고 있건만 걸침에 대해서 소극적으로 받는 건 우습다.

거기에는 그렇게 하지 않으면 안될 무언가 조건이 있을 것이다.

1도
이것은 고목의 안붙임 기본정식. 위의 기본도와 거의 동형이다.

틀리는 것은 본도의 8과 기본도의 1인데 이것은 어느 쪽이 나은지 갑자기 단정 못한다. 1의 일자형은 조촐한 것이 견실, 8의 목자형은 죽죽 나가있는 반면 약간 틈이 있다. 그럼 기본도는 백6으로서 일단락한 뒤—

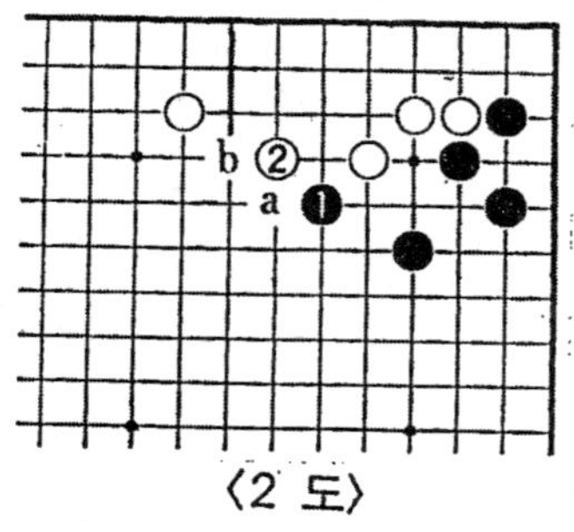

〈2 도〉

2도

흑부터 1로 압박하고 안을 두텁게 하는 수가 있다. 백2의 받음에는 다시 흑a가 활동적이고 2를 일로 위라면 흑b의 들여봄이 효과적.

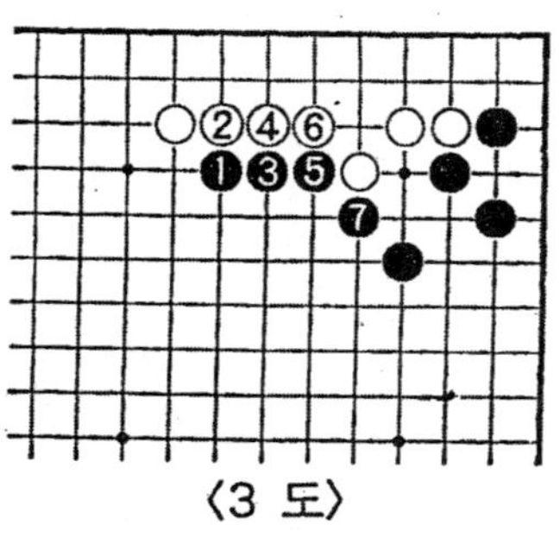

〈3 도〉

3도

이밖에 흑1로 어깨를 짚고 7까지 발라 붙이는 것도 생각된다. 노골적이지만 뚜렷하다.

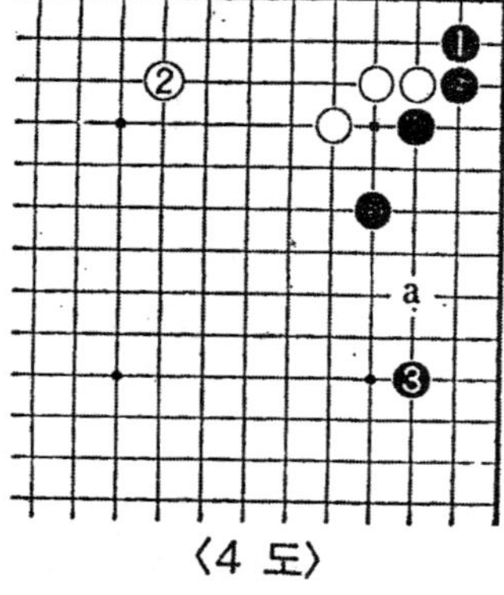

〈4 도〉

4도

기본도의 흑5로선 이 1로 뻗는 수도 있고 역시 백은 2로 벌린다. 단 이 경우 흑3으로 벌려두는게 바람직하다. 흑3을 생략하면 백a의 다가섬이 좋은 곳이 되기 때문이다.

정석45 한칸뜀 받음,
3삼붙임

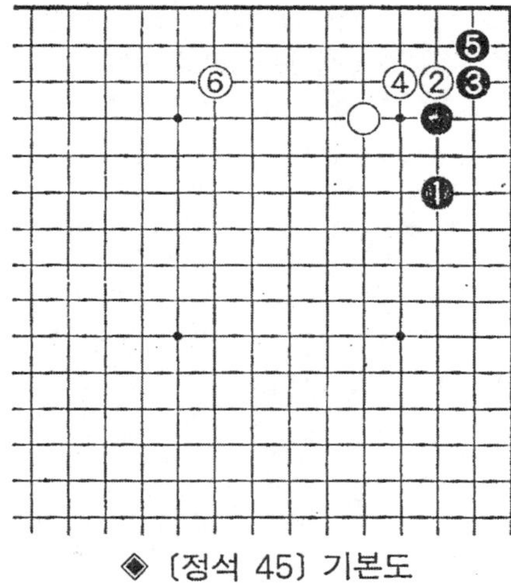

◈ 〔정석 45〕 기본도

【급 소】

흑1, 수수한 수. 흑5, 당연. 백6은 일로 우에도 있다.

기본도

흑1로 이렇듯 수수한 수도 드물다. 백은 역시 2, 4로 붙여끌고 이번에는 흑5로 뻗어 백6의 벌립까지. 흑은 견실 그것인데 대담한 변화로 나가는 수가 없지도 않다.

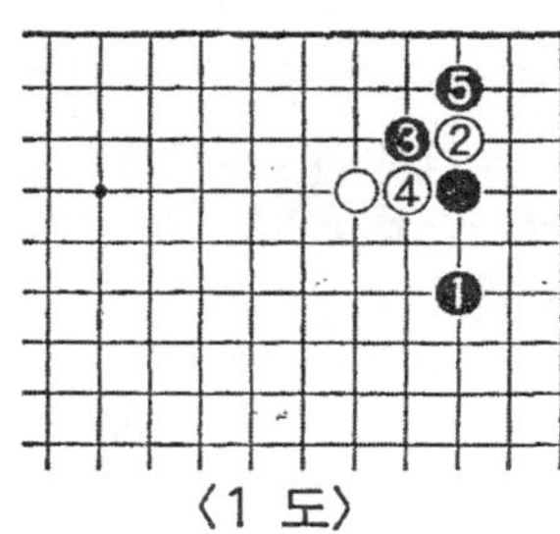

〈1 도〉

1도

흑3으로 젖히고 백4의 끊음에 5로 몬다.

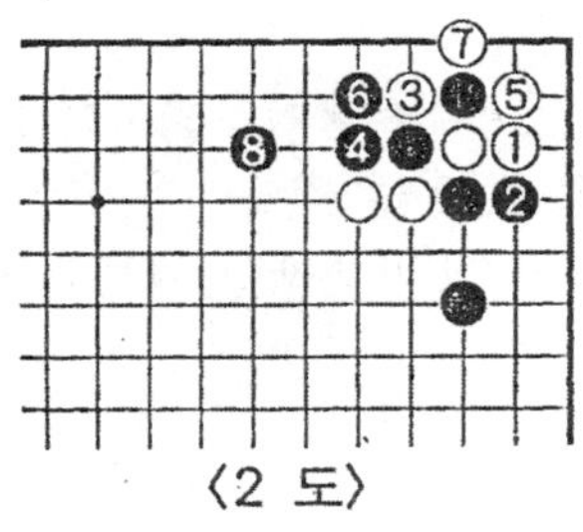

〈2 도〉

2도

이어서 백1, 흑2가 되고 백이 3부터 7까지로 귀를 살면, 흑8로 뛰어 안의 두점을 공격한다. 수순 중 흑6의 단수로—

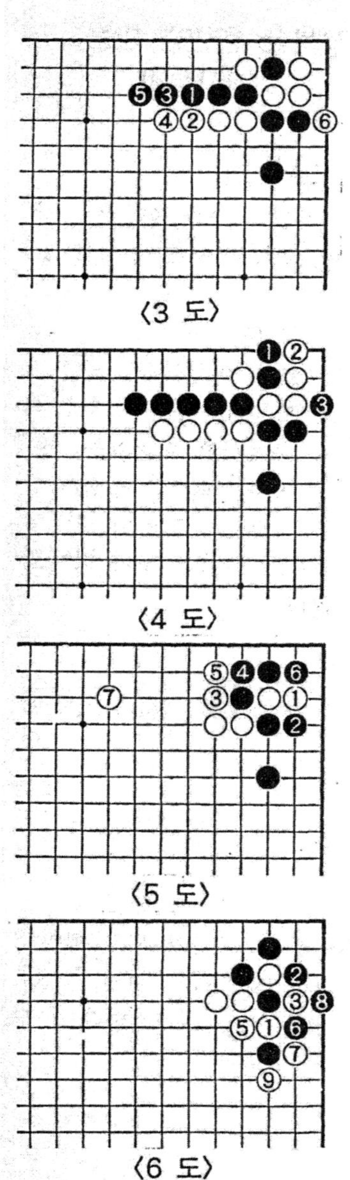

〈3 도〉

〈4 도〉

〈5 도〉

〈6 도〉

3도

흑이 1, 3으로 뻗었을 때는 백이 조심할 필요가 있다. 백4, 흑5의 다음 6으로 젖혀두지 않으면 안된다.

4도

백이 3도의 젖힘을 두지 않으면 흑1로 뻗는 맥이 있고 백은 자충수라 죽고만다.

5도

백이 까다로움을 피한다면 한번 1로 뻗어 3부터 7까지로 진행한다. 안전제일이니만큼 약간 불리한 건 부득이하다.

6도

같은 싸움을 피하더라도 백1로 몰고 이하 9까지는 확실히 백이 손해인 갈림인다.

(5)협공

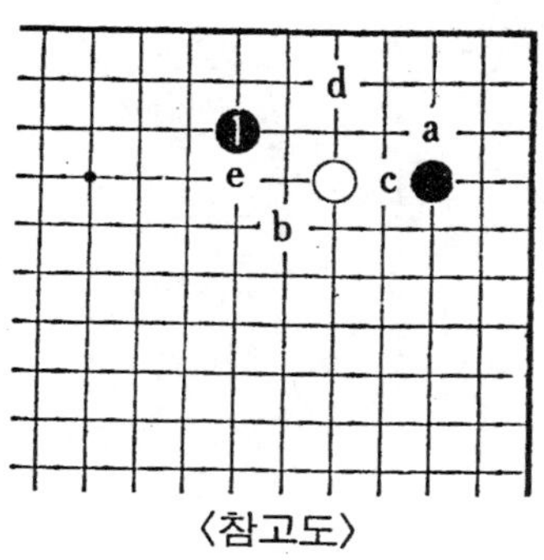

〈참고도〉

참고도

흑1로 협공하는 수에는 특별히 호칭이 없다.

준엄한 협공으로서 변화도 많이 있다.

백의 응수는 a의 3삼붙임이 가장 많고 다음은 b의 마름모.

이밖에 c의 부딪힘, d의 뛰어듦 e의 머리붙임이 있고 손뺌은 절대라 할이만큼 없다.

정석46 협공, 3삼붙임

【급 소】

백2에 흑3, 5는 이것뿐. 백6, 이 한수. 백12, 온당하게 선수를 잡았다.

기본도

흑3에서 별법이 없는 것도 아니지만 어느 것이나 재미없다. 그것에 관해서는 나중에 풀이하기로 하고 흑3, 5때 백6이 유일한 맥으로서 이 정석을 성립시키는 요석(要石)이다.

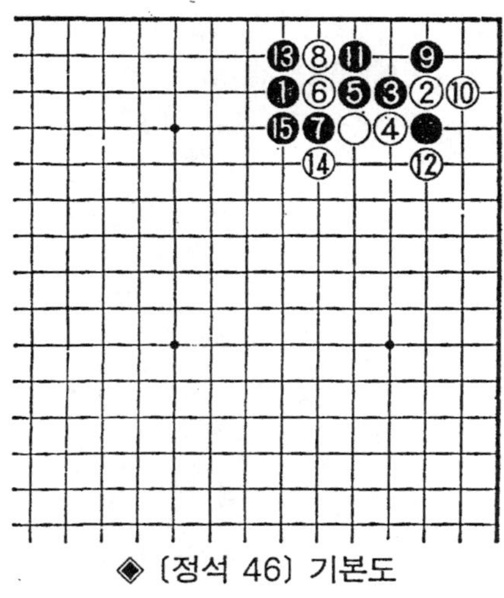

◆ 〔정석 46〕 기본도

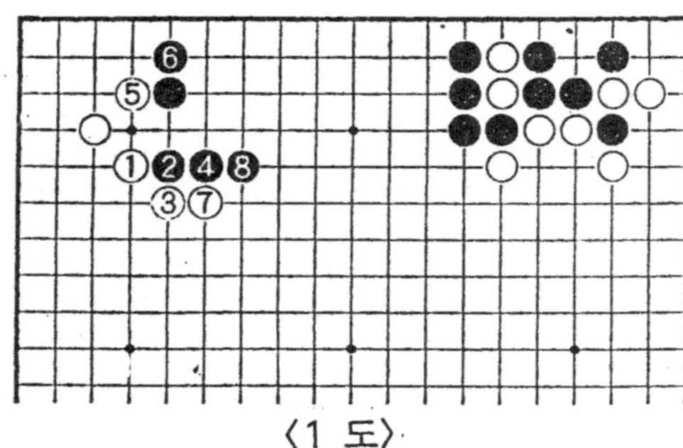

〈1 도〉

혹7로 끊어 15까지, 이것을 기본형으로 하여 백8, 백12, 혹13등에 각각 변화로 나가는 수단이 있다. 일반적으로 기본도의 결과는 혹에 불만이 없고 좌상귀의 상태에 따라선 더욱 유력하다.

1도

이것은 坂田榮男와의 대전에서 생긴 모양. 나의 백선인데 우상의 정석을 두고난 뒤 1의 마늘모는 절대이다. 그래서 혹은 2로 붙이고 상변을 크게 둘러싸는 진행이 되었다.

2도

기본도의 8로서 백1에 단수하는 변화. 혹2, 백3으로 빵때리면 명쾌하다.

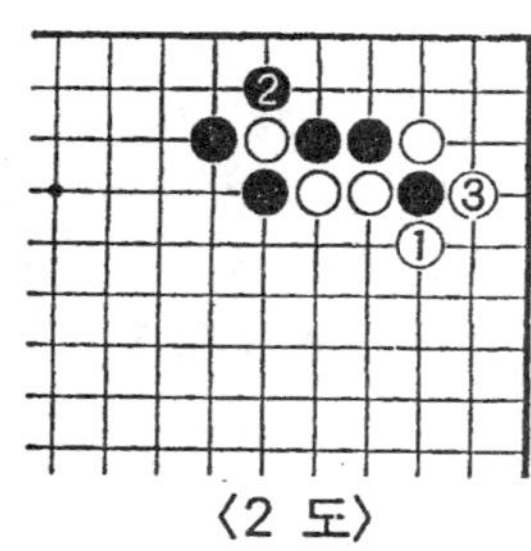

〈2 도〉

3도

혹은 2, 4로 일단 움직이고 백5에 6으로 따내는 것도 있다. 백7로 석점이 잡혀 좋은 것이다. 또 백5로―

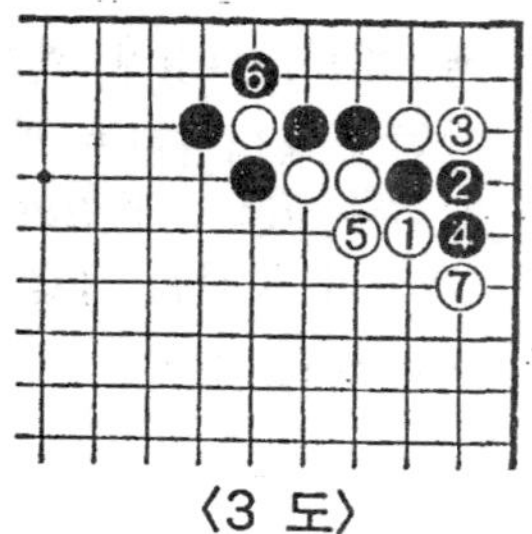

〈3 도〉

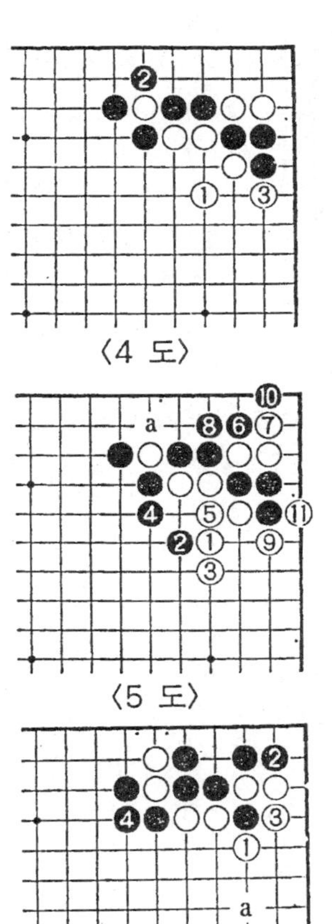

〈4 도〉

〈5 도〉

〈6 도〉

〈7 도〉

4도

이렇듯 1로 호구이음이라도 흑은 2로 빵때림하여 백3 잡게한다. 이렇듯 흑은 석점을 잡혀도 뒤에 여러가지 활용이 남기 때문에 결코 불리한 일은 없다.

5도

그것을 먼저 활용해서 둔다면 백1로 곧 2, 4 결말을 낼 수 있다. 흑6, 8의 젖혀이음으로 a의 따냄과 바꾸어 흑이 충분한 갈림이라 하겠다.

6도

기본도의 진행에서 백1로 안았을때 흑2로 눌러오는 일이 있다. 여기서 백이 3으로 따내는 것은 명백히 활용된 것으로서 흑4의 이음으로 두점이 잡히고 흑에게 이용되고 만다. 흑a의 다가섬이 준엄해지는 것도 백에 있어 큰 마이너스다. 백3으로선—

7도

1, 3으로 강하게 반발해야 한다. 흑4에 이어서—

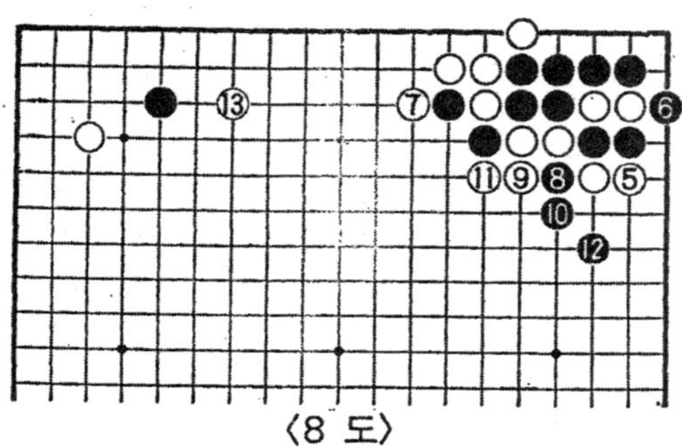

〈8 도〉

8도

백5부터 흑12까지는 필연적이고 정석의 한 패턴이다. 흑은 네점을 잡아 귀의 상당한 집을 얻었지만, 여기서 생각해 달라고 하고 싶은 것은 기본도에 비해서 「자세가 뒤바뀌었다」는 점이다.

기본도에선 흑이 상변에서 세력을 과시했는데 본도에선 반대가 되었다. 따라서 좌상을 1도와 같은 배치라고 가정하면 이어지는 백13의 협공이 절대이다.

이렇듯 정석은 주위와 관련시켜 택하지 않으면 안된다.

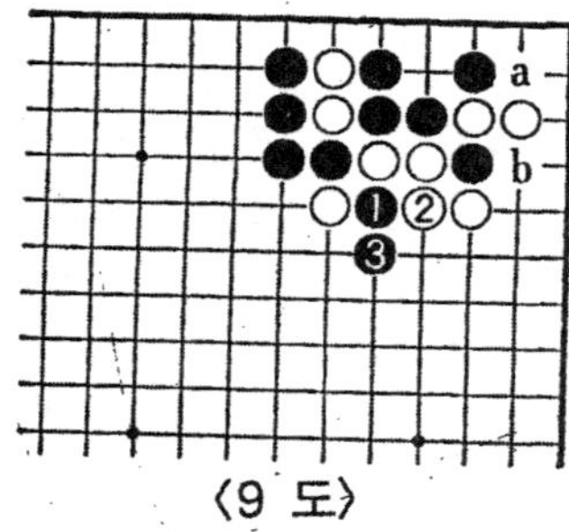

〈9 도〉

9도

기본도의 뒤 흑1, 3이 큰 수이다. 흑a, 백b는 정하는 시기가 어렵다.

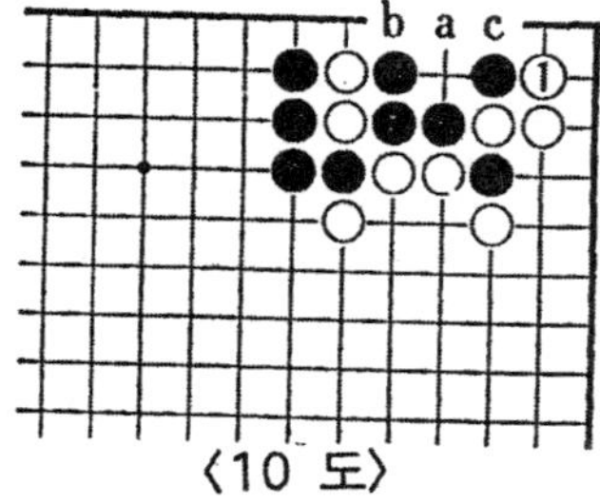

〈10 도〉

10도

백1의 누름은 역끝내기의 큰곳. 흑은 손뺌을 하고 그때 백a, 흑b, 백c가 바른 끝내기의 수순이 된다.

134

정석47 협공, 마름모

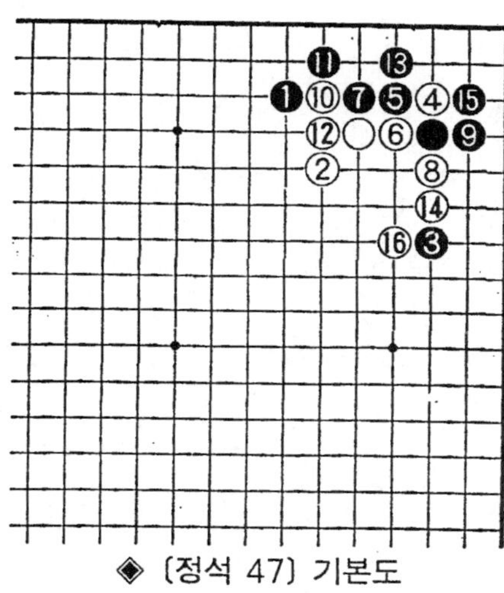

◈ 〔정석 47〕 기본도

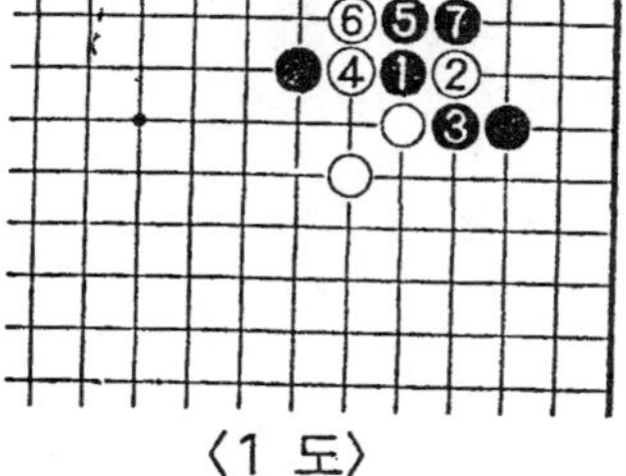

〈1 도〉

〈2 도〉

【급 소】

백2는 세력을 주로 한 수. 흑5, 7, 이렇게 변화하는게 좋다. 백14, 기본의 수맥.

기본도

백2는 보기에도 세력적이다. 한때는 꽤나 두어졌는데 최근 훨씬 적어진 것은 역시 그런대로의 이유가 있다.

그것은 세력적이기 때문에 아무래도 집에 대해서 무르다는 점이다. 가령 흑3으로—

1도

즉시 1로 붙여도 백2이하로 응할 수 밖에 없고 흑7까지, 귀의 집은 고스란히 흑의 소유로 돌아가며 게다가 백의 모양은 불안정하다.

2도

이어서 백1이면 흑2, 4로 흑은 더욱더 호령인데 백은 뭉친 모양임을 부정못한다. 1도는 유력한 한 방법.

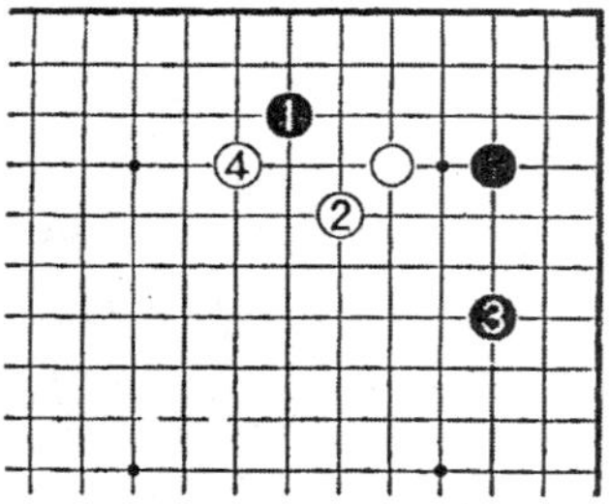

3도

흑3의 벌림에 백4로 압박하는 수.

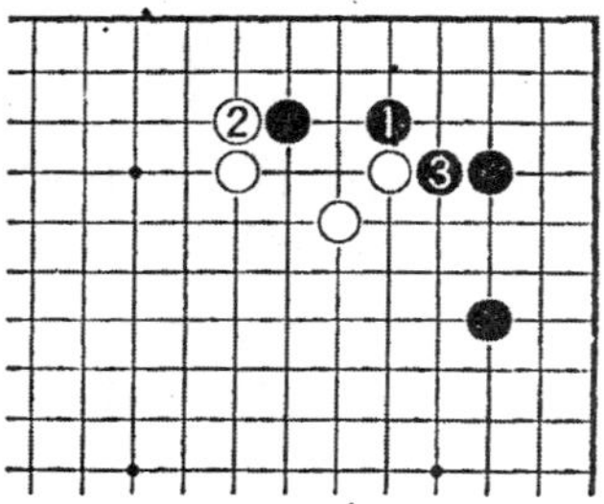

4도

흑1로 붙이고 백2, 흑3이 정석으로 되어 있으나 좌측의 상대와 더불어 백2가 어지간히 알맞는 자세가 아닌 한 부분적으로 흑이 충분한 결과이다.

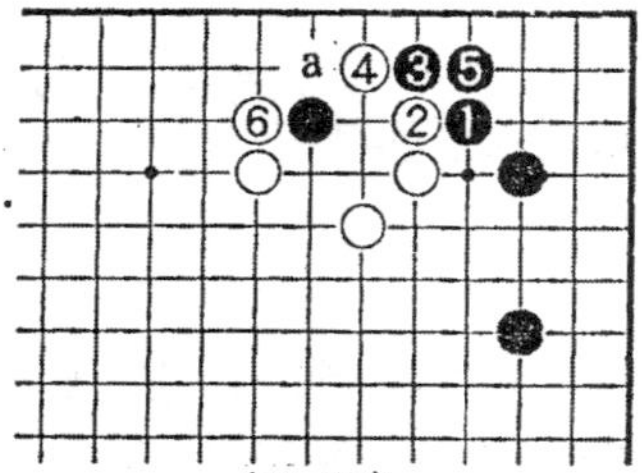

5도

흑1로 마름모하고 백2에 3, 5로 젖혀 잇는 것도 있다. 백6의 뒤 아직도 흑a의 여지가 남아있다.

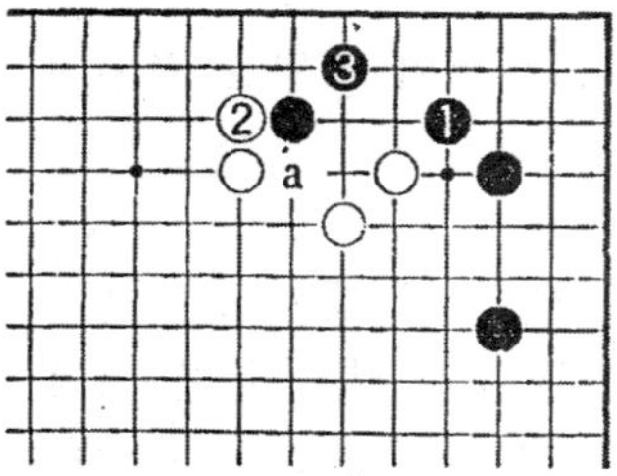

6도

1의 마름모에 백2라면 흑3이 탄력 있는 호수가 된다. 백은 a부터의 맞끊음에 대비하여 가일수해야 한다.

〈3 도〉

〈4 도〉

〈5 도〉

〈6 도〉

【급 소】

백2, 고통스럽지만 견고한 수. 흑3이면 백4가 모양의 급소. 백10처리의 가락을 구한다.

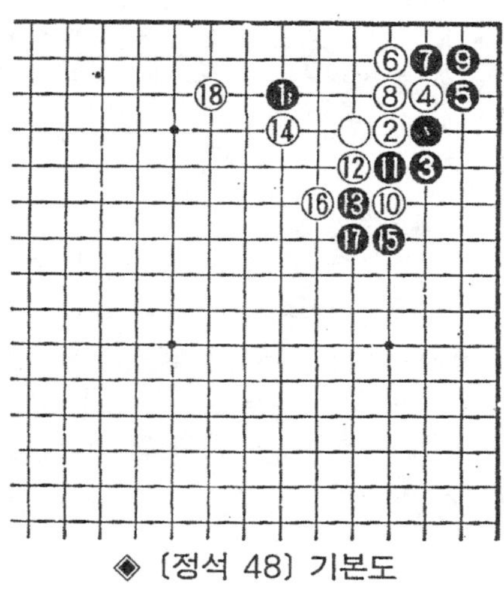

◆ 〔정석 48〕 기본도

기본도

백2는 서투른 느낌의 수인데 견실한 행마.

흑3이면 백4로 젖히고 흑9까지는 필연.

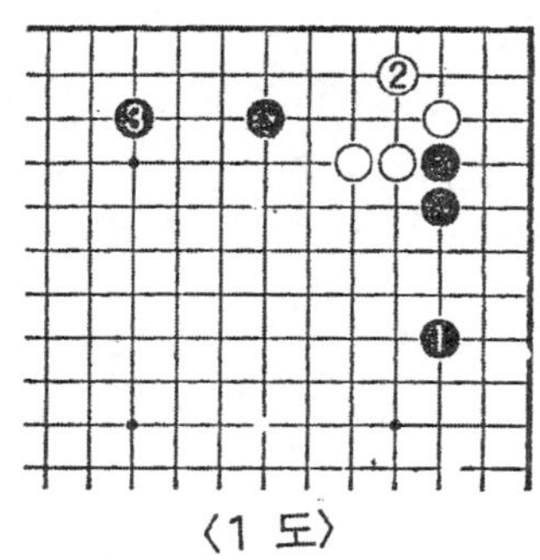

〈1 도〉

그래서 백10의 압박이 처리의 맥인데 흑11, 13의 맞끊음을 꾀고 14부터 18까지로 모양을 갖춘다. 흑15로 17에 뻗는 것은 본수라도 할 수 없다.

백은 14의 좌로 뻗어 10의 한 점 움직임을 노린다.

1도

기본도의 5로 1에 벌리면 백2 흑3이 된다.

백2는 알아둘 한수로서 이렇듯 빈틈없이 수습되면 흑에게 좌우를 두어져도 만족할 수 있다.

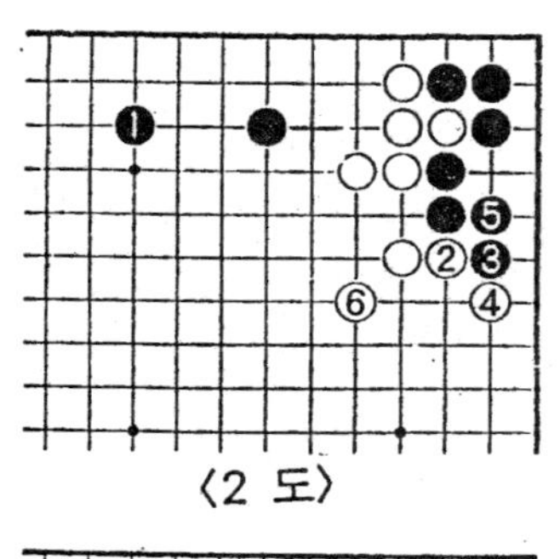

〈2 도〉

2도

기본도의 흑1로 이 1에 벌림도 고려된다. 백은 2로 누르고 흑3, 5의 젖혀이음에 6으로 마늘모하는 게 모양.

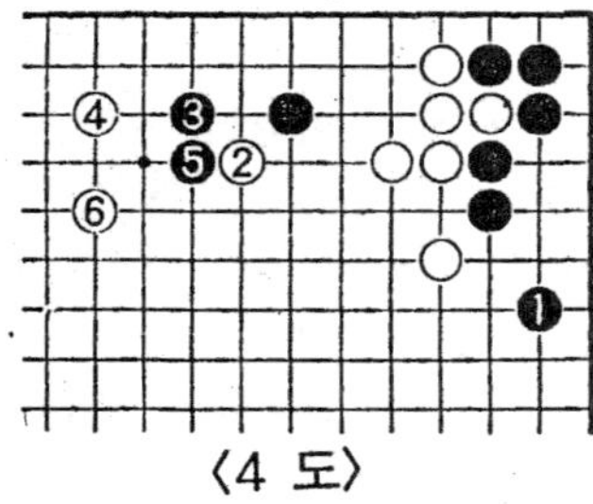

〈3 도〉

3도

백2는 능숙한 수로서 이하 10까지 되면 전도보다 낫다. 단 흑7로 10에 몰리고 백이음, 흑7, 백8, 흑9가 되며 다음에 백은 10의 일로 아래서 안는 축이 유리하지 않으면 안 된다.

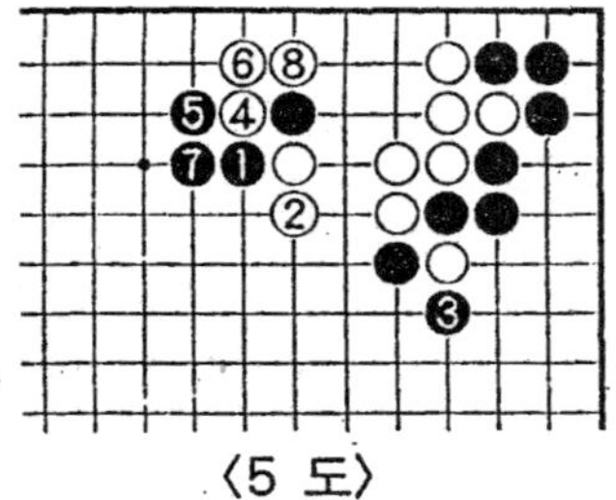

〈4 도〉

4도

흑이 맞끊지 않고 1로 받음은 낮은 위치라서 쓰라립다. 백2에 두고 흑3이면 4, 6으로 공격하여 호조이다.

〈5 도〉

5도

기본도의 흑15로선 1, 2로 정하며 흑3도 있다. 백4로 끊어 8까지. 옳고 그름은 주위의 상황에 따른다.

정석49 협공,
한칸 뛰어듬

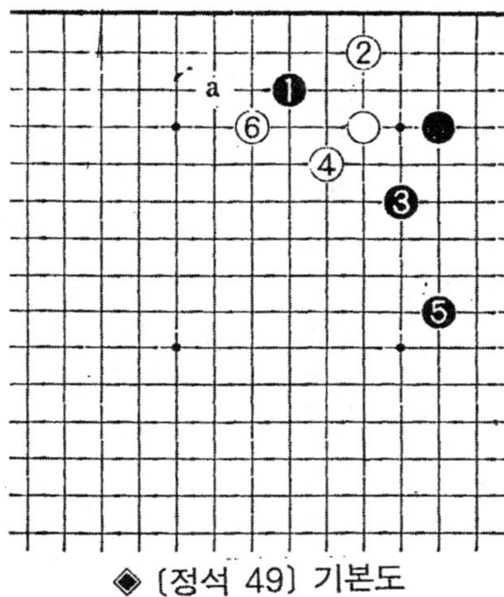

◈ [정석 49] 기본도

【급 소】

백2, 주로 좌측의 상태에 따른다.

흑3, 5가 상형. 백6은 a 방면부터 협공하는 것도 있다.

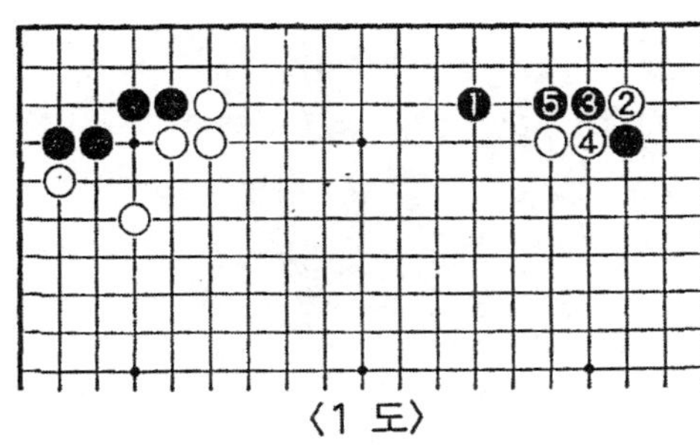

〈1 도〉

기본도

백 2는 좌상귀의 상태를 고려하고 협공한 흑1을 고립시키는 의도, 아직 두어진지 얼마 되지 않고 백2 자체가 흐릿한 수이니만큼 결정판이라 할 형은 완성돼 있지 않다. 흑3, 백4는 움직이지 않는다하고서 흑5로선 여러가지 취향이 있어 좋은 곳이다.

1도

좌상에 이와 같은 모양을 상정하여 흑1로 협공되었다고 합시다. 여기서 백이 2로 붙이고 흑3, 5가 되는 보통의 형을 선택했다면―

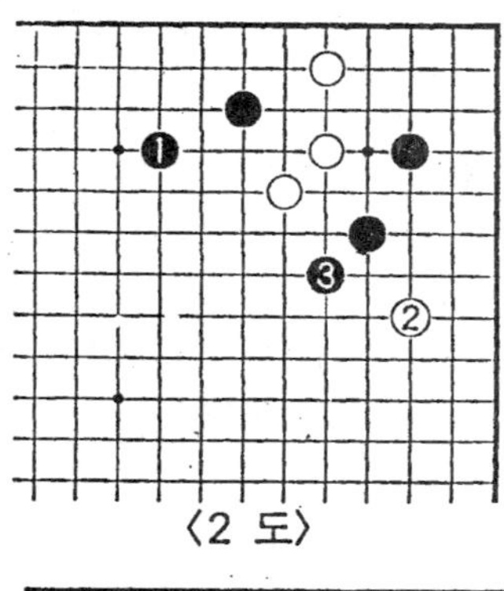

〈2 도〉

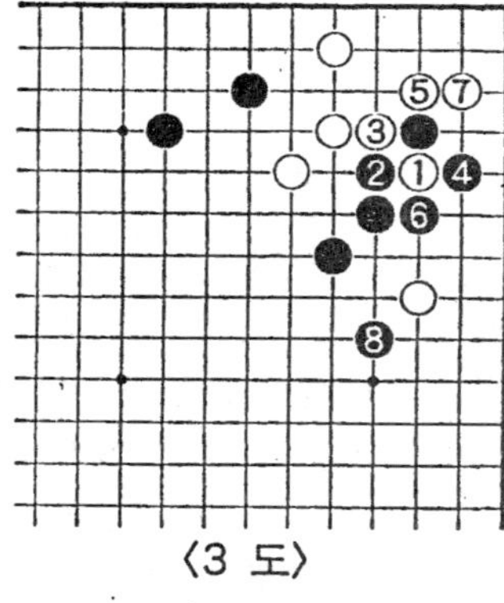

〈3 도〉

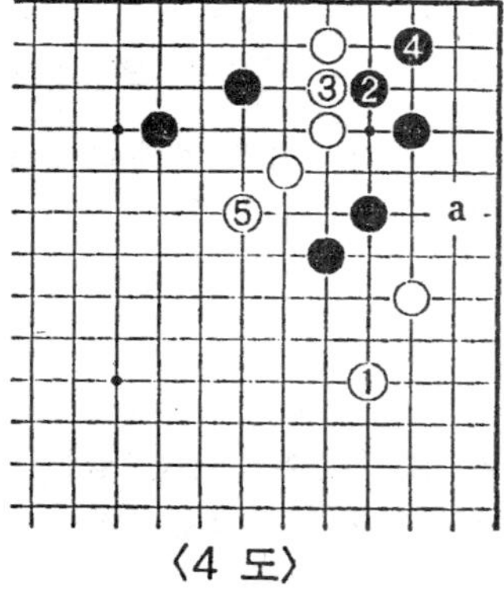

〈4 도〉

<정석46>이 되어도 모처럼의 백 두터움은 쓸모가 없는 결과가 되고 말겠지요. 이런때 백은 기본도의 2로 뛰어들고 흑을 사이에 두고서 공격하는 셈이다.

2도

기본도의 5로서 흑1로 상변에 두면 백은 2로 급소에 육박한다. 봉쇄를 피하여 흑3의 마름모는 당연. 여기서 백에게 두가지 방침이 있다.

3도

수습을 주안으로 한다면 백1로 붙이고 7의 내려섬까지. 귀는 양보해도 8로 압박하면 흑도 할 수 있는 모양이다. 압박된 백한점은 좀체 움직이지 못한다.

4도

3도에서 백1로 일자형 둔다. 흑은 2, 4로 실리를 취하면서 눈을 빼앗고 백은 5로 마름모하며 다음에 a의 미끄러짐을 본다. 흑2로 5의 압박이라면 백은 전도의 1이하이다.

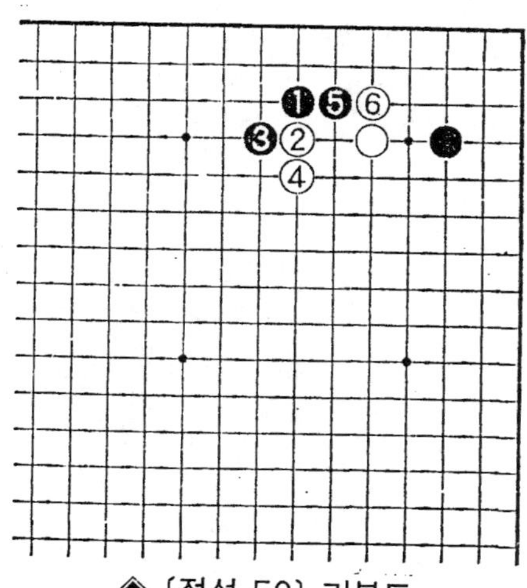

◆ 〔정석 50〕 기본도

【급 소】

백2의 머리붙임은 흑3으로 젖혀 백6까지 되면 일자걸침의 한칸 협공과 같은 것이 된다.

기본도

백2붙여 6까지, 일자걸침을 한칸 협공한 정석이 된다. 흑3으로 젖힘이외의 수를 두었을 경우를 몇가지 소개하겠다.

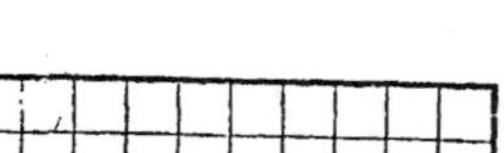

〈1 도〉

1도

젖힘이외의 수라 하면 a의 뻗음, b의 끼움의 두가지 뿐.

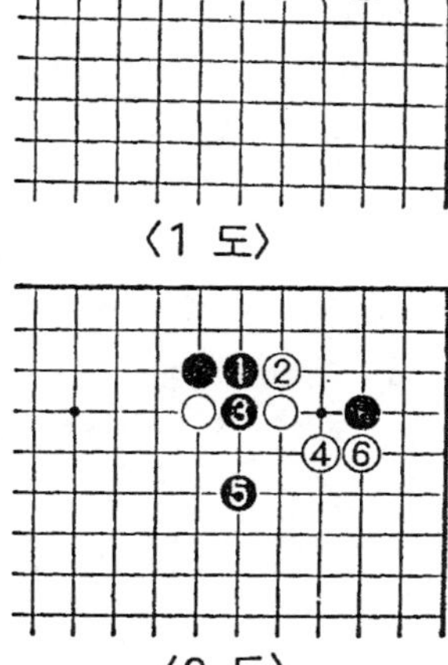

〈2 도〉

2도

흑1, 3나오면 백4의 마름모가 수맥. 흑5, 백6이 되고 이 부분만으로 말하면 백의 실리가 약간 우세하다.

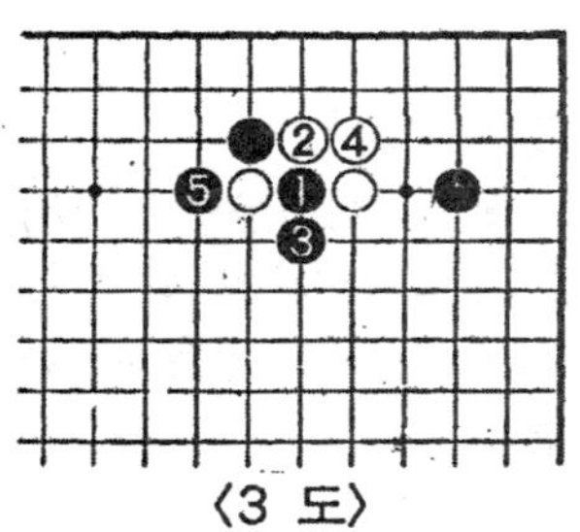

〈3 도〉

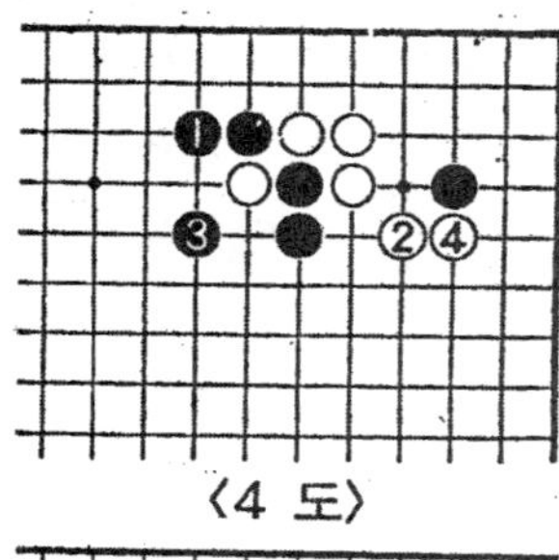

〈4 도〉

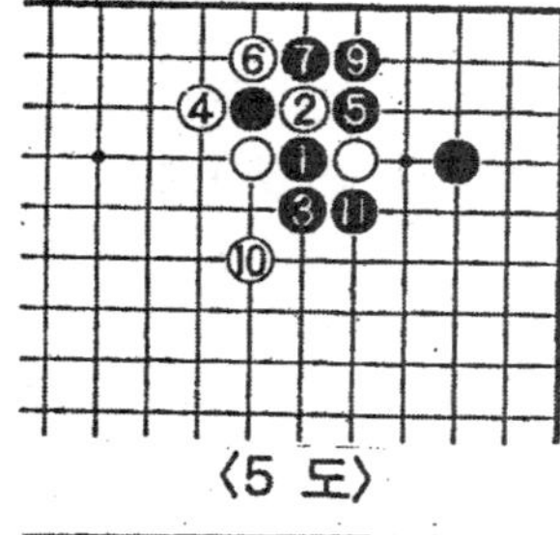

〈5 도〉

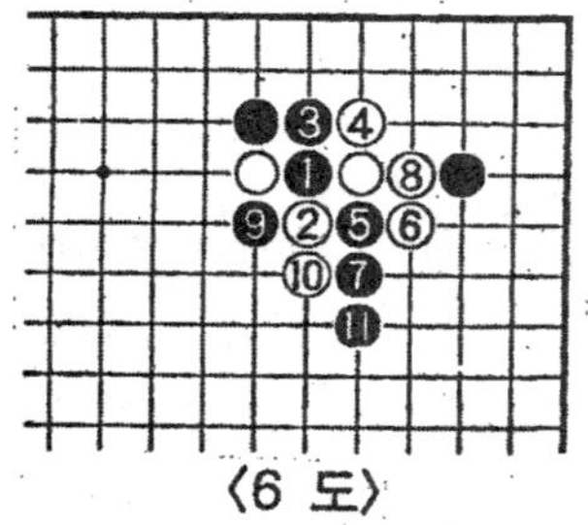

〈6 도〉

3도

흑1로 끼어넣고 백2로 끊어 4로 잇는다. 이어서 흑5의 축이 성립되면 백이 곤란하다.

4도

그 축이 나빠 흑1로 끈다면 백2, 4로 둘러싸 백이 유리. 흑3으로 4에 움직이는 건 무리한 싸움이다.

5도

백2, 4는 몰린 한점을 흑이 뻗으면 백5로 이어서 두는 작전. 흑은 재빨리 그걸 알아차리고 5로 끊어 갈라치기 한다. 11까지로 후수라도 흑은 까딱없다.

6도

백2로 몰면 흑3에 4로 누르게 된다. 흑5로 끊어 싸움인데 흑부터 9, 11의 가락이 좋으니만큼 백의 괴로운 모양.

(6) 두칸 높은 협공

참고도

협공을 흑1로 높은 두칸에 둔다.
이 협공을 백의 태도에 따라 기묘
한 변화를 낳아 무시할 수 없다.

백의 응수는 a의 목자형이 보통
으로서 이밖의 b의 일자형, c의 한
칸 뜀, d의 안붙임, e의 바깥붙임이

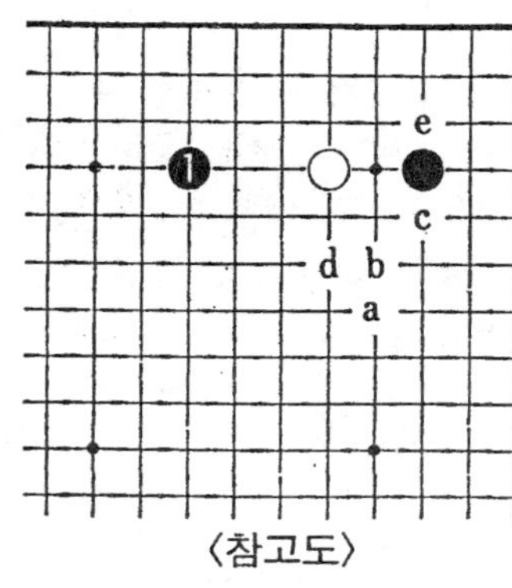

〈참고도〉

있는데 a와 c말고는 좀처럼 볼 수 없다.

정석51 두칸 높은 협공

【급 소】

흑3부터 백6까지 필연.
흑7은 4의 일로 위의 끊음
을 강조했다. 흑9는 모양,
13의 잘라먹기가 크다.

기본도

백2는 느슨한 수라서 흑
3으로 손뺌을 할 수 있다.
3, 5로 붙여 뻗어 백6까지,
다음의 흑7이 변화의 갈림
길이다.

◆ 〔정석 51〕 기본도

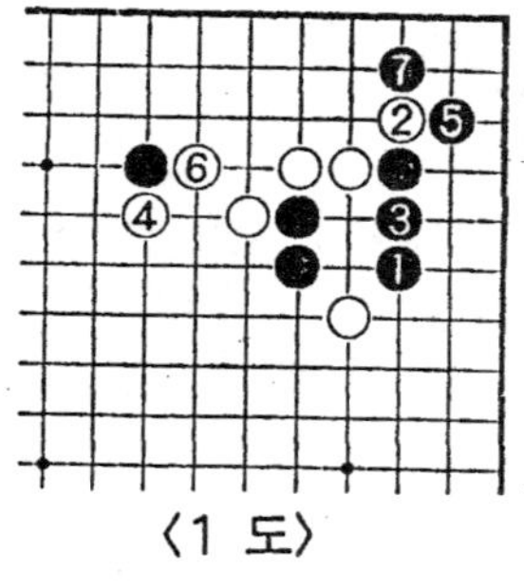

〈1 도〉

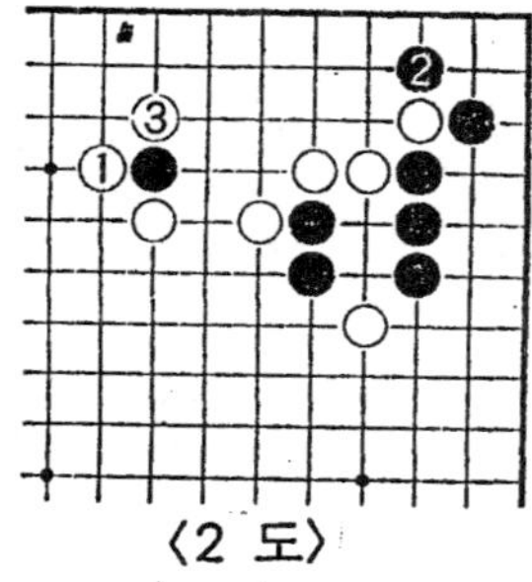

〈2 도〉

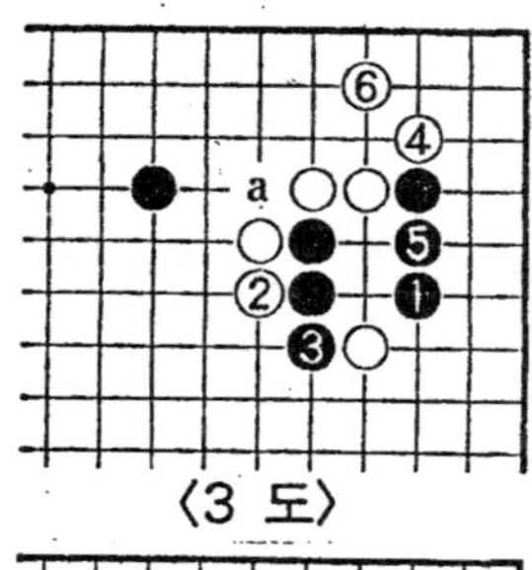

〈3 도〉

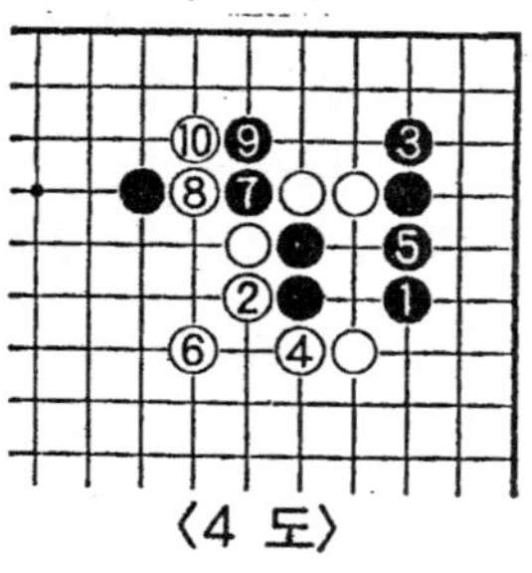

〈4 도〉

1도

흑1로 뛰는게 흔히 사용되는 수. 백은 2, 3을 결행하여 4로 붙이고 흑은 5, 7로 실리를 택한다. 백은 선수이기도 하며 어중간한 갈림이다. 백6의 누름으로—

2도

1로 젖히고 흑2에 3으로 안는 수도 있고 후수라도 두터운 모양. 전도와 더불어 정석이라 해도 무방이다.

3도

흑1의 뜀에 백2로 밀어 붙이는 것도 유력하다. 흑3 내밀게 하는 것은 아프지만 그 몫만큼 4, 6의 호형으로 보충하는 것이다. 백6으로 a의 단점도 버티고 있는게 자랑스런 점.

4도

흑3 뻗어나가면 백은 4, 6으로 족하며 흑7의 끊음에는 8, 10으로 두점을 버리고서 돌파한다. 이 갈림은 백 유리.

144

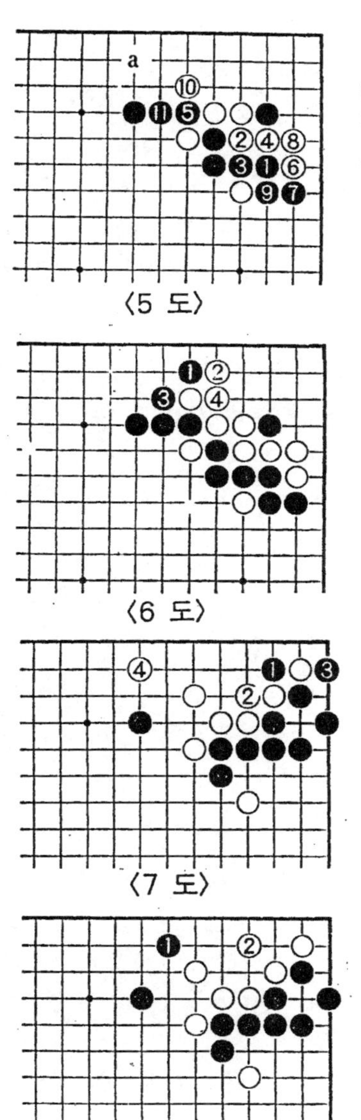

〈5 도〉

〈6 도〉

〈7 도〉

〈8 도〉

5도

흑1때 백2, 4로 비벼 나가는 것은 찬성못한다. 흑5로 끊어 11 까지, 백의 실리도 실리이지만 흑의 두터움은 너무나 강대하다. 게다가 백은 a를 서둘러 둘 필 요가 있다. 두지 않고 있으면—

6도

흑에게 1, 3으로 기분좋게 결 정되기 때문이다. 백2로서 3은 흑4로 끊겨 실패한다. 기본도의 흑15까지, 백은 손뺌하여 다른데 가도 좋고 매서운 공격은 입지 않는 모양이다.

7도

흑1, 3의 잘라먹기에는 백4의 미끄러짐이 있는데다가—

8도

이 흑1이면 백2로 수습된다.

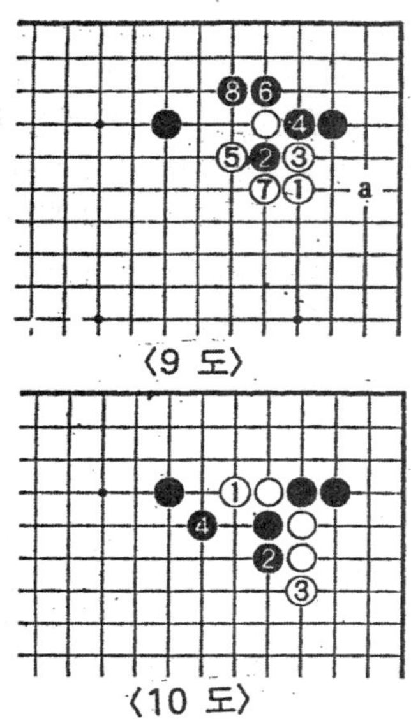

〈9 도〉

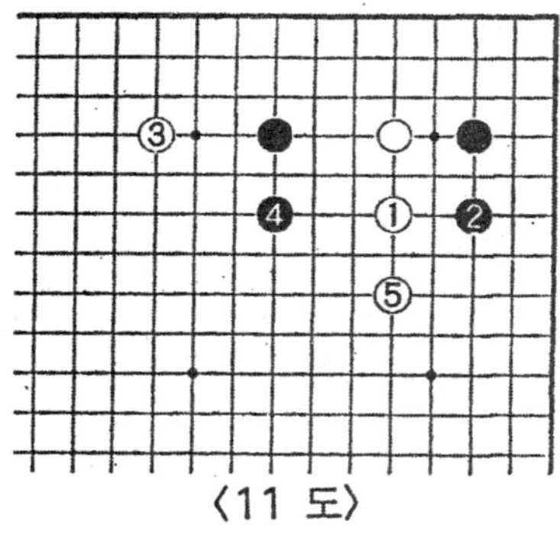

〈10 도〉

9도

백1의 일자걸침이 이전에는 정석이라 했다.

흑은 축에 관계없이 2로 붙이고 이것을 잡게하여 6, 8로 넘어가는데 백이 한 수 적은 것을 계산에 넣더라도 과연 대등하다 할 수 있을지. 흑a로 달리든가 하면 백의 불만은 적지 않다.

이 갈림은 흑이 유리하며 그래서 목자걸침이 고안되었던 것이다.

〈11 도〉

10도

전도의 5에서 백1로 뻗는 것은 흑2, 4로 일견하여 무리이다.

11도

백1로 뛰고 흑2에 3으로 협공하여 4, 5로 같이 뛴다.

알기쉽고 더구나 별로 손해도 아니므로 두점이나 세점의 접바둑이라면 이것이 가장 현명하리라(물론 백흑은 반대로 되는 셈이다).

본디 두칸 높은 협공은 바둑을 복잡하게 하려는 의도에서 두어지는 것이므로 그것을 봉쇄하게도 된다.

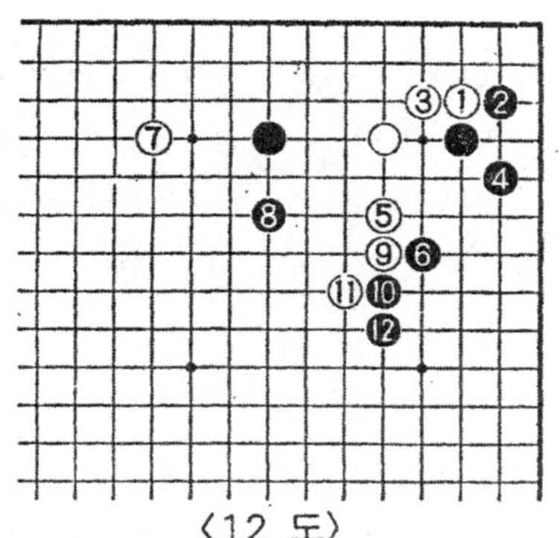

〈12 도〉

12도

다음에 백1로 붙이는 수 이것은 흑2, 4가 되어 백이 발전할 방향에 마침 흑이 대기하고 있다.

더구나 그것이 매우 좋은 위치를 차지하고 있다.

거기에 백의 불만이 있다.

백5의 뜀에 흑6으로 한껏 버티어지는 것도 귀를 먼저 결행했기 때문으로서 전도와의 차이가 나타나지 않을 수 없다.

이하 12까지를 예상하고 백이 못할 것은 없다해도 손해를 앞두고 있음(흑 우변의 실리)은 명백하리라. 눈의 확보와 같은 절박한 의미가 없는 한 백1, 3은 결행하고 싶지 않은 것이다.

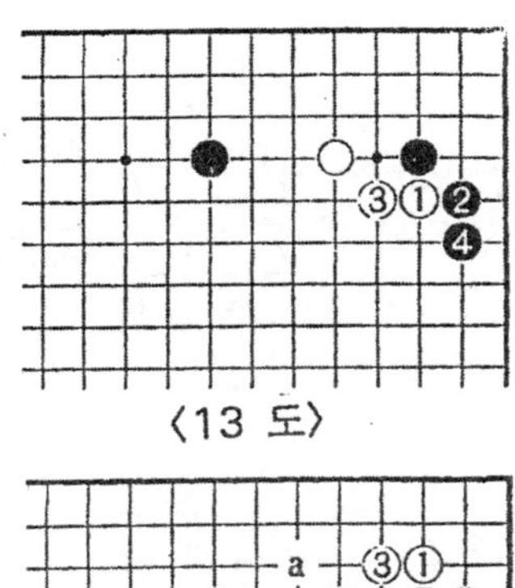

〈13 도〉

13도

백1의 바깥붙임은 흑이 2로 젖혀 4로 뻗는다.

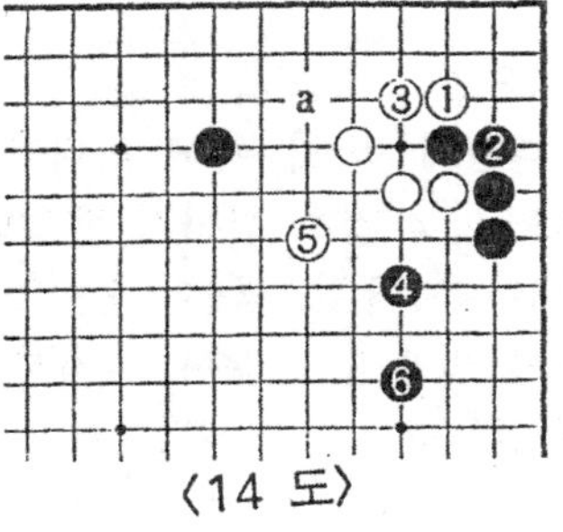

〈14 도〉

14도

이어서 백1부터 흑6까지가 하나의 패턴. 그러나 흑의 호형에 비해 백에는 a의 급소를 찔리는 약점도 있고 흑유리라 보아 좋다.

그 흑a를 싫어하고서—

15도

먼저 1, 3을 정하고 백5라면 단단하지만 이렇게 좁은 곳을 안쪽부터 두고 흑에게 벽을 쌓도록 함은 괴롭기만 하다.

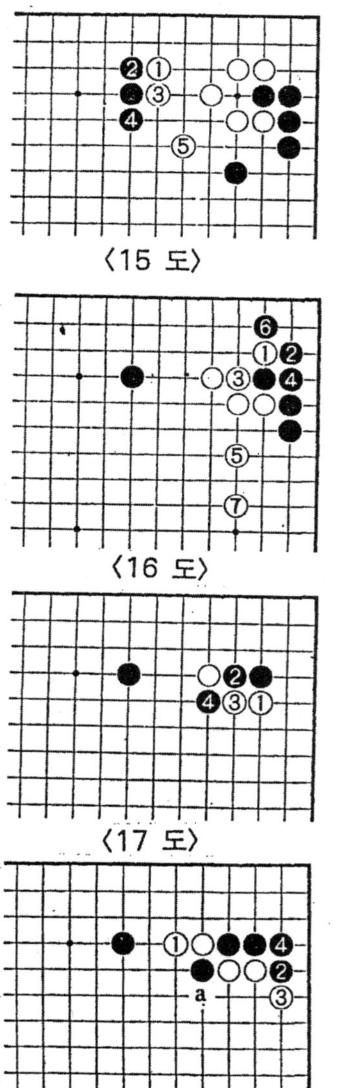

〈15 도〉

16도

백1의 붙임에 흑2 젖히면 백3의 단수부터 5의 요소를 선점(先占)당한다. 흑6, 백7이 되면 일전하여 백 유리의 모양.

〈16 도〉

17도

축이 좋을 때 백1에 흑2, 4라는 강경수단이 있다.

〈17 도〉

18도

다음에 백1로 뻗어 버티면 흑에도 2, 4 젖혀 이어져 백으로선 전혀 속수무책. 백a의 축이 성립되지 않으면 수습이 도저히 되지 않는다.

〈18 도〉

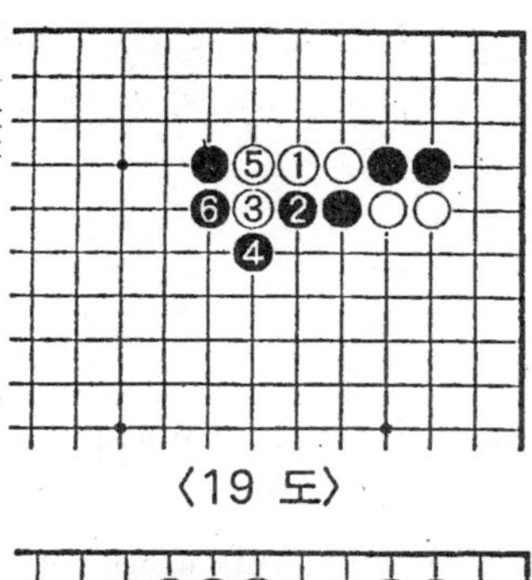

〈19 도〉

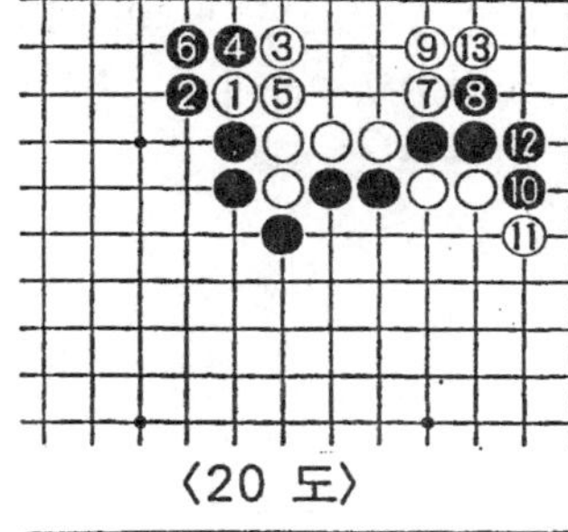

〈20 도〉

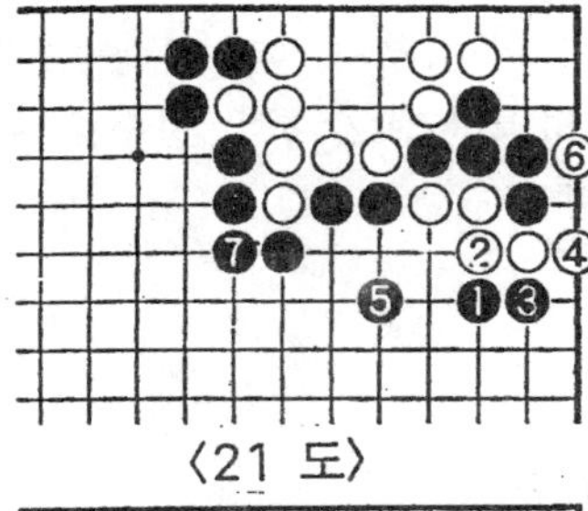

〈21 도〉

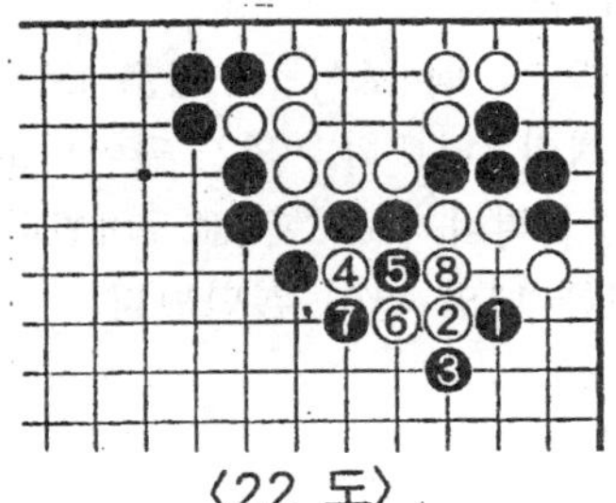

〈22 도〉

19도

축유리라면 백은 1로 버틸 수 있다. 2눌러와도 3의 젖혀나감부터 5로 잇고—

20도

백1, 3이 정확한 수순. 흑6의 이음에는 7, 9의 젖혀 내려섬이 최선인데 이번에는 흑이 처리에 괴로워하게 된다. 흑10, 12에는 백13으로 꼬부리고 11의 좌측은 끊지 못하므로 이것은 흑의 괴멸이다. 다만 이 뒤에 주의할 것은—

21도

흑1로 왔을 때이다. 백2로 잇으면 흑3은 활용되고 4, 6으로 다섯점은 잡혀도 오히려 흑이 재미있게 된다. 흑7로 이어져 훌륭한 두터움은 백의 실리를 능가한다.

22도

흑1에는 백2로 붙이는 맥을 알아 두도록. 흑3에 4로 끊어 죄면 여전히 흑은 처치할 도리가 없다.

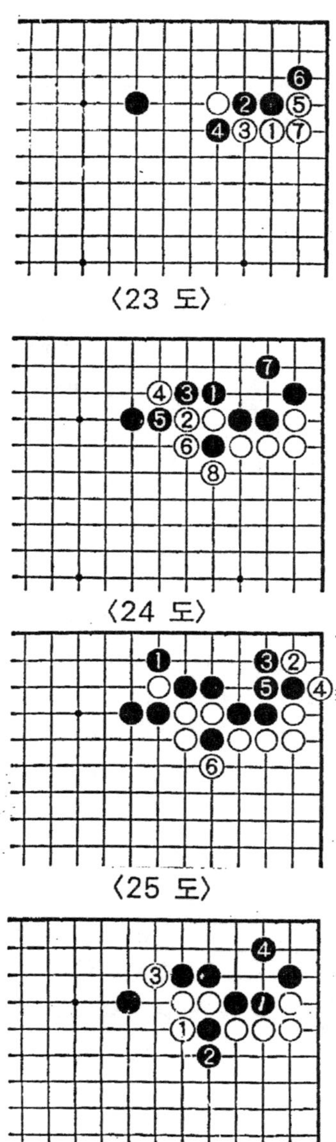

23도

흑4로 끊겨 축불리라면 백은 5, 7로 젖혀 이을 수 밖에 없다.

24도

이어서 흑1부터 백8까지. 백4가 중요한 수순인데 백의 불리는 모면치 못하지만 백4의 움직임을 노립수로 하여 그럭저럭 둘 수 있는 모양이다.

25도

전도의 7로서 흑1로 안으면 견고하지만 백2, 4의 선수로 귀가 깎인다.

26도

24도의 백4로서 이 1로 모는 건 맥이 나쁘다. 흑2 달아나고 백3 젖혀나가도 흑4로 비킨다. 이것은 백의 반이 결단난다.

제 3 부

외목정석

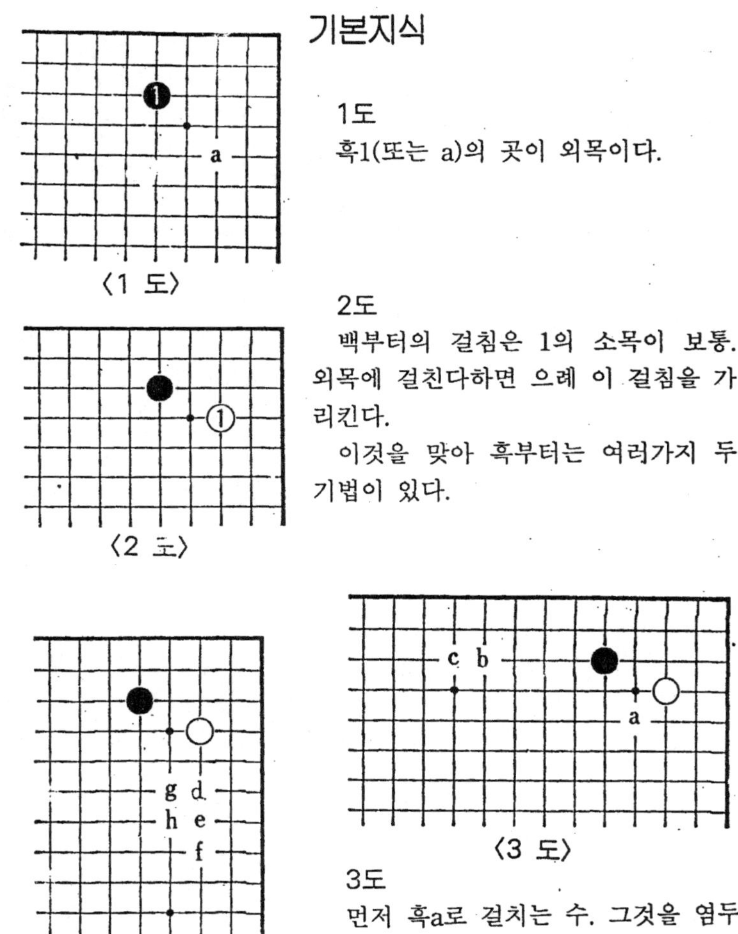

기본지식

1도

흑1(또는 a)의 곳이 외목이다.

2도

백부터의 걸침은 1의 소목이 보통. 외목에 걸친다하면 으례 이 걸침을 가리킨다.

이것을 맞아 흑부터는 여러가지 두기법이 있다.

〈1 도〉

〈2 도〉

〈4 도〉

〈3 도〉

3도

먼저 흑a로 걸치는 수. 그것을 염두에 두고 b 또는 c로 벌리는 수.

4도

d, e, f, g로 협공하는 수. 다시 h, i에 걸치는 이른바 대사(大斜)도 유력하다. 이들 중 특히 3도의 b, c 마냥 즉각 가(변)로 벌릴 수 있음은 외목이 갖는 큰 특색이다.

5도

소목부터라면 일단 백a 혹은 b로 자세를 갖추는게 필요하며 직접 1로는 벌리지 못한다.

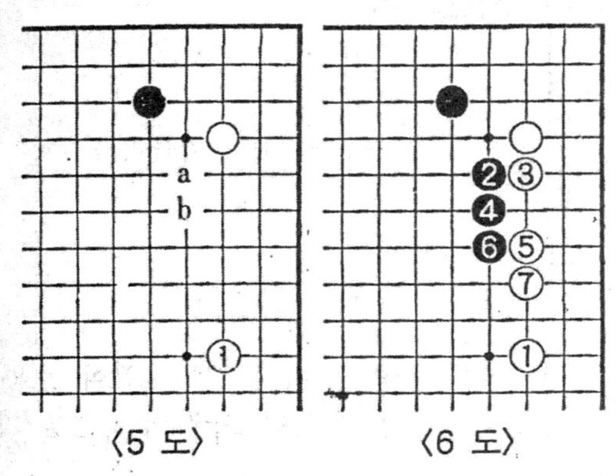

〈5 도〉   〈6 도〉

6도

만일 백1로 벌리면 흑은 2에 걸쳐 이하 백7까지. 이렇게 되면 처음에 둔 백1이 활동적이 없는 시시한 수가 되고 만다.

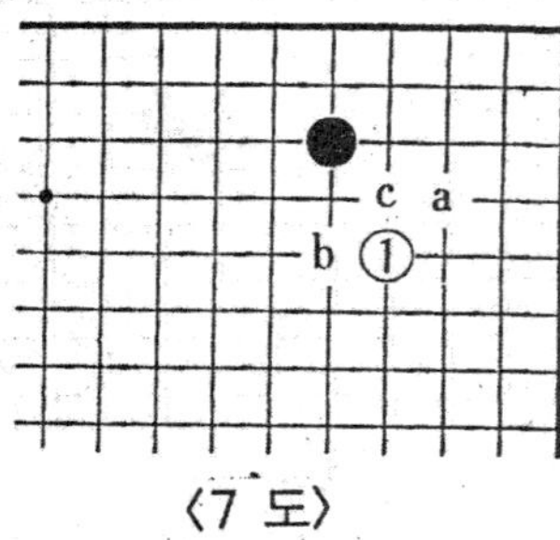

〈7 도〉

7도

이밖에 백1로 걸치는 수도 있고 높은 걸침이라 한다. 흑의 응수는 a의 받음, b의 붙임, c의 마늘모붙임이 있다.

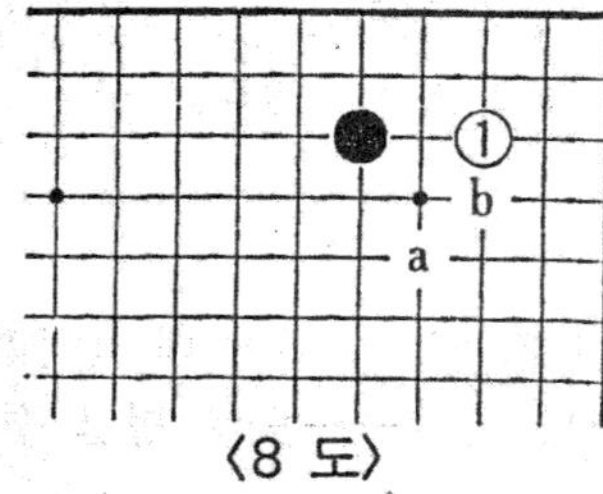

〈8 도〉

8도

이 1은 걸침이라 하기보다 「3삼에 들어간다」고 한다. 흑은 a 또는 b이다.

(1) 일자걸침

정석52 일자로
걸쳐받음

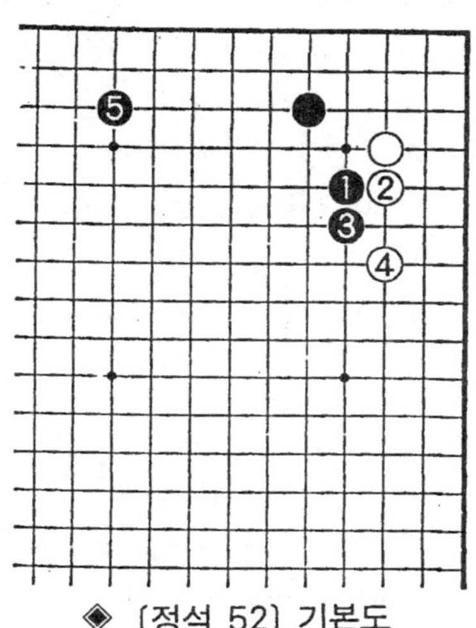

◈ 〔정석 52〕 기본도

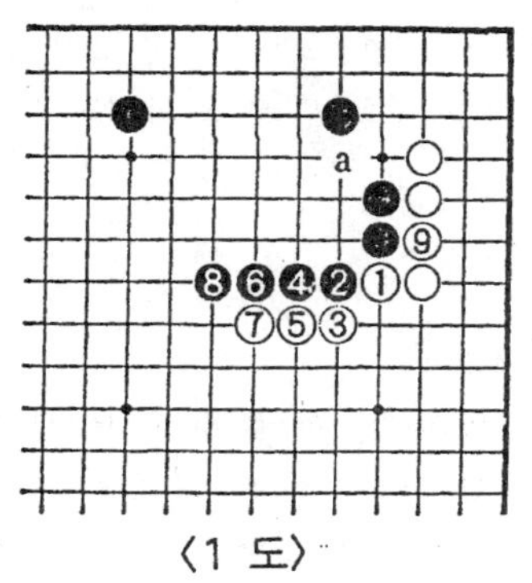

〈1 도〉

【급 소】
혹1, 3, 백2, 4는 상형(常形). 혹5는 좌상귀의 배치에 따라 일로 아래 또는 일로 좌측도 있다.

기본도
외목과 소목과의 관계는 외목이 「보다 세력적」이고 소목은 「보다 실질적」이라는게 기본이다.

혹1로 두어 백4까지 된 모양은 그 관계를 가장 단적으로 나타내고 있다. 혹1로 압박하고 3으로 뻗는 세력. 백2로 붙여 4로 뛴 실리. 두터움(세력)을 활용코자 혹5의 벌림은 당연한 한수이다. 단 혹5로선 우변을 계속해서 두는 2도내지 3도등이 있다.

1도
이것은 기본도의 뒤 백부터 두는 경우의 한 보기. 1, 3부터 7까지는 밀어 올리고 9의 이음이 본 수이다. 9는 3의 우측 단점에 대비하고 동시에 백a의 붙여 넘어감을 노리고 있다.

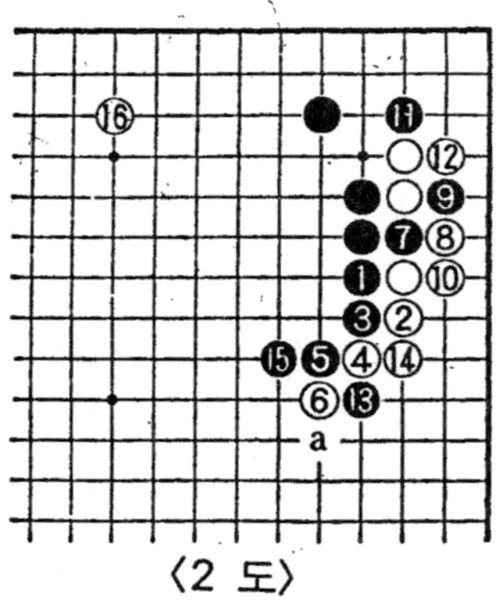

〈2 도〉

2도

기본도의 5로서 1, 3 아직도 정하여 둔다. 백은 4로 젖히고 겁내지 않고 6으로 이단젖힘하는게 중요하다. 흑7부터 11까지는 수순의 활용. 흑15의 뻗음에 백16 갈라치기하고 다음에 흑a의 안음이 보통이다. 흑5로서—

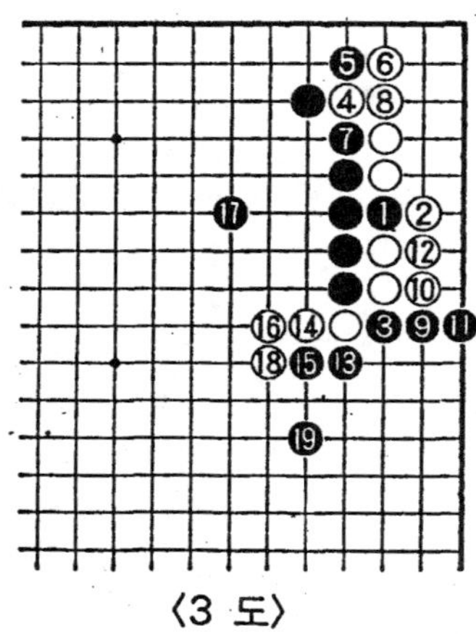

〈3 도〉

3도

1, 3으로 끊어 왔을 때 백4로 귀를 지키는게 간명하여 좋겠지요. 이하 19까지는 대등한 싸움이다. 백4로 13의 우에서 몰고 흑7, 백10으로 버티는 건 변화가 극히 어렵고 주문에 빠질 위험이 있다.

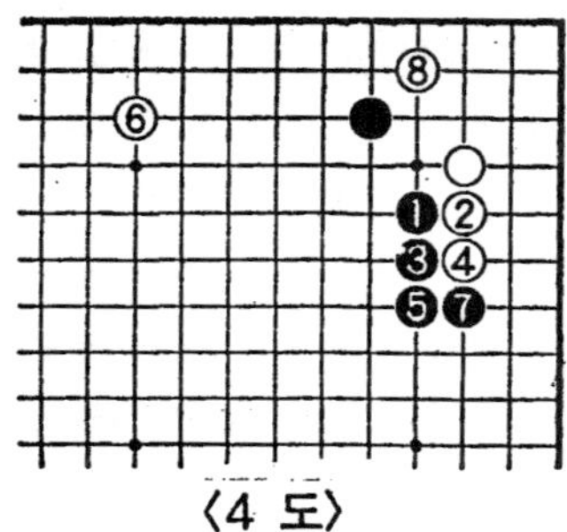

〈4 도〉

4도

백4로 또 하나 펴서 흑5에 6으로 갈라차는 것은 상변을 흑에게 두지 못하게 하려는 임기 수단이다. 그 대신 흑7을 선수로 눌리는 건 부득이하다.

【급 소】

흑3으로 뛰면 백4, 6이 수맥. 백8, 여기서 두는 수순. 흑9라면 백10은 생략못한다.

기본도

흑3으로 뛰면 백4 끼우고 흑7까지 된다.

흑의 세력이 증대하는 대신 백의 모양도 단단해진다.

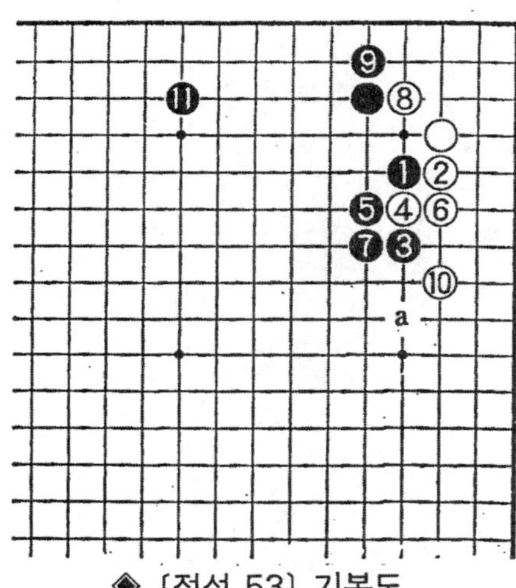

◈ 〔정석 53〕 기본도

백은 8로 응수를 묻고 흑9라면 백10, 흑11까지. 이 뒤 흑이 두자면 a의 곳에 마늘모하는게 호점이다.

1도

흑이 뜀에 백1, 3으로 두는 건 속수이다. 물론 흑은 한점을 잇지 않는다.

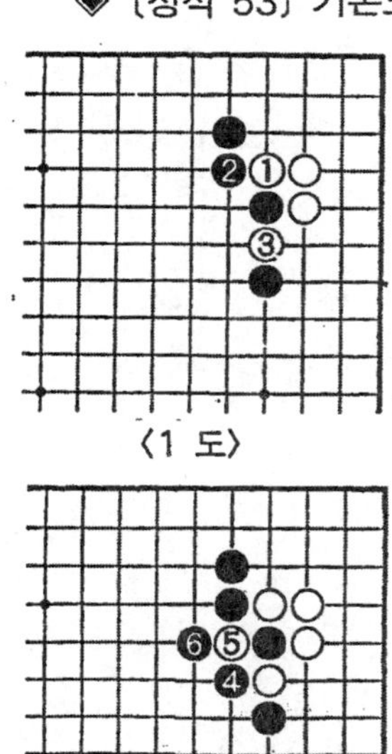

〈1 도〉

2도

흑은 4, 6으로 누르고 백은 부질없이 흑을 굳힐 뿐인 결과가 된다.

백이 기본도의 8을 두지않고—

〈2 도〉

(2) 단순히 벌림

정석54 세칸 벌림,
마름모

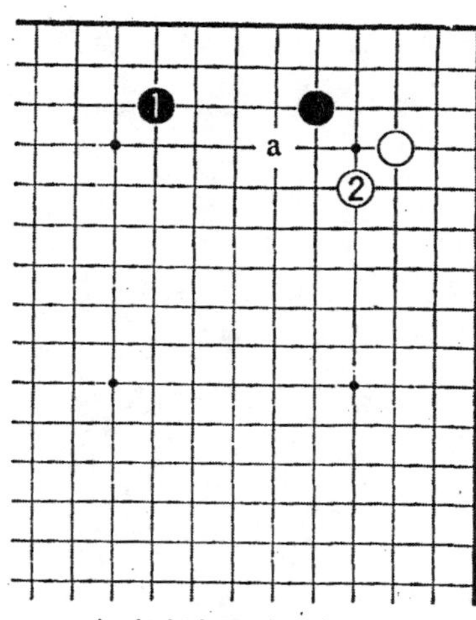

◆ 〔정석 54〕 기본도

【급 소】

　흑1, 백2는 둘다 견실.
이어서 흑a로 받으면 견고
하지만 손뺌하는게 보통.

　기본도

　단순히 벌린다하고서 그
벌림을 어디까지 나아가게
할 것인가는 좌상의 상태를
보아　판단한다. 흑1, 백2인채
손뺌을 하고—

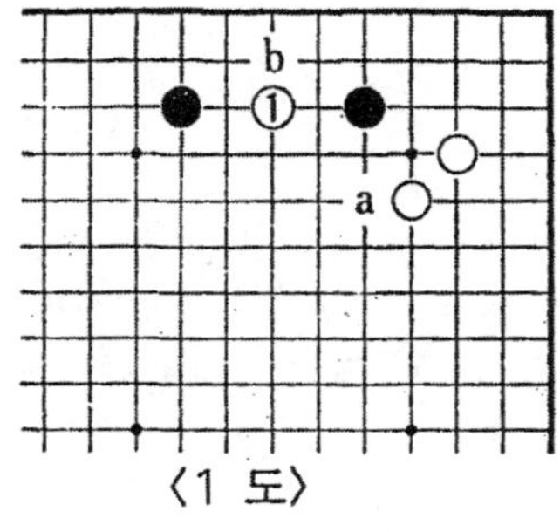

〈1 도〉

　1도

　백1의 말뚝을 겁내지 않는다.
흑은 a 또는 b의 붙임으로 처리
할 수 있다.

〈2 도〉

　2도

　흑1로 뛰어 붙이고, 백6까지는
이런 상태.
　흑7로 잡아 안정된다.

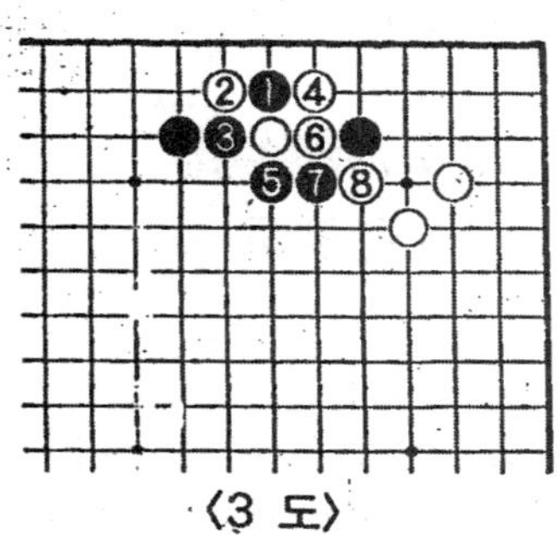

〈3 도〉

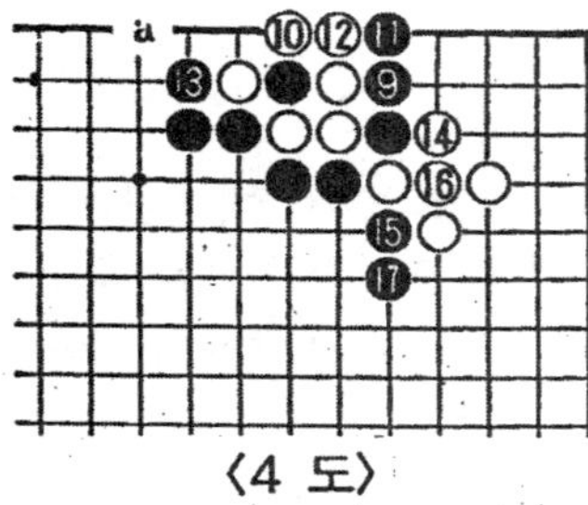

〈4 도〉

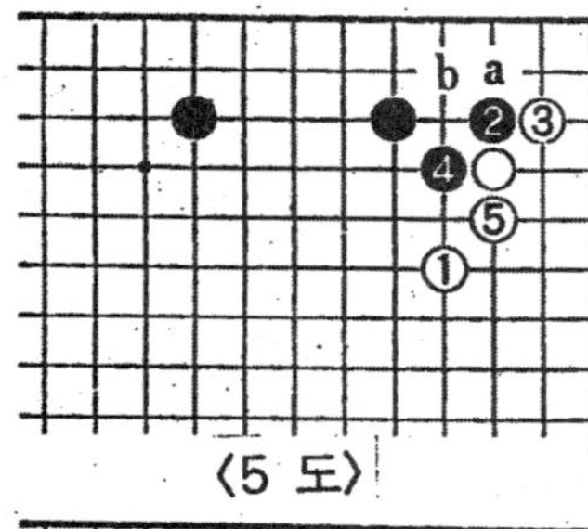

〈5 도〉

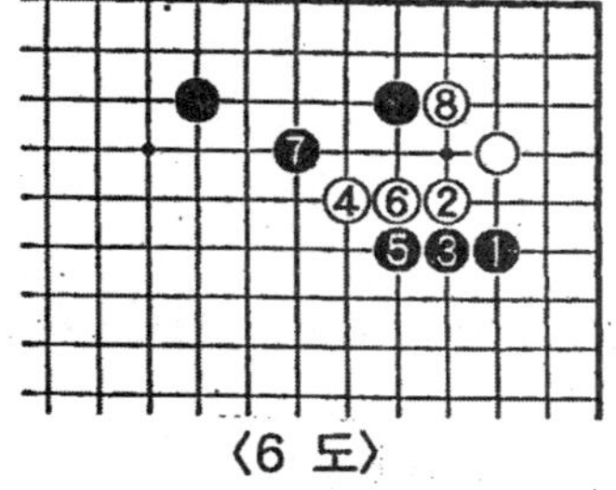

〈6 도〉

3도

이 1로 아래에 붙이는 건 낡은 정석이다. 백2의 젖혀나감에는 흑3으로 끊고 뒤는 외가닥길. 백8의 끊음에—

4도

흑은 9, 11로 두어 이것을 사석으로 하고 17까지로 세력을 편다. 백의 실리도 경시할 수 없지만 상변에서 싸움이 되었을 때 흑부터 13의 위의 내려섬, 혹은 패를 노리고 a의 마름모가 효과적인 것도 간과할 수 없다.

5도

백이 1의 일자로 받으면 흑은 2, 4를 활용시켜 잠시 방치한다. 기회를 보아 흑a로 내려서는게 큰 수. 백a의 단수에는 언제라도 흑b의 패로 받는다.

6도

백의 손뺌에는 흑1로 협공하여 우변에 세력을 여축한다.

정석55 세칸 벌림,
말뚝박음

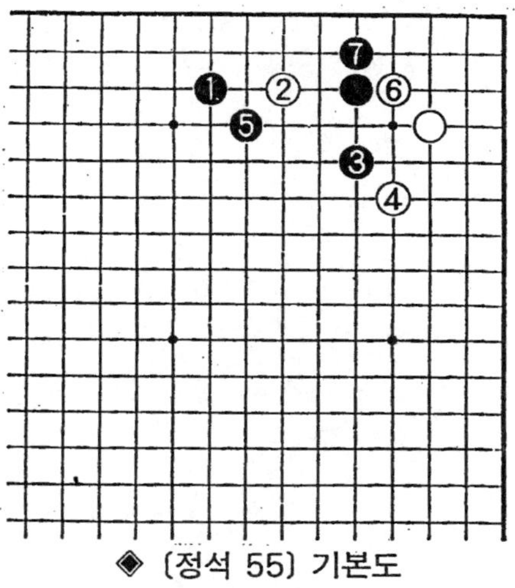

◆ 〔정석 55〕 기본도

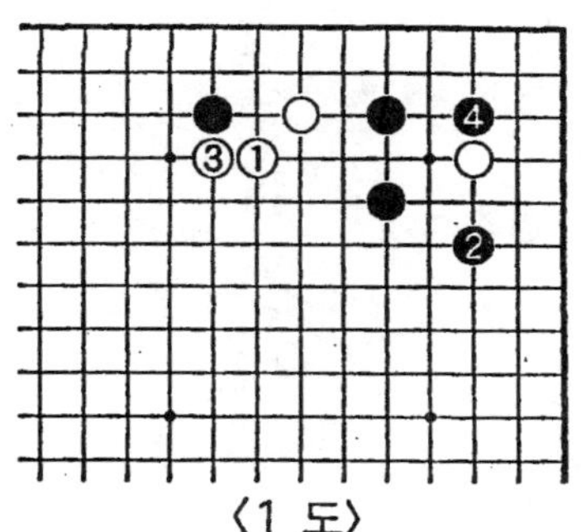

〈1 도〉

【급　소】

　백2의 말뚝은 싸움을 하겠다는 의도가 아니다. 이것을 사석삼아 4, 6으로 모양을 정비한다.

기본도

　백2로 말뚝을 박고 그것도 움직이지 않고서 버리고 만다. 무언가 기이한 느낌을 가질지 모르지만 선수로 모양을 갖추는게 목적.

　백2로 단순히 4 또는 일로 위의 마름모라면 흑이 받지 않으므로 후수가 된다.

　그 한수를 벌고 선수를 잡는게 백의 노림이다. 흑3의 뜀에 백4는 당연한 받음.

1도

　받지않고 백1로 움직이기 시작하는 등은 있을 수 없는 수라고 생각해도 좋겠지요. 흑2로 일자형되고 백3 흑4로 귀가 잡힌다면 손해가 너무 크기 때문이다.

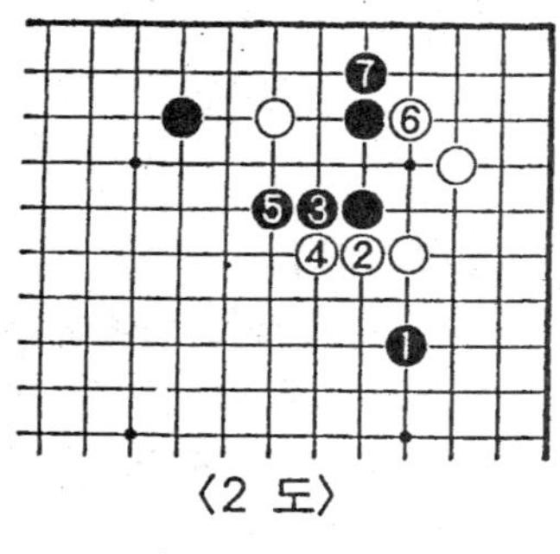

〈2 도〉

2도

기본도의 흑5로선 이 1처럼 어렵게 두는 것도 있다. 백은 2, 4로 밀고 6을 활용하며 다음에 1의 한점을 협공해서 두게 된다.

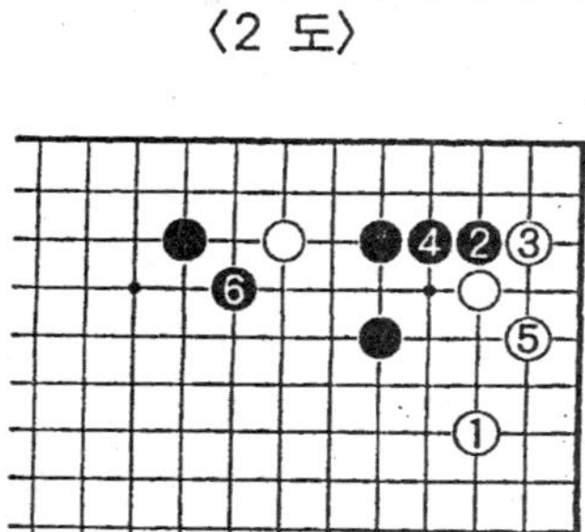

〈3 도〉

3도

일자형이 아니고 백1로 두칸 벌리면 흑2, 4가 교묘한 수순. 백5, 흑6이 되면 흑이 활약한 결과라 하겠다.

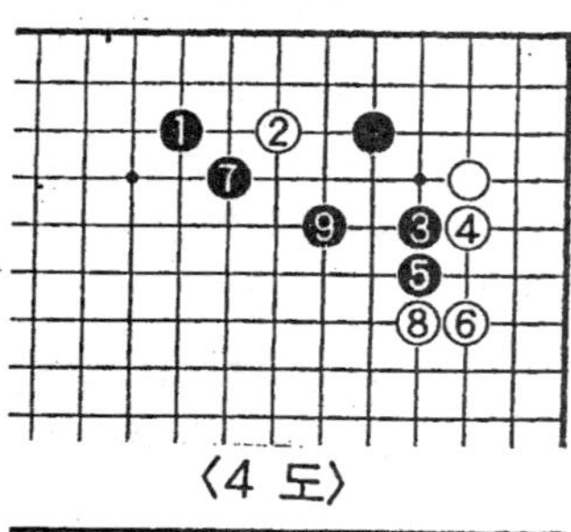

〈4 도〉

4도

백2에 흑3 모붙임하고 이하 9까지 되는 것도 정석의 하나이다. 흑은 한점을 잡는데 꽤나 품을 들였지만 그만큼 두텁기는 두텁다.

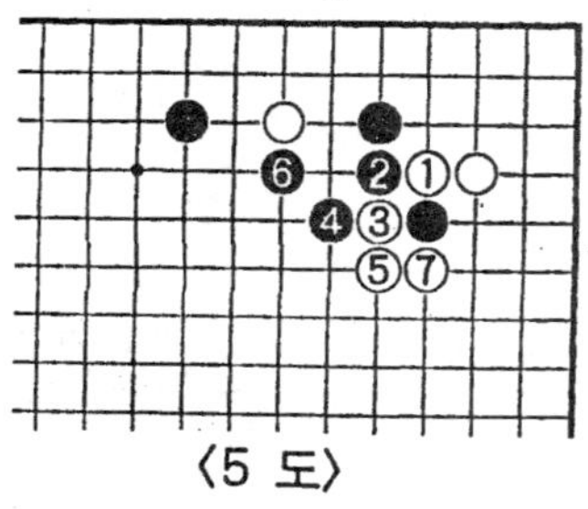

〈5 도〉

5도

받지않고 백1, 3 맞끊으면 백7의 안음까지, 이것도 정석으로 되어 있다.

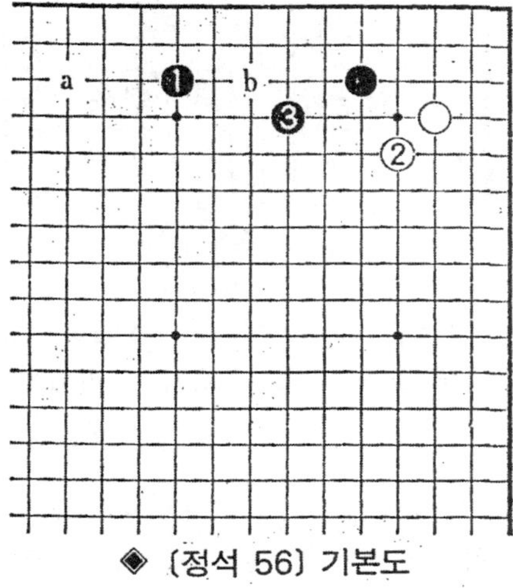

◆ 〔정석 56〕 기본도

【급 소】

흑1까지 나아가도 불안은 없다. 백2, 흑3은 견실. 흑3으로 a에 벌리는 것도 있다.

기본도

흑1로 벌림이 넓어지면 그 만큼 백의 받는 필연성이 커진다. 왜냐하면 손뺌하여 흑에게 협공되면 흑의 넓은 벌림이 작용되기 때문이다.

받는데는 백2의 마름모가 견실. 이리하여 다음에 백b의 말뚝박음을 노린다.

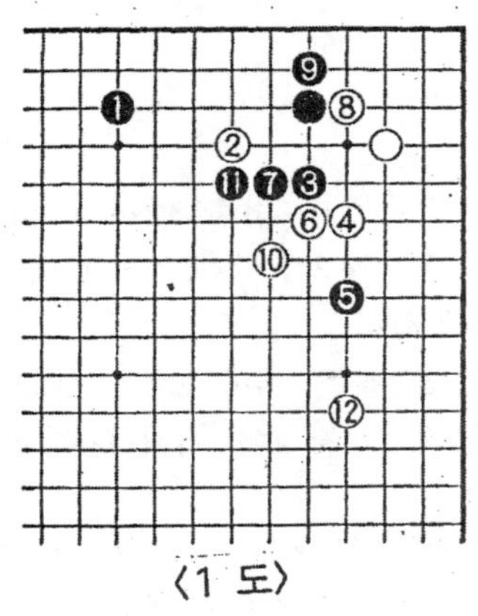

〈1 도〉

1도

백2로 즉각 도발하는게 근대적인 수법. 3, 4부터 흑5로 일격하는 것도 현대 바둑의 가혹한 점으로서 이렇게 되면 벌써 싸움이다.

백2로 3을, 흑5로 6을 꼬여 저마다 둘의 가락을 구하는데 주목하십시오.

백6으로──

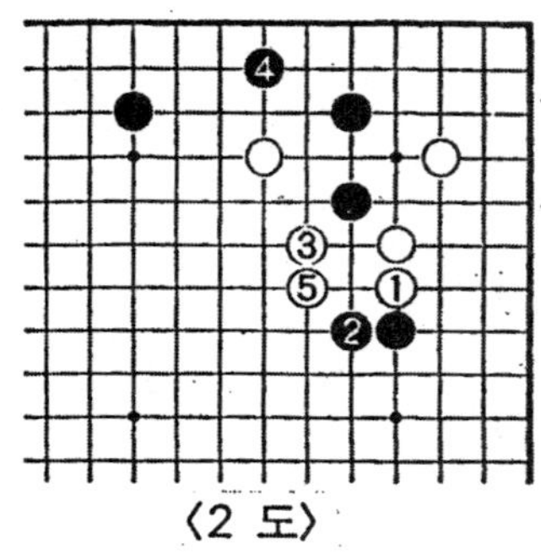

〈2 도〉

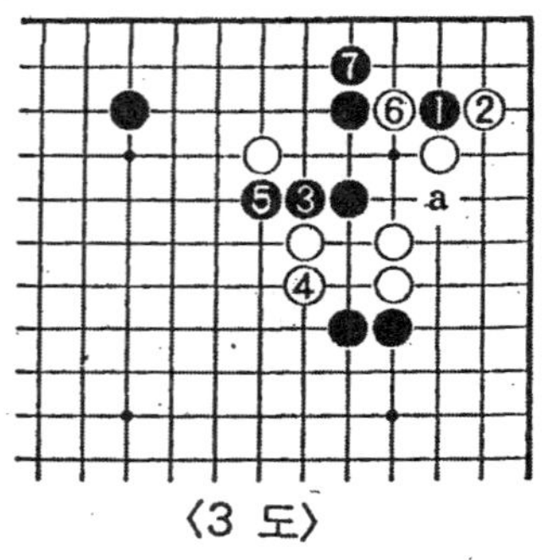

〈3 도〉

2도

1로 부딪치면 흑2로 뻗어 백3때 4로 넘어가 둔다. 1과 2의 교환이 흑에게 유리하므로 4로 굴하더라도 참을 수 있는 셈이다. 이밖에 흑 4로선—

3도

귀에 1로 붙이고 백2에 3, 5로 돌출시킬 수도 있다. 백4로서 5에 누르면 흑a 붙여 백이 궁지에 몰린다. 백6, 흑7까지 이번에는 결과적으로 흑1이 악수가 되어 있으니만큼 대등한 갈림이라 하겠다.

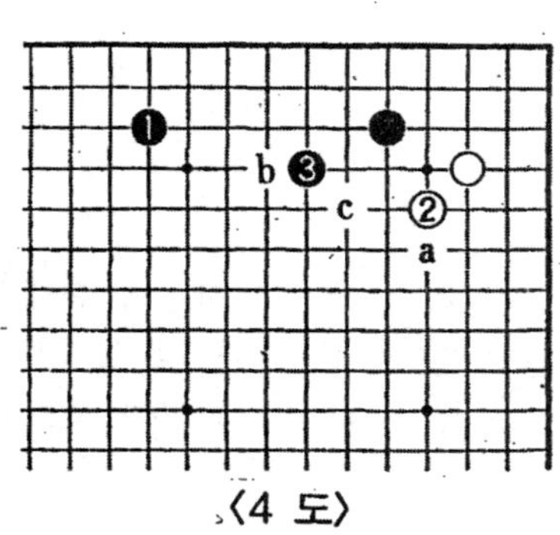

〈4 도〉

4도

흑이 1로 더욱 벌림을 넓혔을 때에는 백2의 마늘모는 절대로 생략못한다.

그리하여 백이 2로 마늘모하면 흑3의 일자형이 정착(正着)이 된다.

백2로서 a의 일자형이면 흑은 b의 목자로 쌓는게 좋다.

흑b 받으면 백c로 뛰어져 흑이 어떻게 받든 백2에 두어지는 것이 된다.

164

(3) 한칸 협공

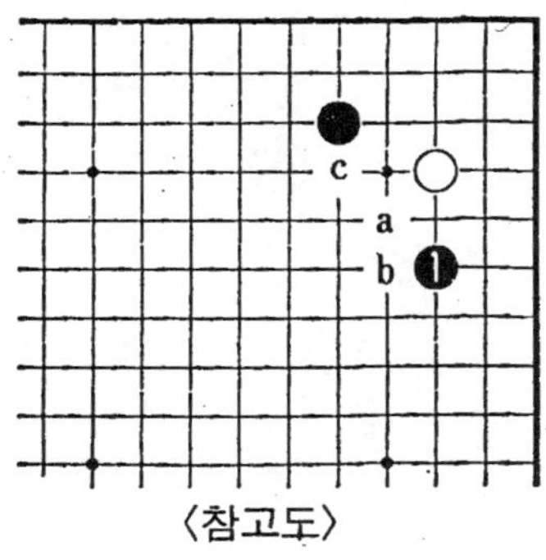

〈참고도〉

소목과 외목의 대항에선 소목 쪽에서 협공하는 편이 외목쪽에서 협공하기 보다도 준엄한 면에선 훨씬 낫다.

그러나 협공인 이상 외목부터의 협공도 꽤나 매섭다.

특히 한칸 협공은 박력이 있다.

참고도

흑1이 한칸 협공. 백의 응수는 a의 마늘모, b의 머리붙임, c의 뛰어붙임이 있고 손뺌은 할 수 없다.

정석57 한칸 협공, 마름모(1)

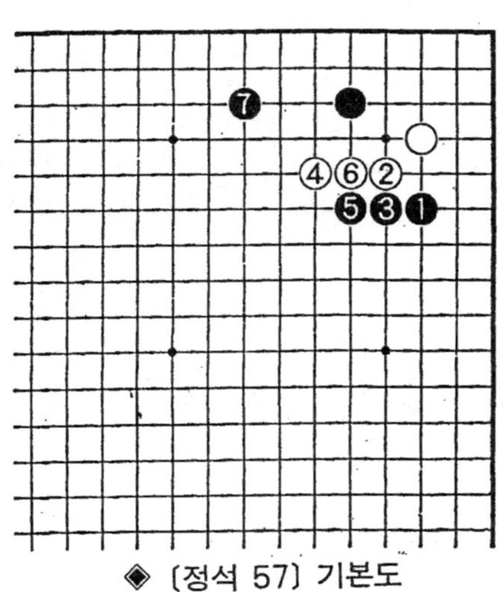

◈ [정석 57] 기본도

【급　소】

백2의 마름모에는 흑3, 5로 정하고 7로 벌린다. 백4, 6은 뒤바뀌는 일이 있다.

기본도

어쨌든 백2로 머리를 내밀고 흑은 3, 5부터 7로 벌린다. 이 모양, 이대로는 완성돼 있지 않다. 이어서 백부터 여러가지로 두는 법이 있다.

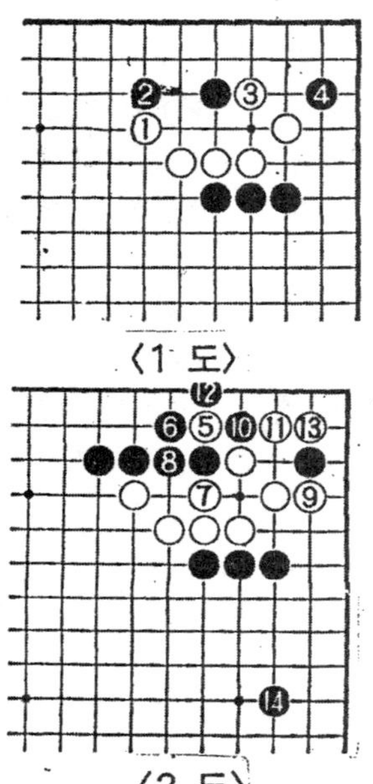

〈1 도〉

〈2 도〉

1도

백1, 흑2부터 백3 마름모붙임하는 수. 흑은 4로 치중하는게 날카로운 맥이다.

2도

이어서 백5의 젖힘부터 13까지, 흑14로 벌려 일단락인데 백은 귀에서 확실히 수습은 되었으나 흑은 좌우로 두어 호형이다.

이전에는 정석이었지만 백의 불충분한 갈림으로서 지금은 두지 않는다. 백5로 단순히 9의 누름이라면 흑10으로 젖혀, 역시 백이 좋지않다.

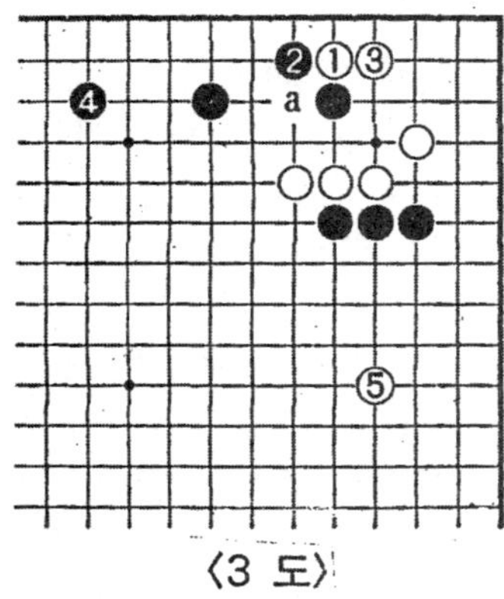

〈3 도〉

3도

백은 1로 붙이는게 유력하다.

흑2의 누름이라면 3으로 끌어 귀는 안전하여 a의 단점도 남는다.

흑4로 벌렸을 때 백5의 협공으로 향하고 이거라면 백도 충분. 흑2로선 무언가 반발의 수단을 생각하지 않으면 안된다.

166

4도

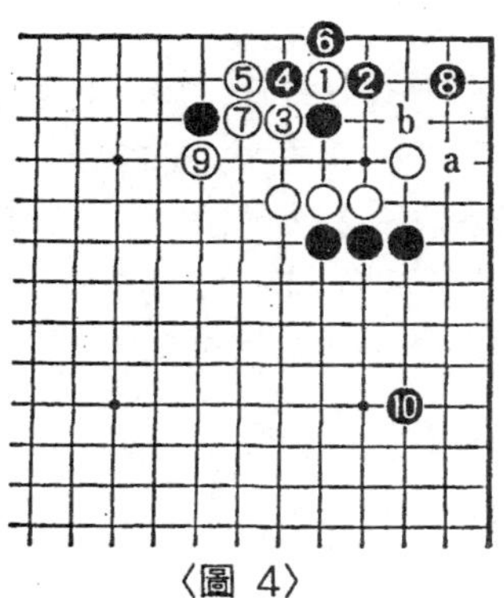

흑2로 바깥쪽부터 누른다. 백3의 젖혀올림은 당연.

흑4, 6으로 한점을 따내고 8에 뛰어 귀를 산다. 백9, 흑10까지, 주위상태에도 있지만 부분적으로는 대등하다 보아도 좋다.

흑은 10의 벌림으로 향했지만 백의 선수이다.

〈圖 4〉

또한 흑8은 이렇게 뛰는게 옳고 나중에 a로 붙인 넘어감을 보고 있다.

8로서 b 또는 그 우축에 두는 건 속수. 어느 것이나 백a로 두어져 손을 빼지 못한다.

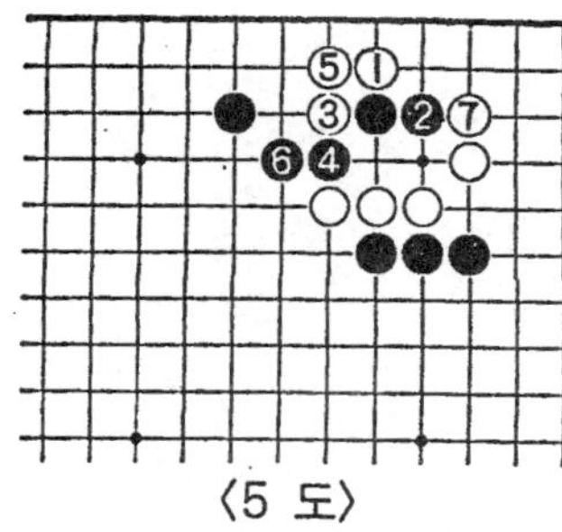

〈5 도〉

5도

흑2 뻗는 건 최강의 수. 단 백3에 대하여 흑4 끼운다면 백5로 이어진다. 흑6, 백7로 다음에 흑이 2의 위로 나가지 못한다면 말할 것도 없이 실패다. 흑4로선—

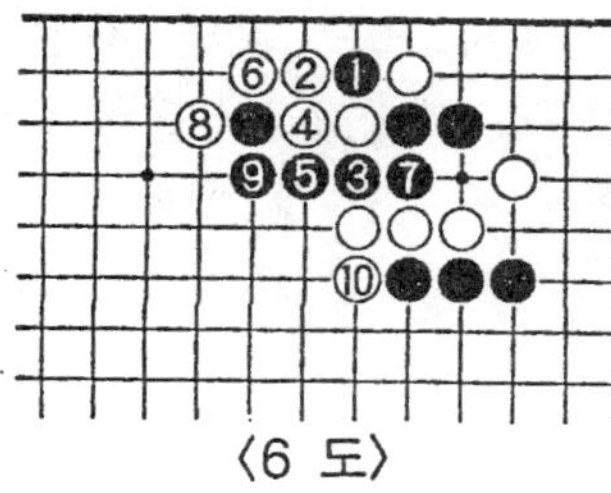

〈6 도〉

6도

1로 끊어 백2의 안음에 흑3, 5로 두는게 수맥인데 이것이면 백10까지 움직임이 없는 진행. 흑은 완전히 알맹이를 먹히고 말았으나 10으로 꼬부린 백에도 눈이 없고 나머지는 힘내기인 수싸움이다

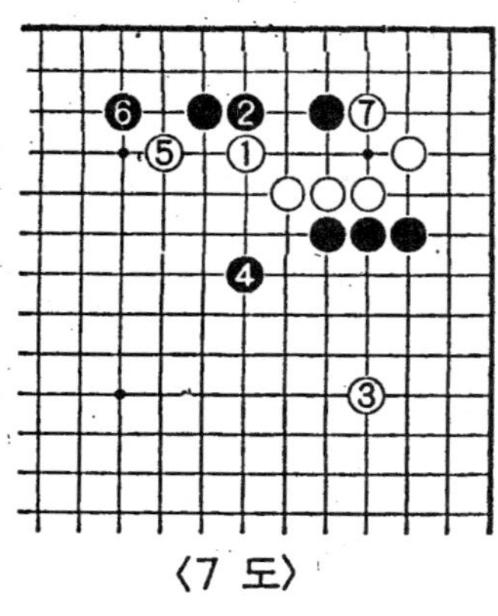

〈7 도〉

7도

이것은 우측아래에 백의 굳힘이 있는 경우의 특수한 두기법이다. 한번 백1을 활용해서 3으로 협공하고 흑4라면 백5, 7로 진행된다. 얇지만 때로는 재미있으리라.

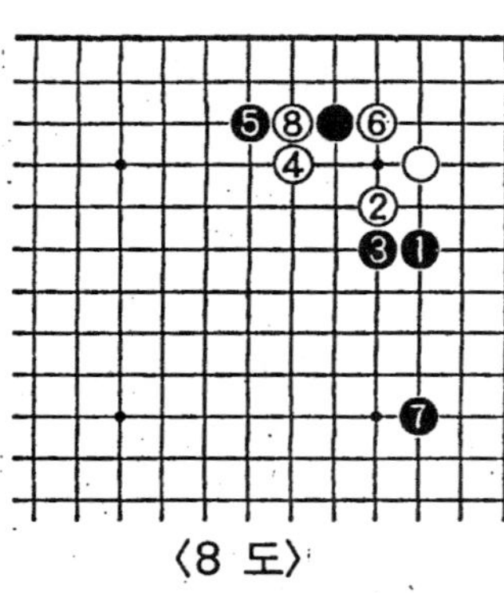

〈8 도〉

8도

백2, 흑3부터 백4로 압박하는 변화. 흑5의 뜀에는 6의 마름모.붙임, 흑7인 때 8로 잡아둔다. 귀의 집이 꽤나 크다. 그게 싫다면 흑5로서—

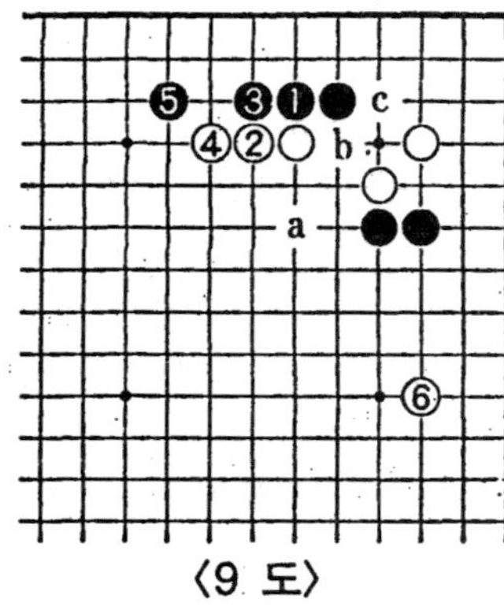

〈9 도〉

9도

1부터 5까지로 상변을 받는다. 백6 협공하고 그 뒤는 싸움이다. 이 뒤 흑a, 백b, 흑c와 같은 진행이 예상되고 흑도 크게 싸울 수 있는 모양.

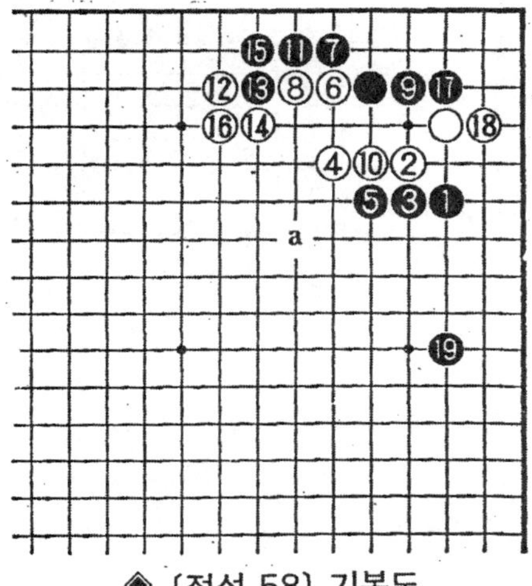

◈ 〔정석 58〕 기본도

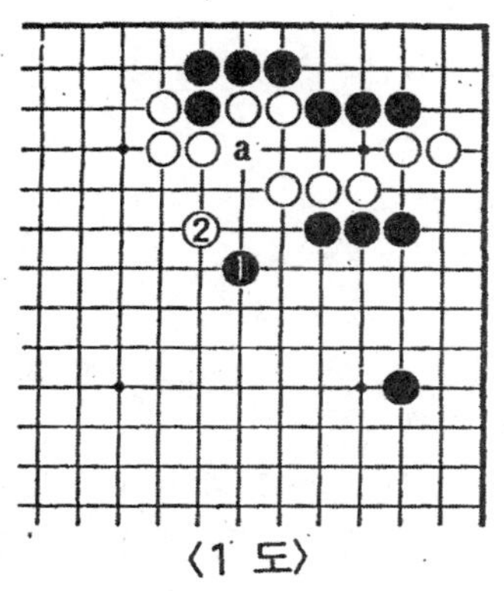

〈1 도〉

【급 소】

백6의 뛰어붙임에는 7로 젖히고 흑9가 급소. 19다음 a가 쟁탈의 요점.

기본도

백6으로 뛰어붙여 변화하는 수단은 대전후에 두기 시작한 취향이라고 한다.

흑은 7, 9가 수순이고 수맥. 백10으로 잇게 하고 11로 긴다.

흑9로 먼저 11에 기면 백9에 올지도 모른다.

7, 9로 진행되면 뒤는 필연이다. 흑19가 되어 일단락이지만 이 모양은 a가 쌍방의 쟁점이고 백은 즉시 둔다고 생각해도 좋을 정석이다.

1도

흑에게 1로 일자형되면 백2의 받음은 생략 못한다. 생략하면 흑2 마름모가 되어 a의 끊음이 생긴다.

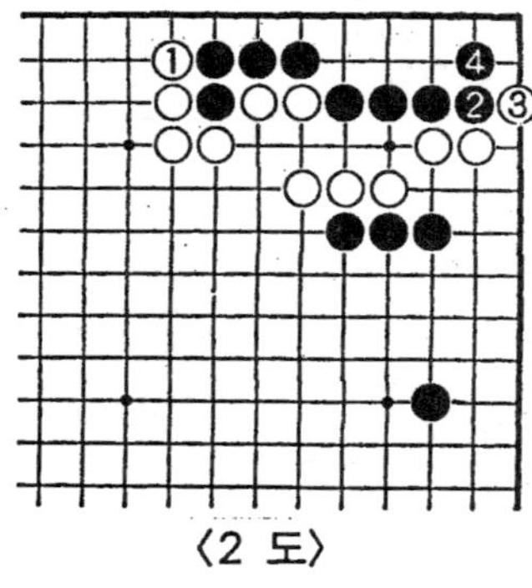 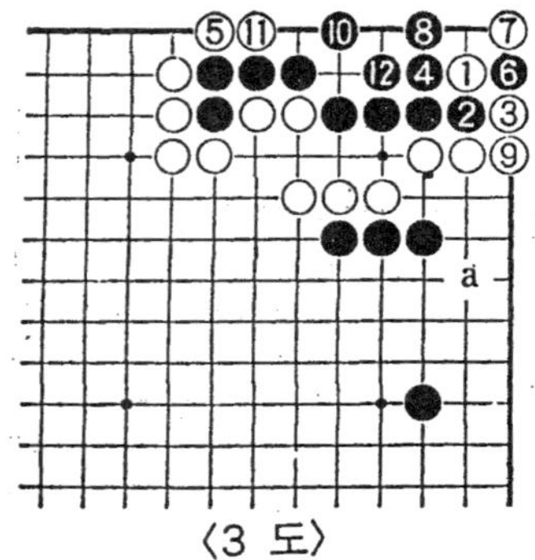

<2 도>　　　　　　　　　　　<3 도>

2도

기본도의 다음 백1의 누름에는 흑2, 그리고 3의 젖힘에는 4로 늦추어 받는게 중요하다.

흑2에서 손뺌하더라도 삶만은 있지만—

3도

백1 뛰어들어 흑2부터 12까지로 눈 두개가 된다(실제로는 6의 한 점을 따내게 하고 있으므로 한집의 땅이다)는 건 자못 쓰라린 모양. 또 백9의 이음이 있어 백a의 노림수가 생긴다는 것도 보아 넘길 수 없다.

2도에서 흑4로 늦춘 것은 물론 이것을 피한 의미다.

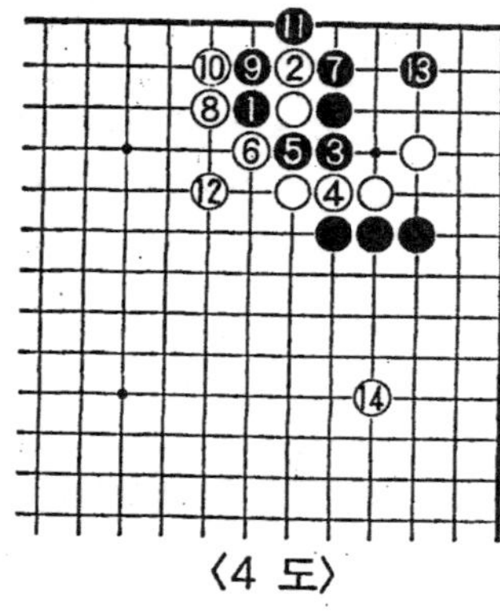

<4 도>

4도

기본도의 흑7로서 이 1로 끼어붙이는 것도 수맥.

그러나 결과는 별로 찬성하지 못할 것 같다. 백은 2로 나와 버림돌로 삼고 12까지로 교묘하게 모양을 갖춘다. 흑13으로 살지 않으면 안되고 백14의 공격으로 향하면 흑은 수세로 몰린다.

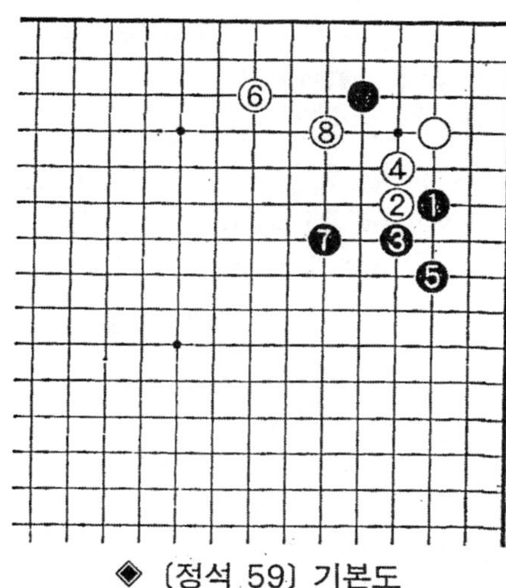

◈ 〔정석 59〕 기본도

【급　소】

백2의 붙임에는 흑3으로 젖히는 이 한수. 흑7, 이걸로 좋음. 백8을 용서하더라도 귀에는 수단의 여지가 있다.

기본도

백6의 협공에 상관않고 흑7로 뛰어 둔다. 백8 압박 되어도 봉쇄된 한점은 부질 없이 죽은 셈이 아니다.

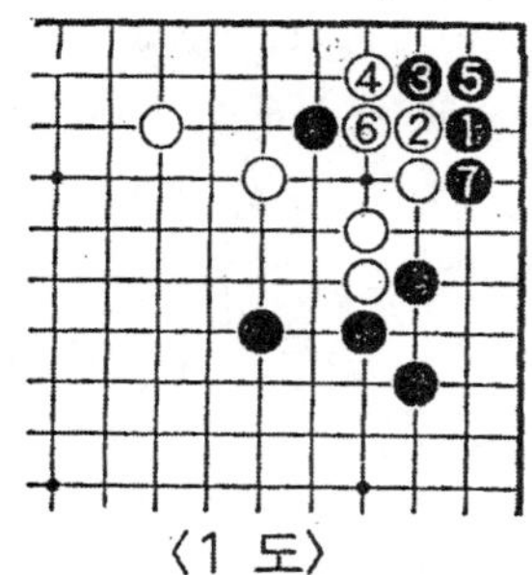

〈1 도〉

1도

흑1에 두는 맥이 남아있다. 백2에는 흑3, 5로 젖혀잇고 7로 넘어간다. 흑집이 늘고 백집이 준다.

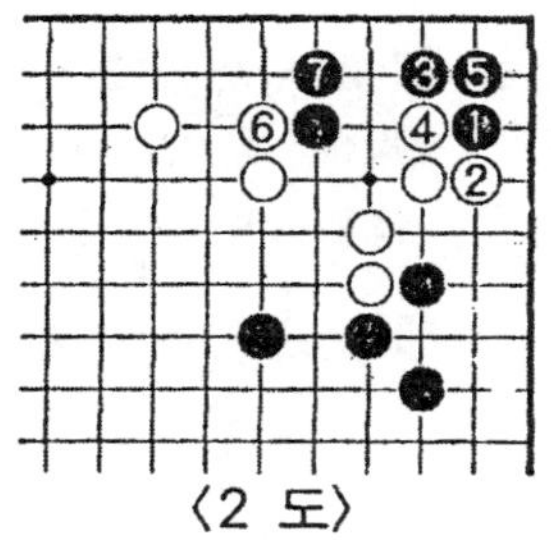

〈2 도〉

2도

백2로 넘어감을 방해하면 흑3 마름모 두어 7까지로 산다. 이렇다면 백은 좋을 것이 없으므로 1도마냥 넘어가게 할 수 밖에 없겠지요.

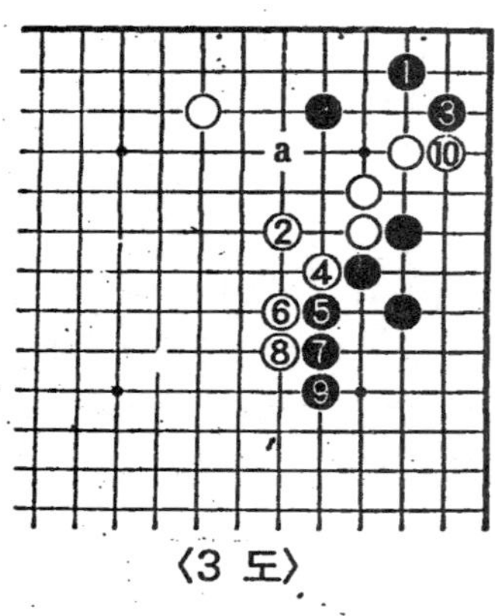

〈3 도〉

3도

백에게 협공되었을· 때 바로 흑1 로 달려 삶으로 나가는 건 서투르 다. 백은 2로 뛰고 흑3에는 4부터 8까지를 결행하고 10으로 누른다. 백은 호형으로 탄탄하고 귀의 흑은 이대로 살고는 있지만 백부터의 효 능(效能)이 있기 때문에 중앙으로 진출도 하지못한다. 흑1로 a에 마 늘모해도 백은 역시 2로 뛴다.

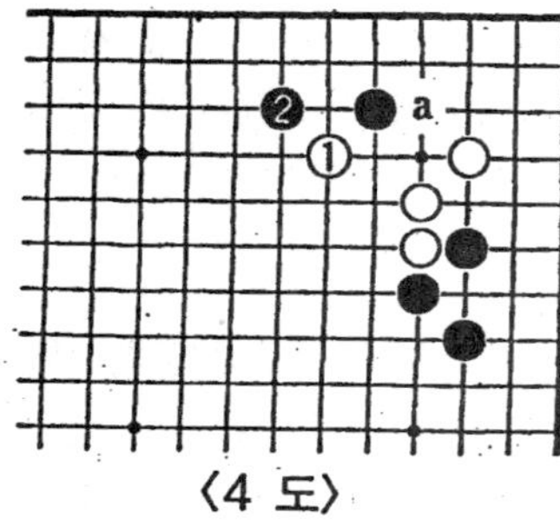

〈4 도〉

4도

백이 협공하지않고 1로 두는 것 은 선수를 잡을 경우의 두기법이 다. 흑2의 뜀에 백a로 지켜두면 견 고하지만 그렇다면 후수가 된다. 이대로 방치하고 흑이 1의 좌측에 서 누르면 백a로 들어간다.

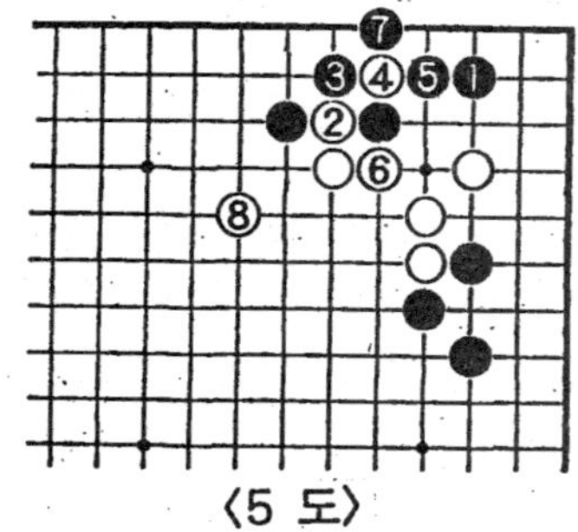

〈5 도〉

5도

손뺌하여 흑1로 달렸을때 백2부 터 8까지가 처리의 맥. 결과적으로 흑1의 한점을 완착시킨 점 흑의 활 동.

정석60 한칸 협공,
뛰어붙임

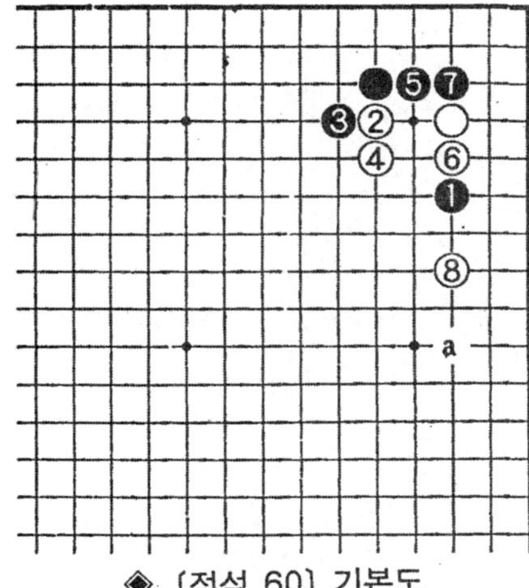

◈ 〔정석 60〕 기본도

【급 소】

백2의 뛰어붙임은 간명.
단 결과는 바람직하다 할
수 없다. 흑7, 별법이 있다.

기본도

백2로 뛰어 붙이면 6까
지는 필연의 진행. 여기서
흑은 7로 실리를 얻고 백8
벌리게 해서 충분하다.

흑의 단단한 모양에 비하여 백은
자못 얇은 모양으로서 흑부터 a의 다
가섬이 있으면 즉시 1의 오른쪽에 내
려가는 듯한 수가 생긴다.

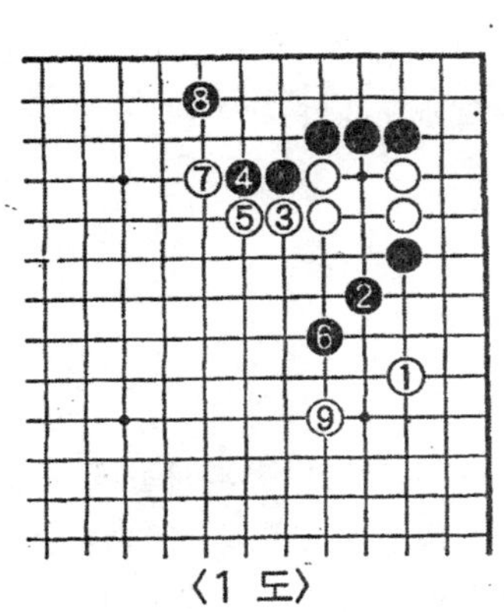

〈1 도〉

1도

어차피 맛이 나쁘다면 차라리 백1
로 벌림을 나아가게 함도 생각된다.

흑2 곧 움직여주면 백3 밀고 9까지 간식으로 공격하며, 이것은 백
이 둘 수 있겠지요. 그러나 흑에게 활동의 여지가 있는 것은 백에게
있어 큰 불만이다.

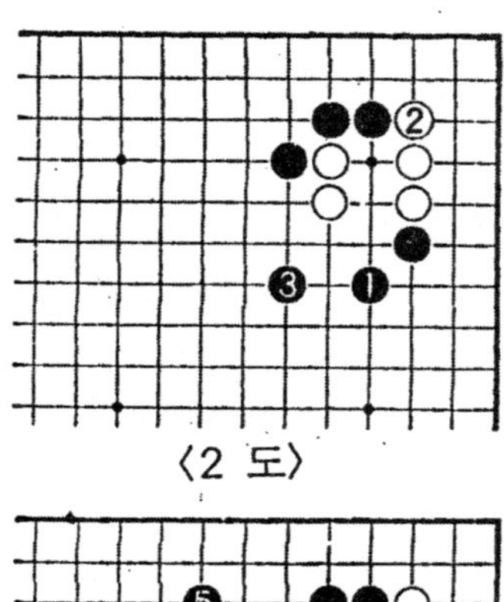

〈2 도〉

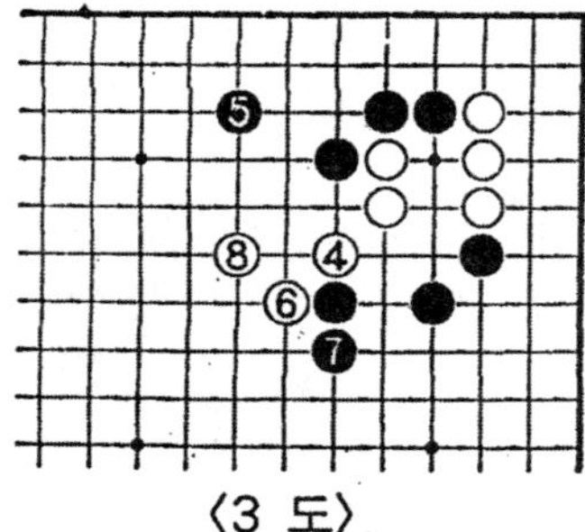

〈3 도〉

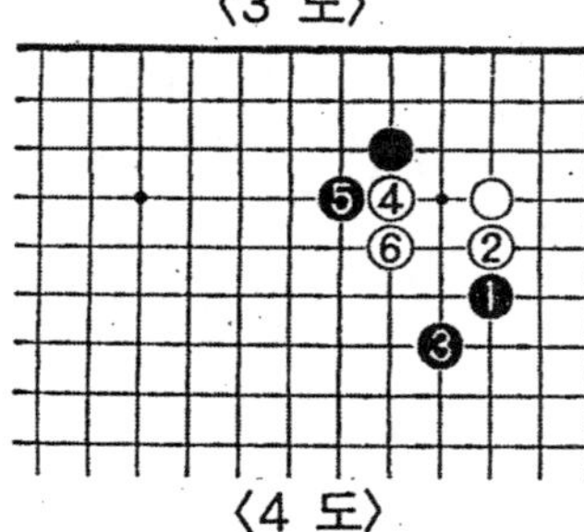

〈4 도〉

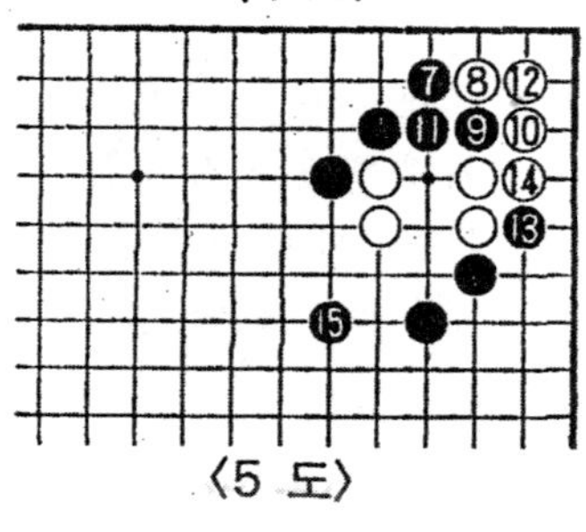

〈5 도〉

2도

우변을 중시한다면 기본도의 7로 선 1로 마름모 할 수도 있다. 백2의 누름에 3으로 뛰고—

3도

백4부터 8까지가 정석. 다음에 흑은 7인 좌측으로 꼬부리고 우변을 돋구는 등이 유력하다.

4도

처음에 흑1로 협공했을 때 느닷없이 백2 부딪치는 수도 있다. 흑은 3으로 마늘모하고 백4, 6의 붙여뻗음에는—

5도

이번에는 흑7로 마름모하는게 수맥. 백8의 붙임에 9부터 11까지를 정하고 2도와 비슷한 모양이나 흑이 불리하지는 않다. 흑15의 다음 백은 3도처럼 진출하게 된다.

(4)두칸협공 기타

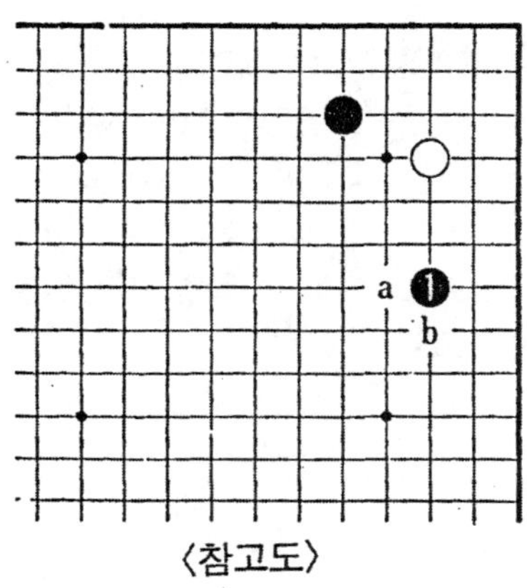

〈참고도〉

참고도
흑1로 두칸 협공한다.
실전에서 두어지는 일이 많
은 수다.
한칸 협공에 비해 박력이 뒤
지는 것은 당연하지만 그만큼
자신이 받는 영향도 적은 이치
다.

이밖에 a로 높게 협공하는(또는 목자걸침) 예도 최근에는 많아졌
다. 흑b의 세칸 협공은 우변과의 균형으로 두어지는 수이다.

정석61 두칸 협공,
마름모

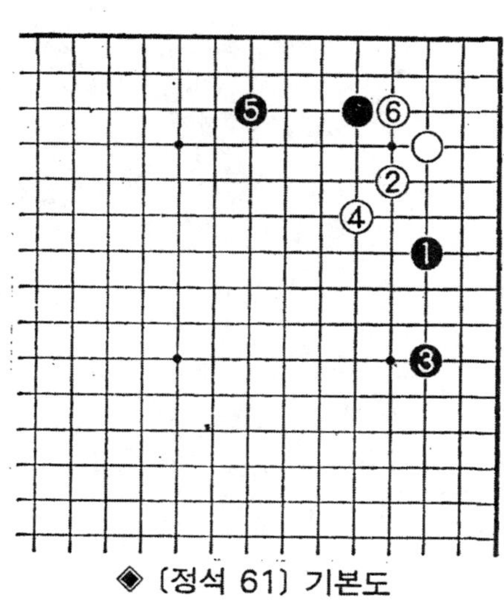

◆ 〔정석 61〕 기본도

【급　소】

백2, 상형.
흑3은 예정의 행동.
백4, 6은 온화하다.

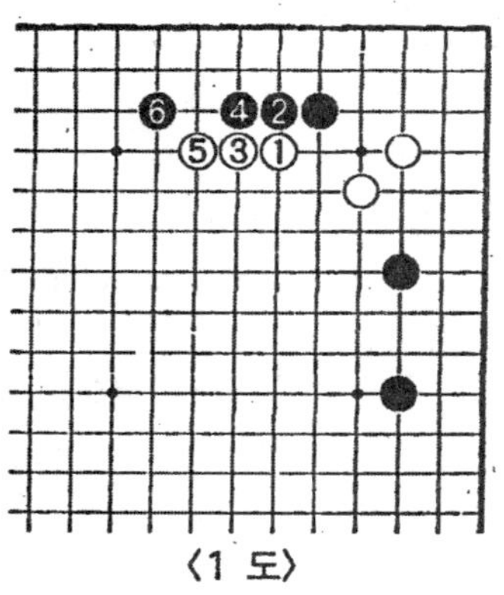

〈1 도〉

기본도

1의 협공부터 3으로 벌리는 것은 흑에게 있어 예정의 행동이다. 백4의 마름모는 느긋한 수. 흑5로 벌리고 백도 6으로 지켜 온화한 갈림이 된다. 백4는 이것에 국한되지 않고 별법이 있다.

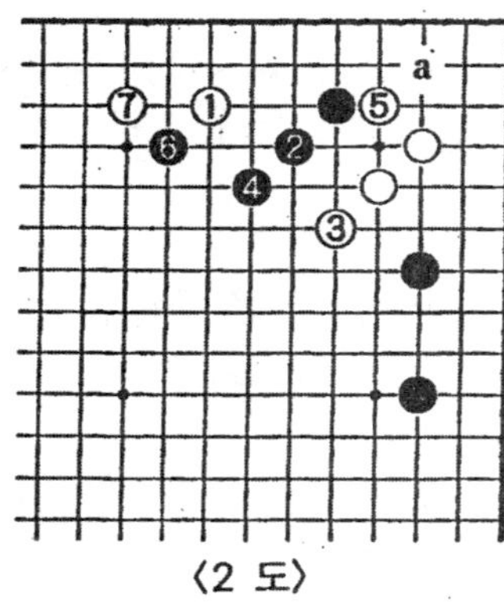

〈2 도〉

1도

백1로 두는 것은 이경우 쓸모 없다. 흑은 2, 4로 치고 5로 뛰는게 좋고 백은 모처럼 세력을 만들어도 이미 우변에 흑의 벌림이 있어 세력이 활동되지 않기 때문이다.

2도

백1의 협공은 매섭다. 흑2, 4로 얼굴을 내밀었을 때 백5로 마름모 붙여 공수를 겸하고 흑6에는 7로 뛰는 상용의 맥이다. 백5로서 상변을 두면 흑a로 달려 수습된다.

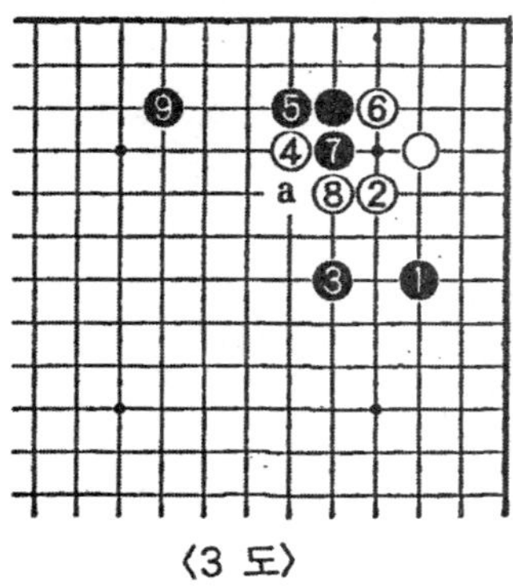

〈3 도〉

3도

백2에 흑3 뛰는 것은 우변을 모양으로 할 때의 수단. 흑9까지 말고도 백4로 단순히 6의 곳에 두고 흑a가 되는 것도 정석이다.

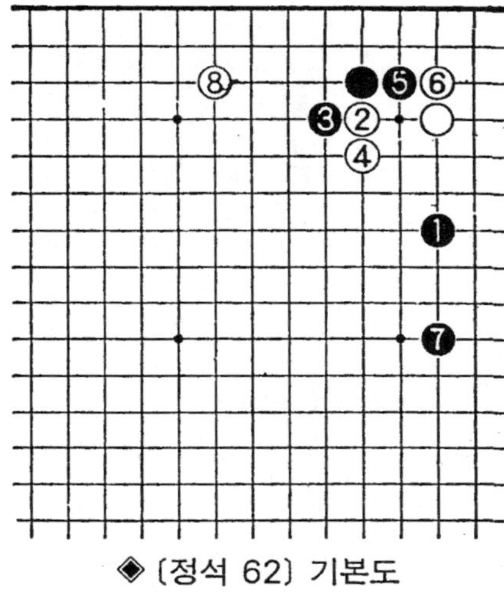

◆ 〔정석 62〕 기본도

【급 소】

백2로 붙이면 6까지는 필연. 흑7로 우변을 벌리든가 7로서 상변을 벌리든가는 포석과의 관련에 따른다.

기본도
백2부터 6까지를 필연으로 하고서 다음에 흑이 어느쪽을 벌리는가 문제이다.

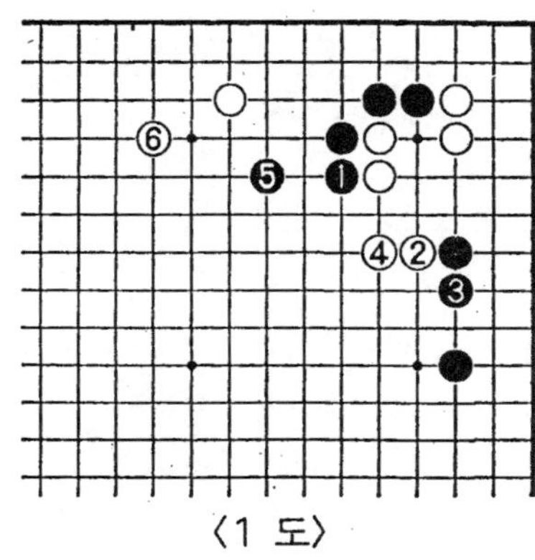

〈1 도〉

백으로선 흑이 벌리지 않은 쪽을 협공하게 된다.흑7로 우변을 벌리면 백8은 이런 짐작이다.

이어서—

1도
흑은 1로 밀어 올리고 백은 2의 붙임이 알아둘 수맥.흑3 끌었을 때 4로 나란히 서고 흑5 백6으로 다가서 두는 것이다.

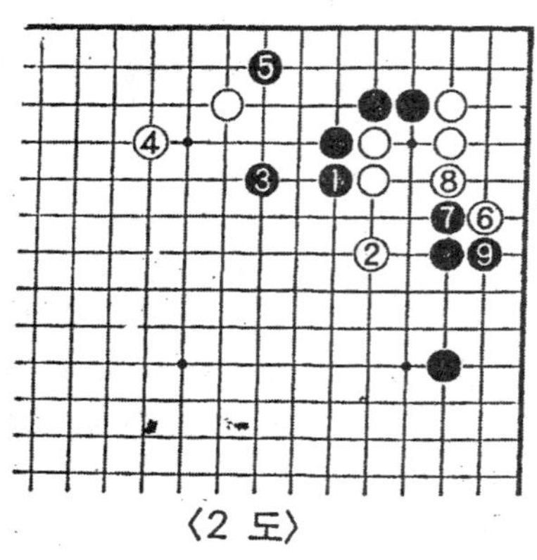

〈2 도〉

2도

흑1에 백2로 뛰는 건 위험한 의미가 있다. 왜냐하면 흑3, 백4의 다음 흑5가 호수로서 백은 이것을 받고 있을 수 없고 6으로 지키지 않으면 안된다. 흑을 7, 9로 굳히게 하는 건 쓰라립다. 그렇다고 백6으로ㅡ

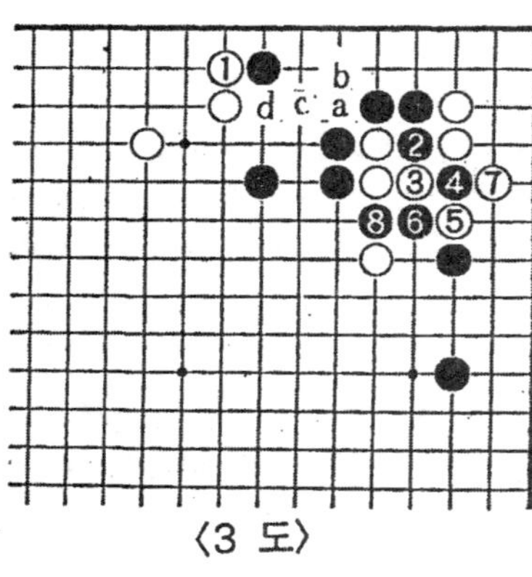

〈3 도〉

3도

1로 누르고 흑2, 4의 맞끊음부터 6, 8로 조임 수가 생긴다.

이 다음 백세점 이음, 흑6의 아래붙임, 거기서 백a로 끊어도 흑b, 백c, 흑d로서 흑은 간신히 견디고 있다. 이렇다면 물론 백의 실패다.

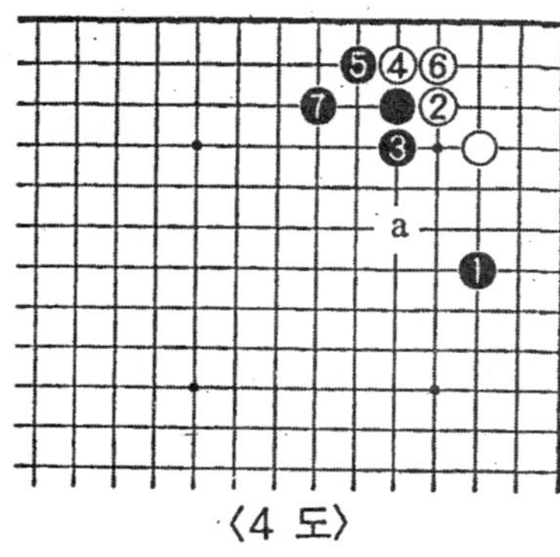

〈4 도〉

4도

흑1의 협공에 백2부터 4, 6으로 젖혀 이어버리는 두기법. 빨리, 그것도 선수로 수습되는게 목적이다. 흑7로선 a의 봉쇄도 있겠지요.

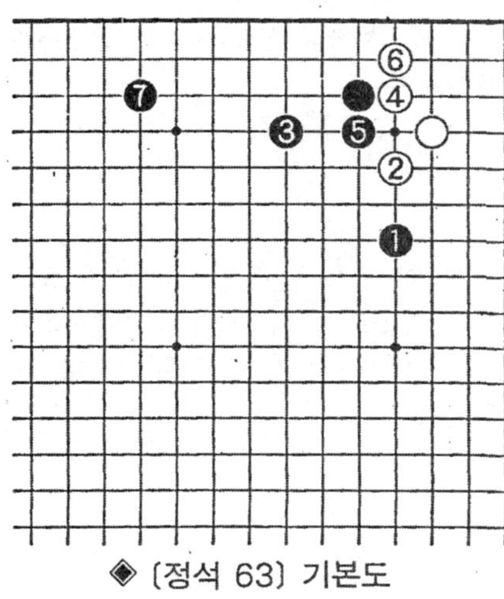

◈ 〔정석 63〕 기본도

【급 소】

흑1은 우변보다도 상변을 주된 목적으로 삼는다. 흑7로 그 목적을 달성했다.

기본도

흑1로 높으면 백2에 3으로 상변을 두게 된다. 이 언저리가 포석의 미묘한 곳이다. 백4, 6에 흑7 벌리고 결국 이곳에 돌을 가져오는 것이 흑1의 목적이라고 이해됩니다.

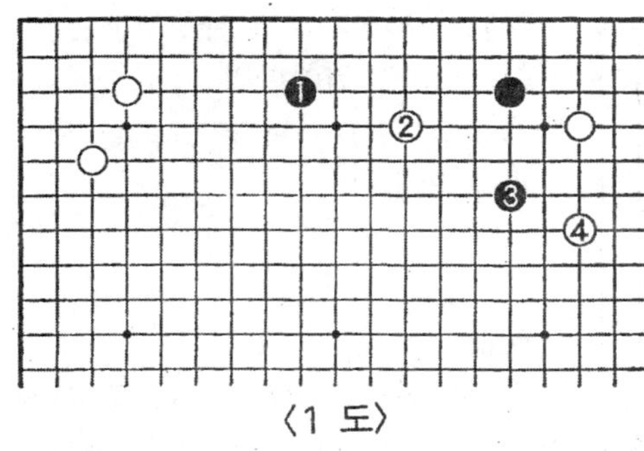

〈1 도〉

「우를 두고 싶다면 좌부터 두라」는 격언이 있지만 흑1은 그 보기라 하겠다. 이 경우 좌상귀에는 백의 굳힘이 있음은 당연하다.

1도

이와같은 배치로서 흑은 단순히 1로 벌리는 것도 생각되지만, 그러면 백2 말뚝박아 급전책(急戰策)으로 나올 염려가 있다. 기본도의 수순은 그것을 봉쇄하고 있는 것이다.

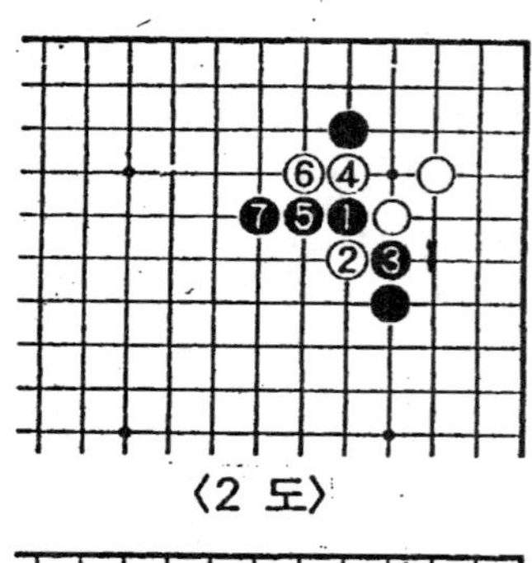

〈2 도〉

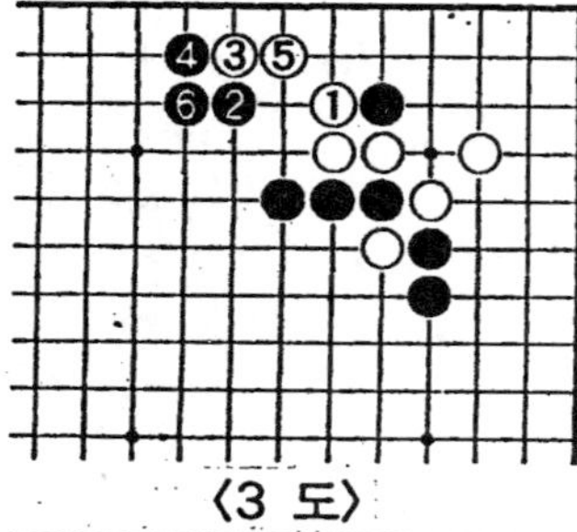

〈3 도〉

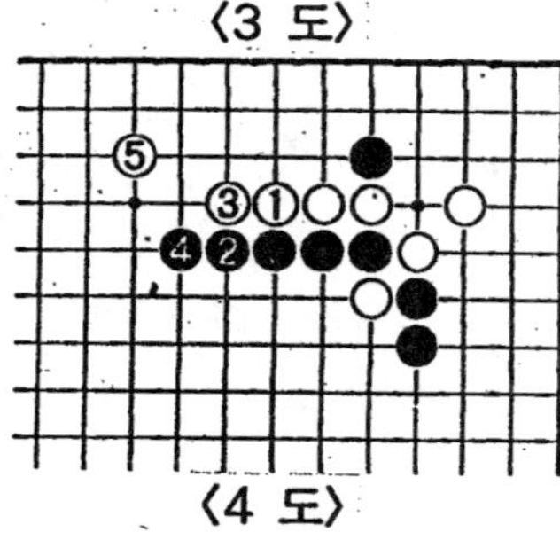

〈4 도〉

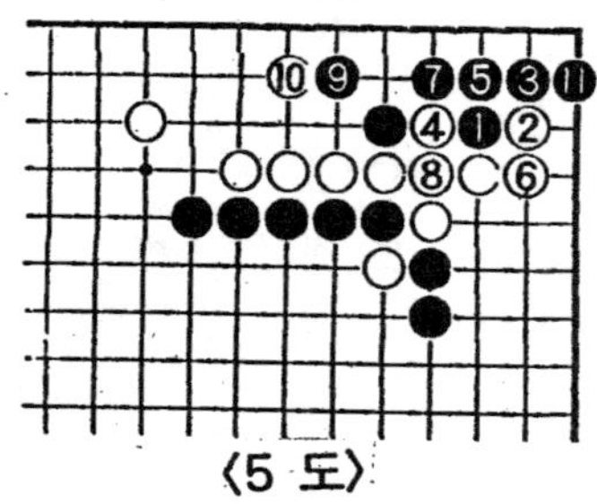

〈5 도〉

2도

약간 우격다짐이나 기본도의 3으로 흑1로 붙이는 수도 성립된다. 백은 2로 젖혀나가고 흑3에 4, 6단수 몰고서—

3도

백1의 누름에 본수. 흑2의 봉쇄에 백은 3, 5로 붙여 끌어 실리를 확보하고 흑은 6으로 이어 두터움을 여축한다.

4도

백1, 3부터 5로 일자형두고 이걸로서 전부가 집이라면 좋겠는데 그렇게는 되지 않는다. 이걸로선 귀에 수가 남아있다.

5도

흑1로 붙이고 백2에 3으로 되젖히는게 수맥. 백4, 6이라면 흑11까지 삶이고 6으로 7에 나가면 흑6 잘라먹어 산다. 지나치게 견고한 것 같아도 3도의 1이 옳은 것이다.

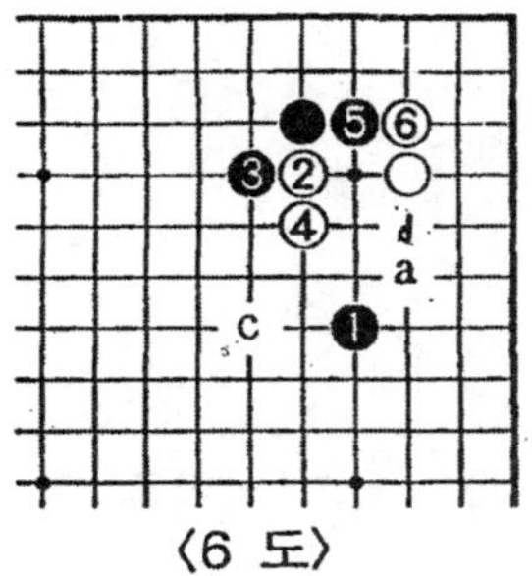

〈6 도〉

6도

백2로 붙이면 낮은 두칸협공과 비슷한 변화가 된다. 백6 다음 흑a 마늘모두고 백b, 흑c가 되면 <정석60>의 2도와 같은 것.

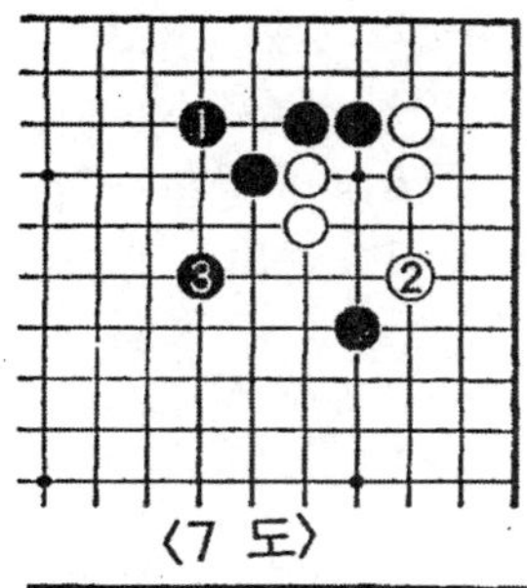

〈7 도〉

7도

흑1로 호구이음하는 건 백2, 흑3으로서 이대로 잠시 방치돼겠지요. 대등한 갈림이라고 여겨진다.

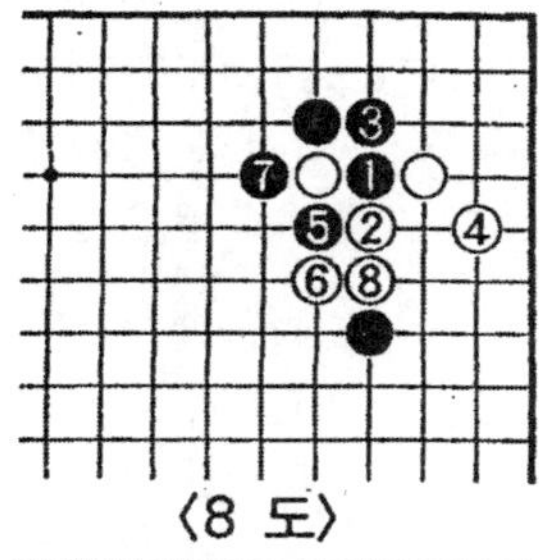

〈8 도〉

8도

백의 뛰어붙임에 흑1로 끼우는 건 축에 관계없이 찬성할 수 없다.

백은 2로 누르고 4의 호구이음이 호수. 흑5 끊어 한점을 잡아도 백8 이어져 처음에 모붙임한 돌이 썩어버린다. 백4로—

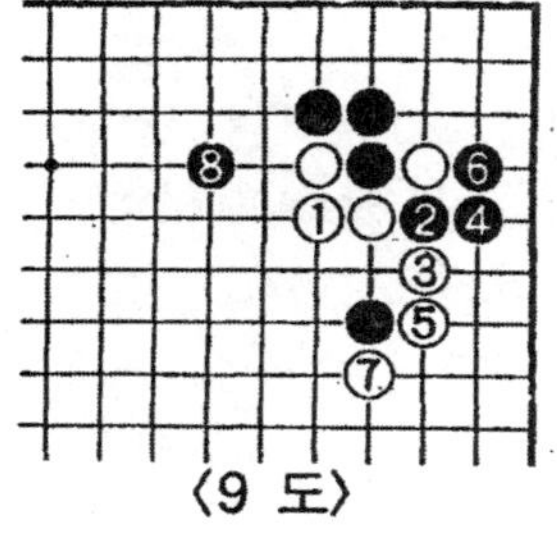

〈9 도〉

9도

1로 연락하고 흑2 끊게 해서는 오히려 백이 나빠진다. 백7로 젖힌 세력보다도 흑8까지의 실리쪽이 우세하다.

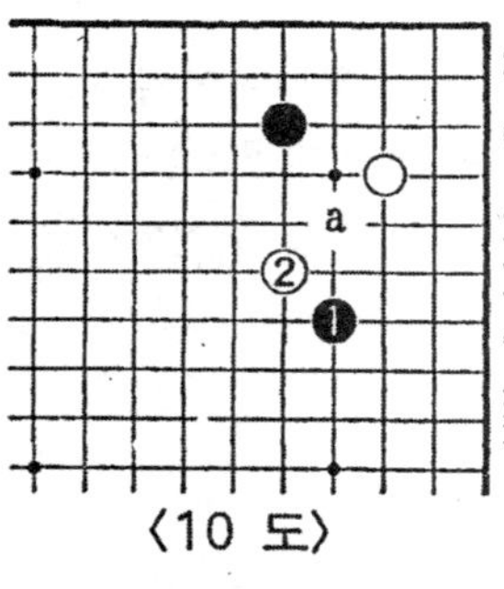

〈10 도〉

10도

흑1에 백2로 어깨를 짚는 변화. 흑 a로 틈새를 찌르면 백이 2의 우로 돌출하는 건 말할 필요도 없다.

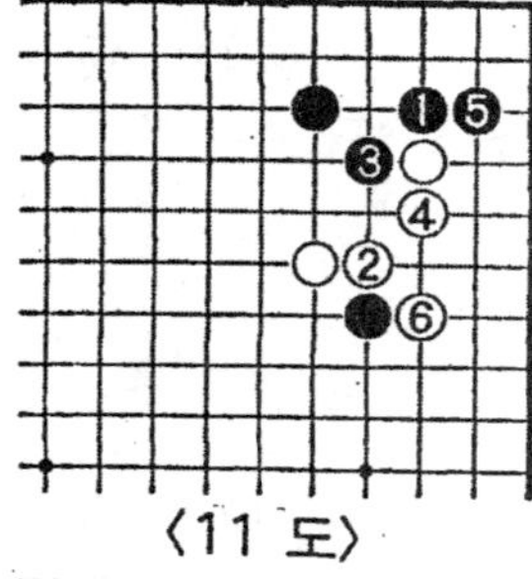

〈11 도〉

11도

흑은 1로 붙이고 귀의 실리를 취하는게 간명하고 또한 최선이다. 백2로 눌러 6까지, 대등한 갈림. 백2로서 5로 젖히는 것은 흑3, 백4에 이어서 흑부터 3의 아래로 맞끊는 강수가 있고 백의 무리로 끝난다. 또한 흑5로선—

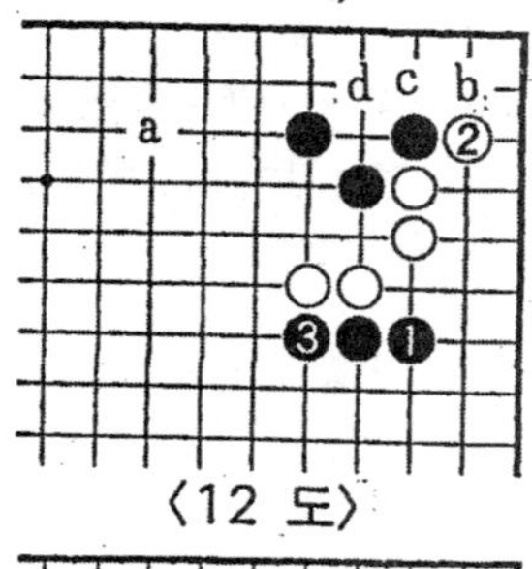

〈12 도〉

12도

국면에 따라선 1로 내려서고 백2에 3으로 미는 것도 유력하다. 다음에 백a라면 흑b, 백c, 흑d의 패로 처리한다. 단 팻감 기타를 잘 읽을 필요가 있다.

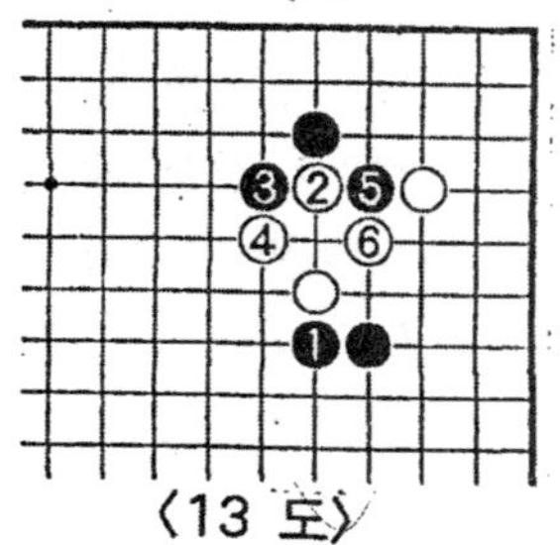

〈13 도〉

13도

어깨짚기를 흑1로 미는 건 백2의 붙임이 안성마춤. 흑3, 5에는 백6으로 받고 백은 탄력있는 모양이라 처리에 곤란이 없다.

【급　소】

흑1의 세칸 협공은 극히 드물게 두어진다. 4, 5인채 귀는 손뺌해도 좋다.

기본도

백2 마늘모에 흑3 벌리고서 4로 마늘모붙임 한다. 이것이 수순이다.

1의 협공이 멀기때문에 백은 이대로 방치할 수가 있다.

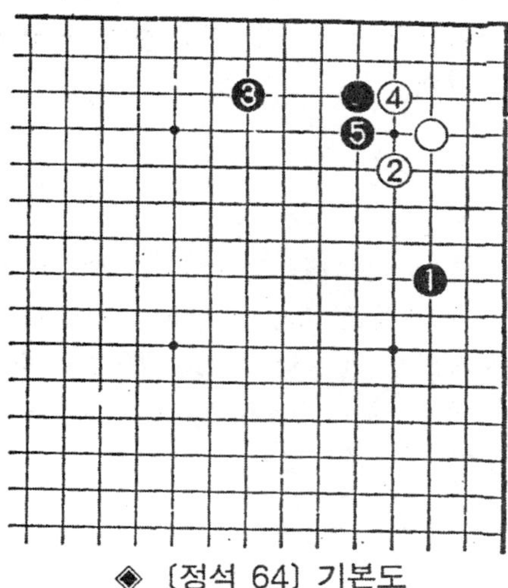

◈ 〔정석 64〕 기본도

1도

이 2, 4로 수순은 뒤바꾸면 흑에게 5로 세칸 벌립되고 작용된다.

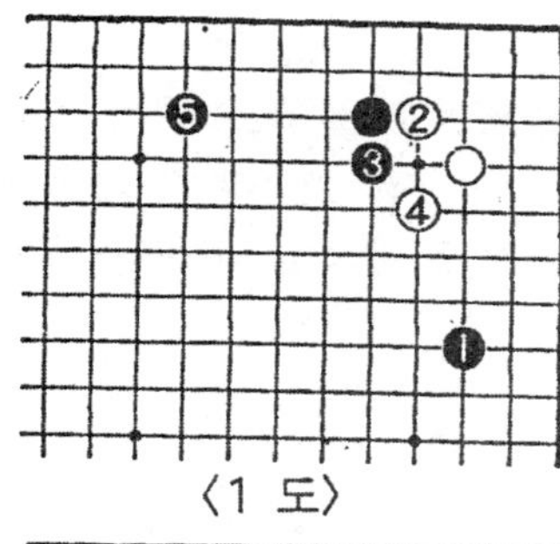

〈1 도〉

2도

흑은 5로 턱에 일격하고 백6 받게 하고서 7로 벌리는 수순도 있어 이렇게 되면 더욱 더 흑이 작용돼 온다.

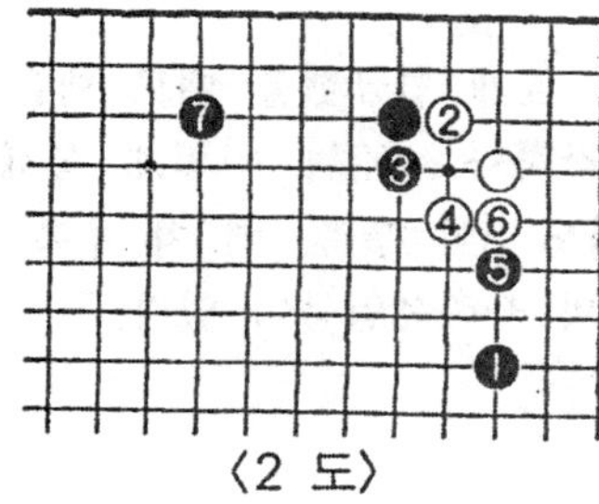

〈2 도〉

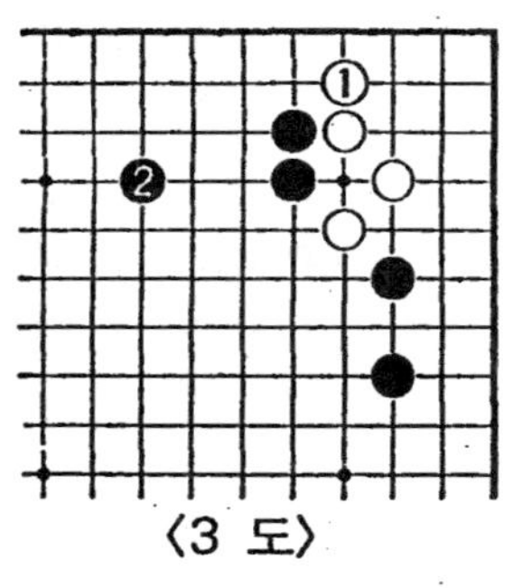

〈3 도〉

3도

전도의 6으로서 백1로 내려서면 일단 흑은 2로 받아, 귀는 이대로 완전하다고 하지 못한다. 백이 손뺌을 하면—

4도

흑1로 붙이는 맥이 있다. 백2로 젖혀나가 삶을 확인해도 선수로 한점이 끊겨서는 쓰라린 모양. 백2로서 4에 누르고 흑2로 끌게해서는, 귀만으로 눈이 없다.

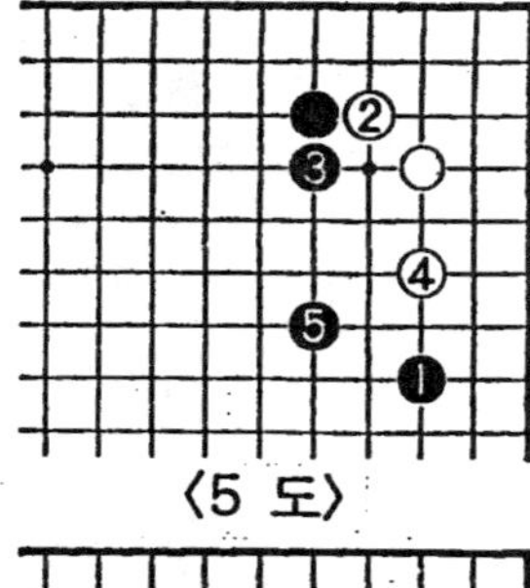

〈4 도〉

5도

백2의 마름모 붙임을 먼저 두었다면 4로 다가서는게 정착(正着)이다. 흑5로 가볍게 걸치고 이것도 정석의 하나.

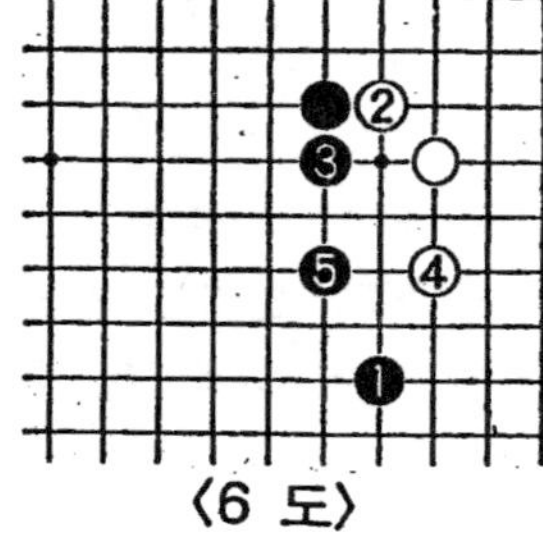

〈5 도〉

6도

흑1로 높게 협공했을 때도 백은 2, 4가 침착하다. 흑5는 이렇게 봉쇄하는 외에도 3의 우측, 백2의 우측 이음, 흑4의 좌측붙임등이 있다.

〈6 도〉

(5) 대사(大斜)

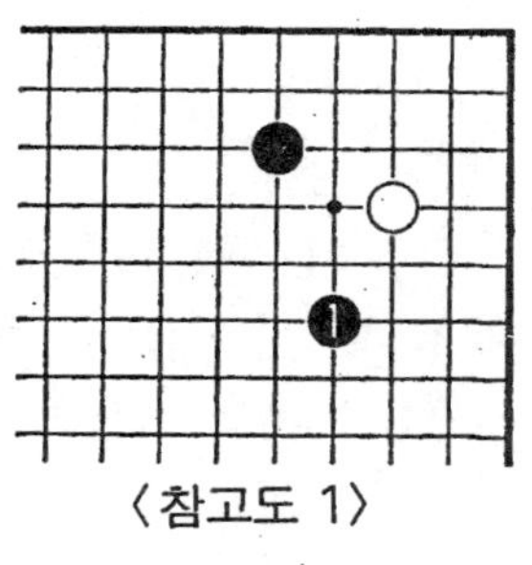

〈참고도 1〉

대사란 본디 목자형을 말하는데, 한마디로 대사라 하면 외목부터·목자로 걸치는 것을 가르킨다.

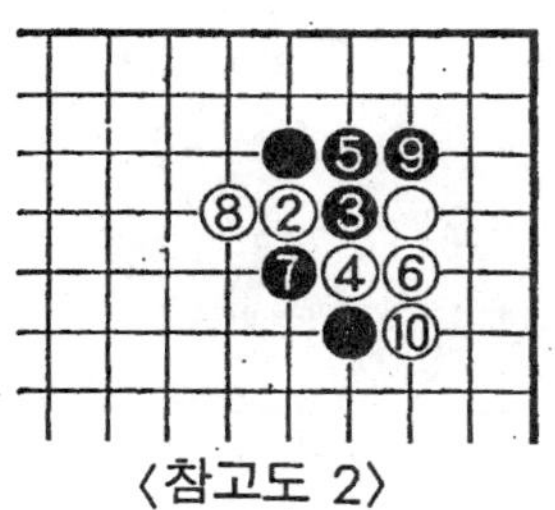

〈참고도 2〉

참고도(1)

흑1이 그것이다. 이로부터 비롯되는 변화는 참으로 복잡 난해하며 혼히 「대사천변」이라 하여 난해한 정석의 대명사처럼 되어 버렸다.

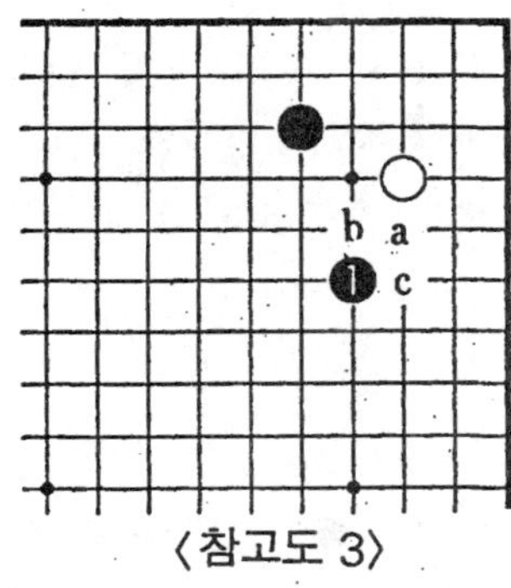

〈참고도 3〉

참고도(2)

백2의 뛰어붙임, 흑3 끼우고서 흑9, 백10까지. 여기서 흑에는 여러가지 방법이 있고 "천변"에 돌입한다.

그러나 대사에 대한 응수는 2의 뛰어붙임 뿐만이 아니다.

참고도(3)

이밖에도 백a의 나란히, b의 마름모붙임, c의 아래붙임, 그리고 손뺌등이 있고 저마다 정석이다. 먼저 간단한 형부터 어떻게 복잡한 변화가 전개되는지 차례로 보아갑시다.

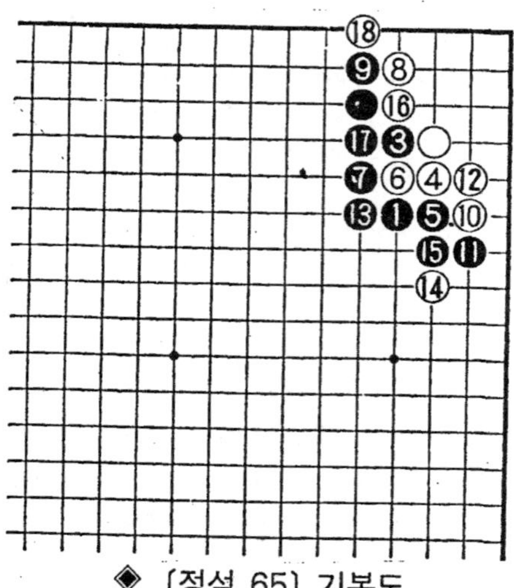

◈ 〔정석 65〕 기본도

【급 소】
손뺌에는 흑3마름모붙임한다. 백4이하 모두 수순. 특히 16, 18은 최고의 버팀이다.

기본도
백4 이하인 수순의 세심한 것에 주의를 기울인다. 어느 수나 관련성이 있고 낭비가 없다.

백18로 젖혀 살고 흑은 받지 않고서 다른 데로 향한다. 흑의 외세는 극히 강대하며 한수 많은 것을 계산에 넣더라도 흑 우세.

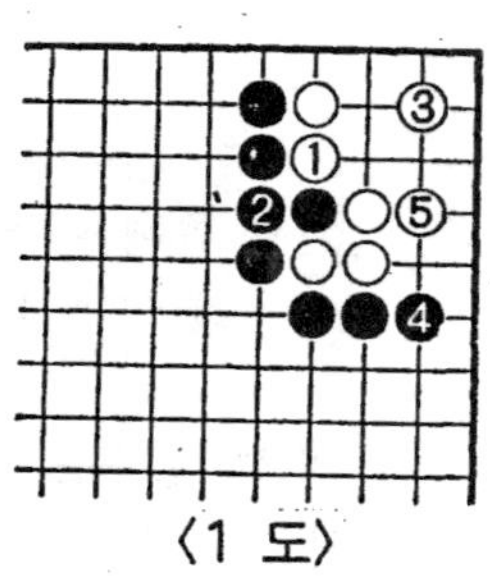

〈1 도〉

1도
기본도의 10으로 백이 1, 3으로 사는 것은 흑4의 내려섬이 효과적이고 삶도 작다.

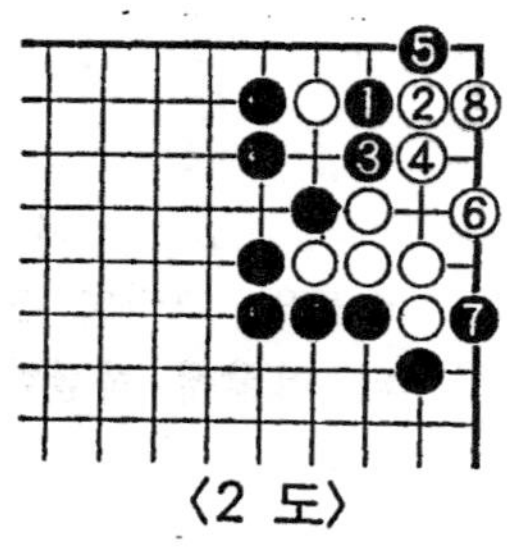

〈2 도〉

2도
기본도의 16으로 손뺌을 하여도 삶만은 있지만 흑1부터 7까지를 활용되어 눈만이 남아 쓰라립다.

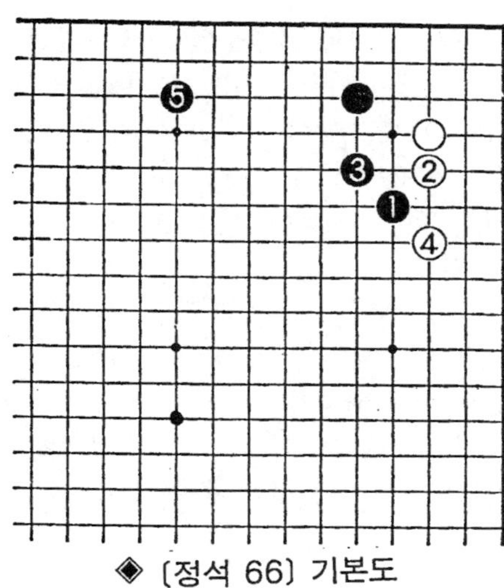

◈ [정석 66] 기본도

【급 소】

　백2, 간명을 기하다. 흑
도 3, 6으로 호형. 백은 선
수를 잡다.

기본도

　백2로 나란히 서면 대사
의 번거로움을 피할 수 있
다. 흑3의 마름모에 4로 뛰
어나가고 흑5로 벌려 일단
락. 이 갈림은 얼마쯤 흑유
리로 되어있다. 그 근거는
―.

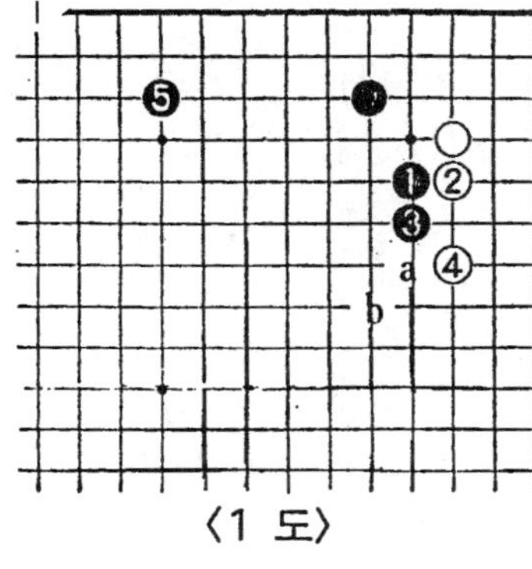

〈1 도〉

1도

　흑1로 두고 5까지 되는 형과의
비교이다.

　기본도와는 1이 일로 좌측일
뿐인 차이인데 본도보다 기본도
쪽의 흑모양이 단단하다고 본다.

　또 본도에선 흑이 세력을 확대
할 경우 a로 밀든가 b로 일자형
하든가 인데―

2도

기본도에선 흑1로 압박하는 매서운 수가 있다.

백은 반발할 수도 없고 받는다면 2, 4정도이겠지만 흑3으로 이은 모습이 자못 바람직하다. 실전에선 백2는 손뺌하고 흑3으로 이음, 백2의 일로 위 내려섬이 되는 예가 많은 듯 싶다.

만일 백이 1로 압박되는 걸 싫어하면 압박되기 전에 2의 좌측에 나란히 서야 한다.

이상과 같은 이유로 백이 불리하지만 그 차이는 극히 작은 것이다.

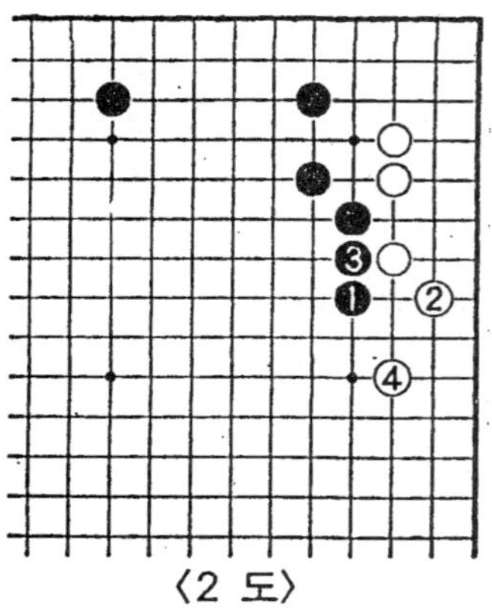

〈2 도〉

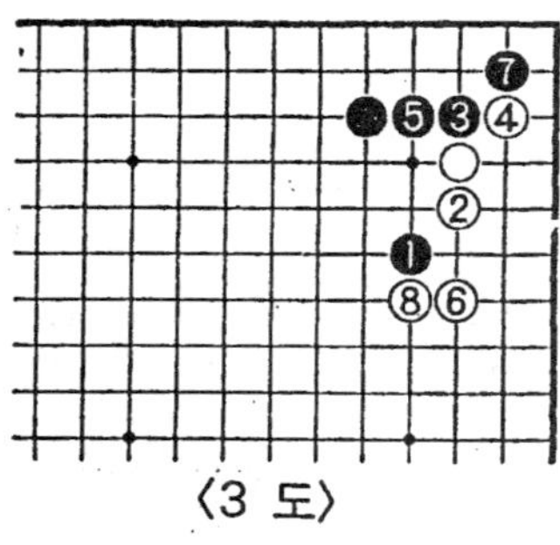

〈3 도〉

3도

백2에 흑3 붙여오면 백은 4로 젖혀 8까지 처리한다.

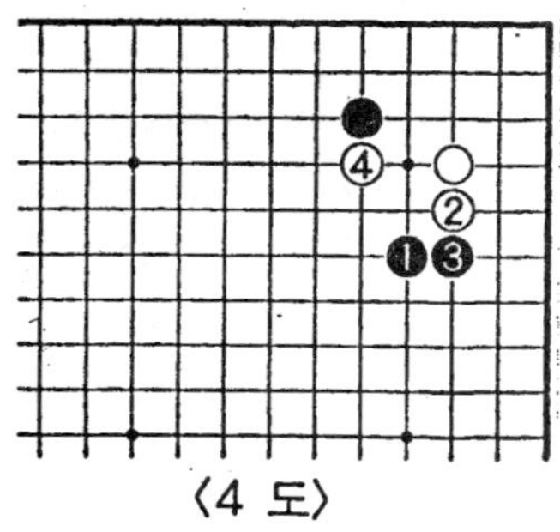

〈4 도〉

4도

또 흑3의 누름이라면 백4 붙여 진출하고 나쁠 턱이 없다.

정석67 대사,
마름모 붙임

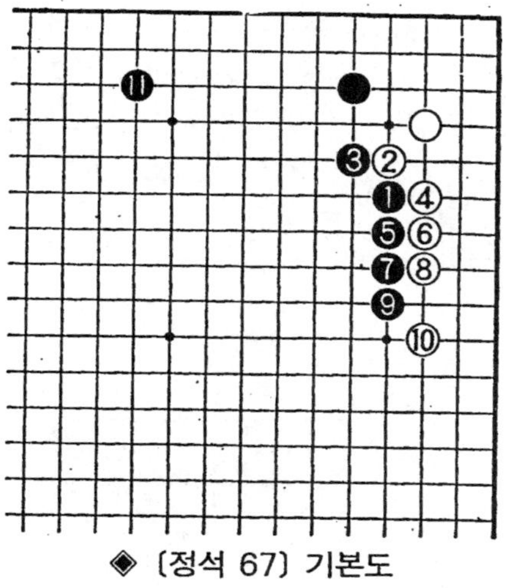

◆ 〔정석 67〕 기본도

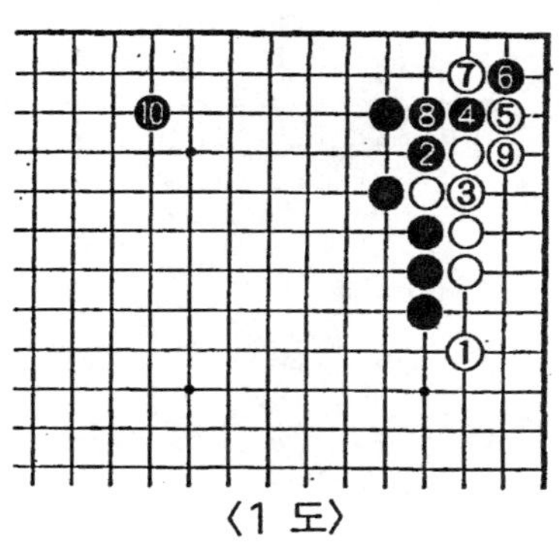

〈1 도〉

【급 소】

백2, 4도 난해를 피한다. 백8까지로 기고, 그리고 나서가 아니면 10으로 뛰지 못한다.

기본도

대사에 걸쳐 오니만큼 무엇인가 주문이 있을게 틀림없다.

대체 어떤 수를 준비하고 있을지 굳이 상대의 뜻대로 두어가는 것도 시원스런 태도이지만 상대에게 주문이 있다면 그것을 비키는 것도 하나의 전략이다.

이 백2, 4도 비키고서 둘 때의 유력한 한 방법. 단 백8까지 치고 그리고서가 아니면 10으로 진출할 수 없으므로 낮은 위치를 강요되는 것은 부득이하다. 백8의 수로—

1도

당황해서 1로 뛰어나가면 흑에게 2부터 6까지를 당한다. 백7로 끊더라도 9로 잇지 않을 수 없고(9로 6의 한점을 잡으면 흑에게 1의 위로 진출케 만들어 절단된다) 이것은 명백히 백의 효능이다.

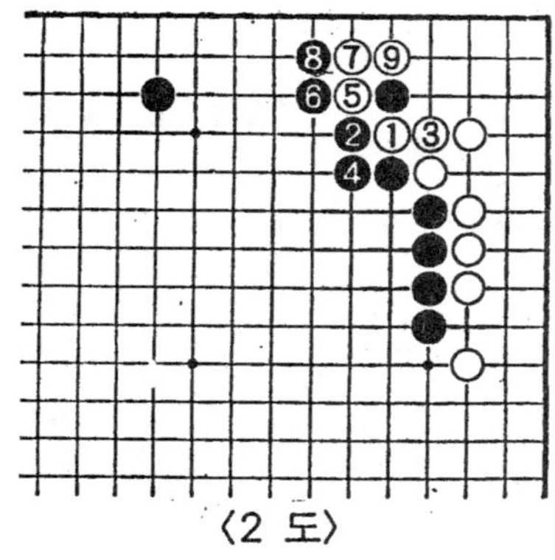

〈2 도〉

2도

기본도의 다음 백1로 끼우고 9까지로 한점을 잘라먹는 수가 있어, 후수이지만 실리가 크다.

흑이 이것을 꺼리면 6의 단수로서 9로 내려서고 백6, 흑a로 버티게 된다. 1, 3은 어쨌든 백5로 끊자

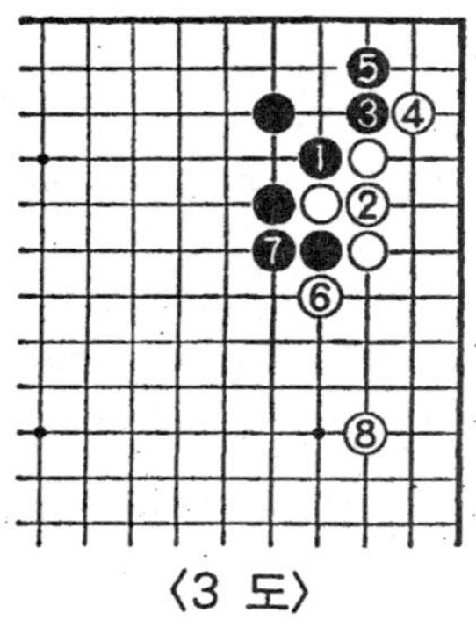

〈3 도〉

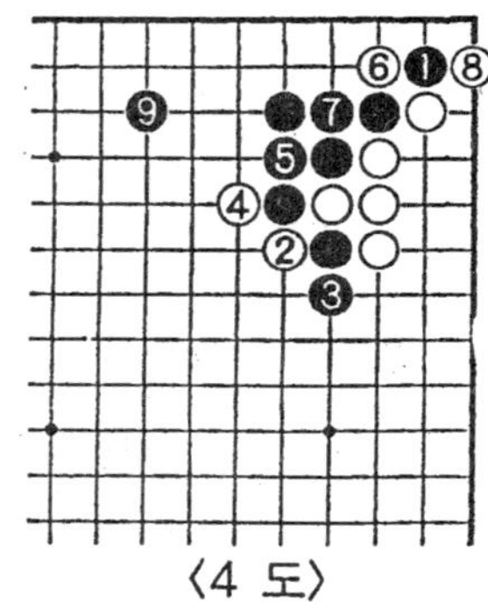

〈4 도〉

3도

기본도의 5로서 흑1부터 5라는 변화도 있다. 백은 6으로 돌고 8로 벌려 대등한 갈림. 이것은 무난하지만 흑5의 수로—

4도

1로 젖히면 백도 불과불 2로 끊어 치열한 싸움이 된다. 단 한수도 양상이 바뀌는 것이다.

190

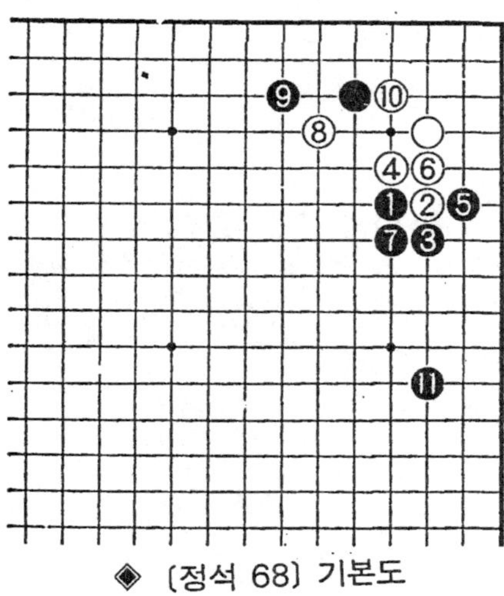

◆ 〔정석 68〕 기본도

【급　소】
　이 백2, 4는 변화가 적다.
흑5, 7은 절대. 백8, 10으로
안정되었다.

기본도
　백2, 4로서 이것도 간명
이다. 흑5로 몰려 6잇는 건
유형이라 쓰라립지만 이것
도 부득이하다.

·흑7의 이음에 8, 10으로 집을
확보하며 안정된다. 이렇게 쉽게
수습되는게 불만이라면 흑9로선
1도와 같이 둘 수가 있다.

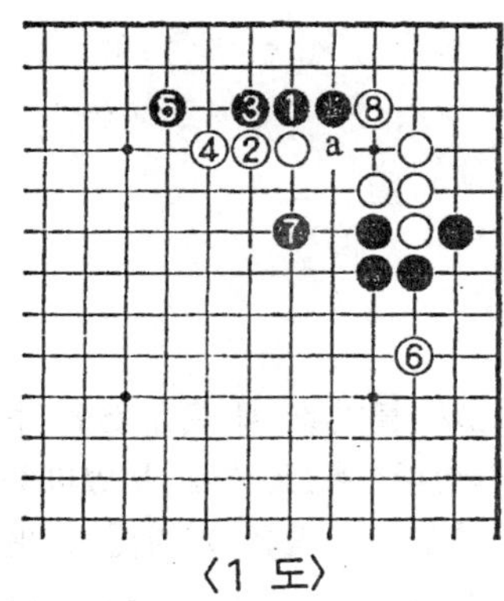

〈1 도〉

1도
　흑1, 3펴고 5로 뛴다. 백6은 당
연한 협공인데 흑1의 뜀에 백8로
응수한다.

　이어서 흑이 a의 곳을 맞끊고 그뒤 백도 맞끊는다는 진행이 되면
단숨에 중반전으로 돌입한다.

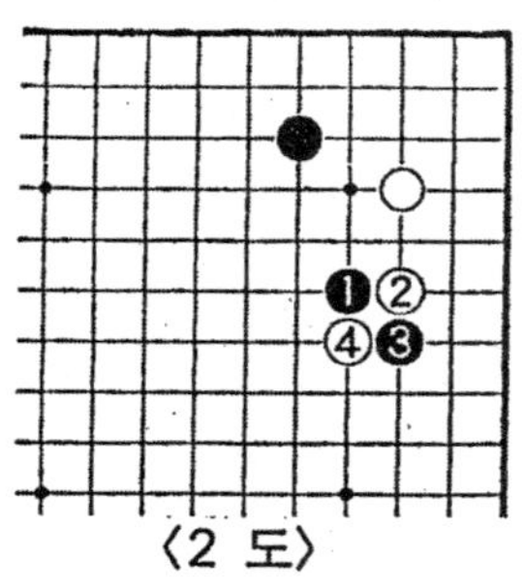

〈2 도〉

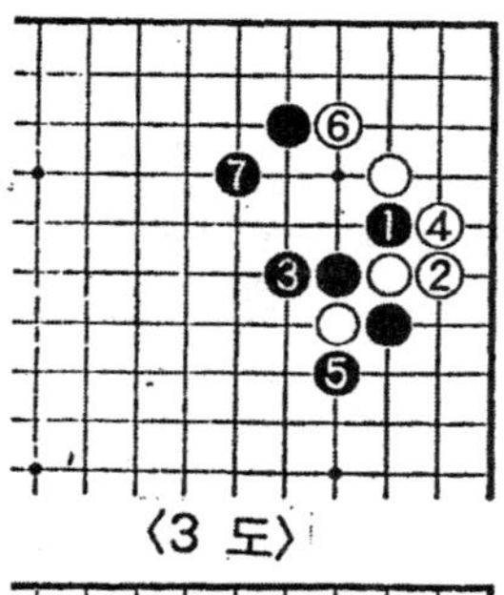

〈3 도〉

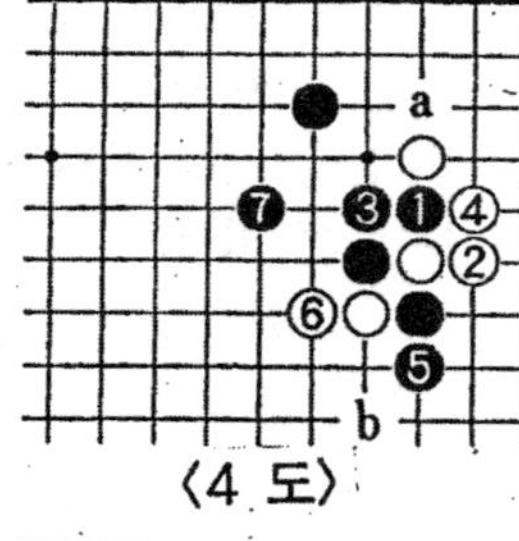

〈4 도〉

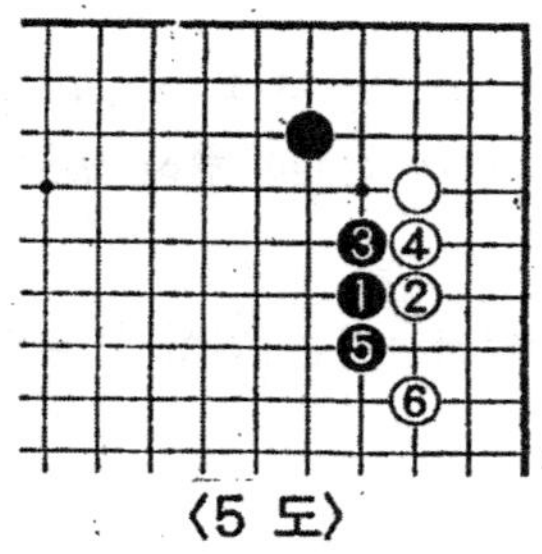

〈5 도〉

2도

흑3에 백이 4로 끊는 변화. 이미 몇가지나 보기가 있었듯이 이것에는 축관계가 얽힌다.

3도

축유리라면 흑은 1, 3인 상용의 맥으로서 5로 안아 문제없다. 백6에는 흑7의 마름모가 모양으로 이 갈림은 흑이 충분하다.

또 흑은 축이 나빠도—

4도

3의 이음부터 5로 끌어 훌륭히 싸울수 있는 모습이다. 백6, 흑7의 다음 백은 a로 살아야만 하고 흑은 b의 마늘모로 향한다.

5도

당초 백5로 붙였을 때 흑3, 5로 두는 게 정석이다. 흑1로 3에 두었다하고서 백4, 흑1이면 백은 기지않고 뛰어나갈 수가 있는데 본도는 하나 더 편 결과이므로 흑은 거기서 만족할 수 있는 셈이다.

192

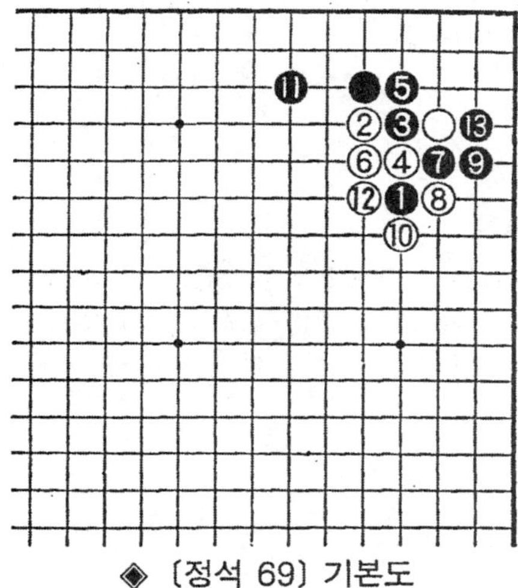

◈ 〔정석 69〕기본도

정석69 대사, 붙이고서 안이음

【급　소】

　백2로 뛰어 붙여도 6으로 안을 잇으면 역시 간명하다. 단 축유리가 절대적 조건.

기본도

　드디어 백2 뛰어 붙이는 변화로 들어가는데 이렇게 붙이고서도 간명하게 두는 수단이 없지는 않다.

　백6으로 안을 잇고 12까지라면 극히 명쾌하다. 백10의 축유리가 조건인 것만은 말할 나위도 없다. 흑11로서—

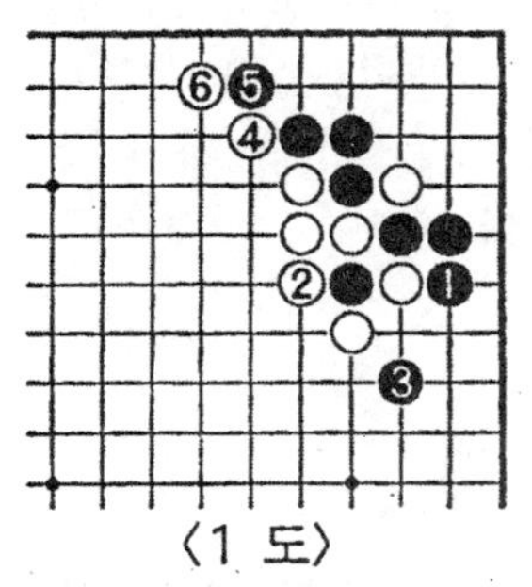

〈1 도〉

1도

　1, 3으로 우변에 진출해오면 백4, 6으로 상변을 이단젖힘 한다.

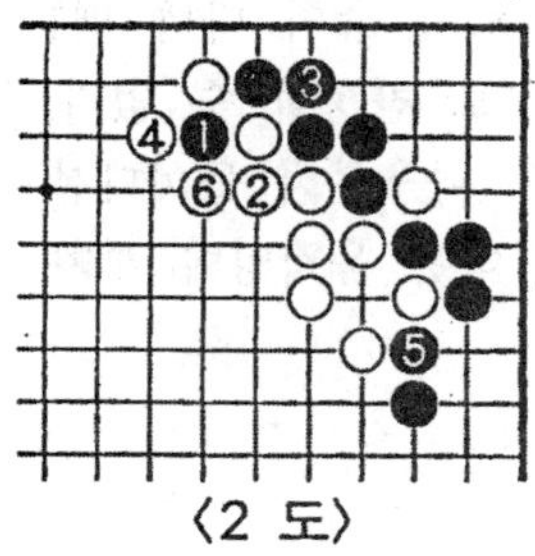

〈2 도〉

2도

　이어서 흑1부터 백6까지, 이것도 정석으로 되어 있다. 기본도의 10마찬가지로 본도—백4로 잡는 축도 물론 유리해야만 한다.

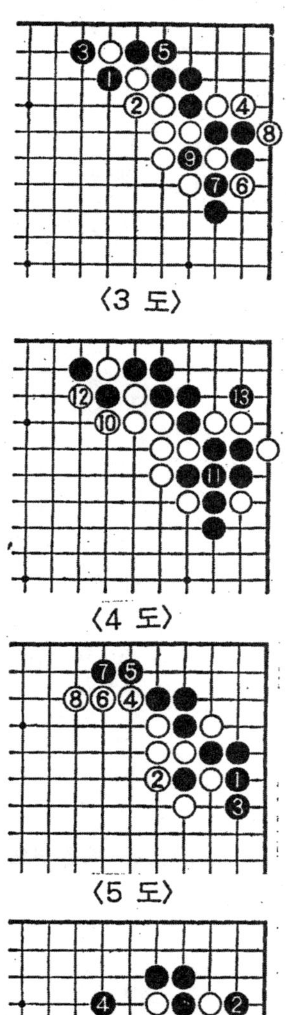

<〈3 도〉>

<〈4 도〉>

<〈5 도〉>

<〈6 도〉>

3도

흑이 1, 3 잡으러 왔을 때 백4로 누르고 흑5에 6, 8로 패를 만든다. 흑 9의 따냄에—

4도

백11이 패씀으로서 받으면 패쓸 데가 없으므로 흑11잇고 백12의 빵때 림이 되어 대등한 갈림이다.

5도

흑이 1로 몰아 3의 뻗음이라면 백 은 쉽게 4, 6의 젖혀이음으로 충분하 다. 흑3이 자못 낮은 위치로서 이것 은 백에게 형편이 좋다.

6도

기본도의 10으로서 축이 나빠 백1 로 끈다면 흑2, 4로 찬성할 수 없다. 흑4가 활동한 수. 좌우부터 들여다봄 의 잇점이 있고 백은 움직임이 부자 유하다.

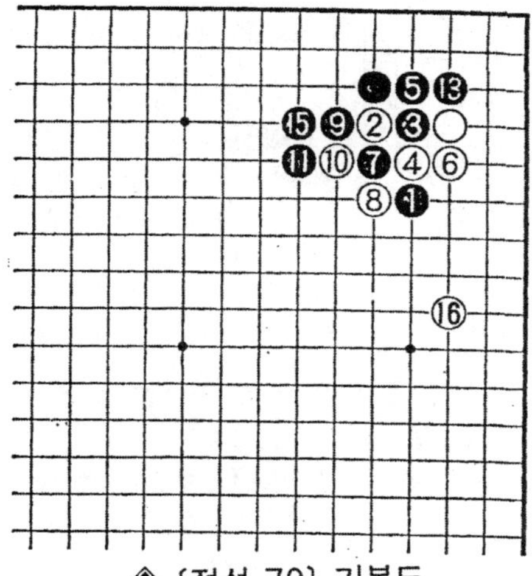

◈ 〔정석 70〕 기본도

정석70 아래이음, 되끊음

【급　소】

　백6으로 아래를 이어도 아직 흑7에 8로 끊어 간명을 기할 수 있다. 백10, 이렇게 모는 한수.

기본도

　백6으로 잇고 흑7의 끊음에 8로 되끊는다. 이것도 "천변"을 피하는 수.

　백10 몰고 흑11에 패를 잡아 이음, 백16까지로서 완료인데 이 갈림은 흑유리라고 본다. 그 이유를 "수쪼갬"에 의해 증명하겠다.

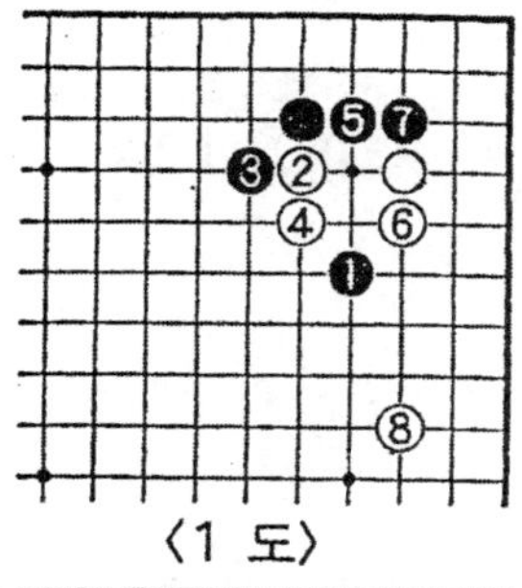

〈1 도〉

1도

　백2에 흑3 젖히고 백8까지 되었다하고서 일단 이것을 대등이라 하겠다.

〈2 도〉

2도

　그것에 백1과 흑2, 백3과 흑4가 덧붙여졌는데 이 교환은 어느 것이나 백이 악수를 두고 있다.

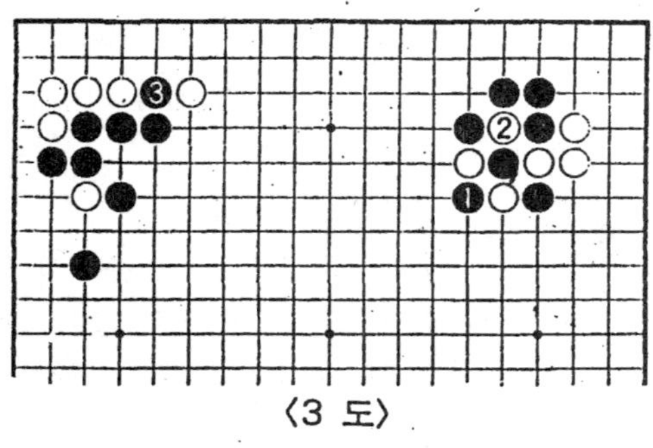

〈3 도〉

흑a, 백b의 교환은 흑의 악수이지만 비교하면 감점은 백쪽이 크고 그만큼 백이 뒤진다는 결론이 되는 셈이다. 기본도에서 백이 주의 할 것은 백 10에 대한 흑11로서—

3도

1로 끊을 염려가 아주 없지 않다는 점이다. 만일 좌상과 같은 모양이 있다고 가정하면 백2에는 흑3으로 이곳에 팻감을 구할 수가 있고 곧 백이 궁지에 몰리겠지요. 다른데 큰 팻감이 있을 경우는 백이 이 정석을 택하면 위험하다.

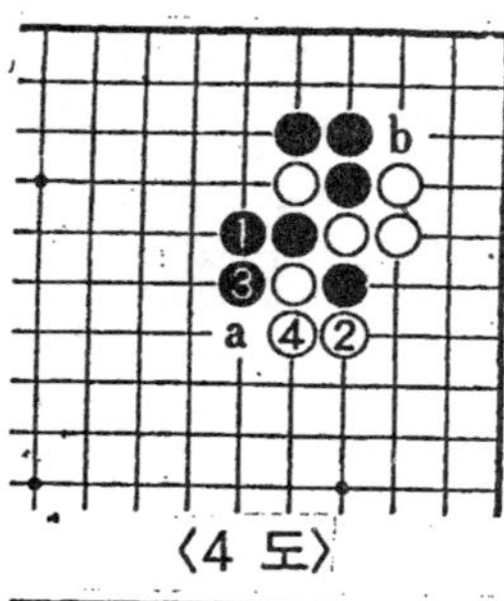

〈4 도〉

4도

흑이 따내지않고 1로 뻗으면 백2로 안아 4까지, 다음에 a와b 맞보기이다.

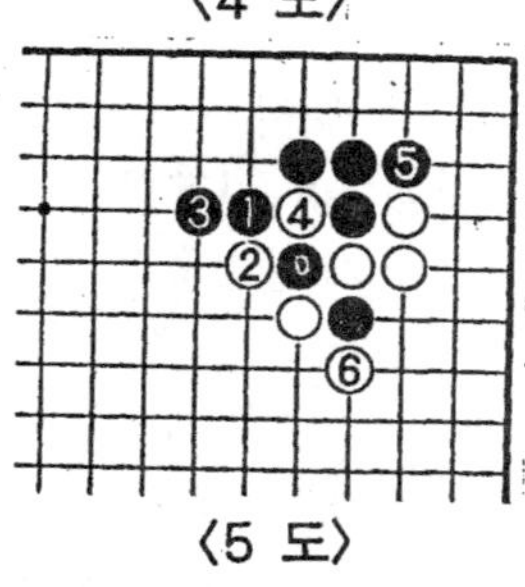

〈5 도〉

5도

또 1로 따내어도 백2에 3으로 뻗는 것도 있고 이것이라면 백4, 흑5의 다음 흑은 잇지않고 6으로 안는게 정착(正着)이다.

196

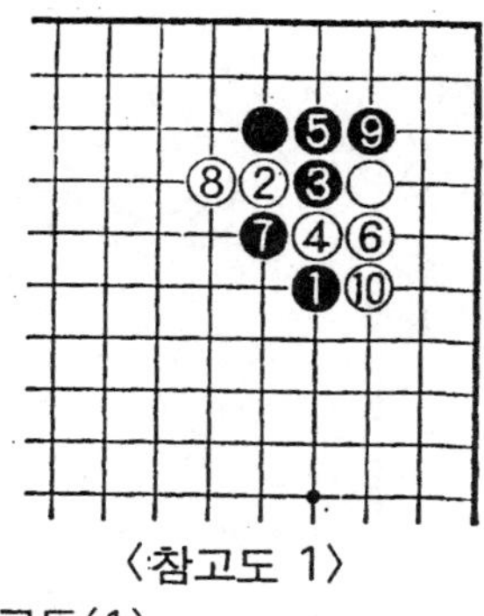

〈참고도 1〉

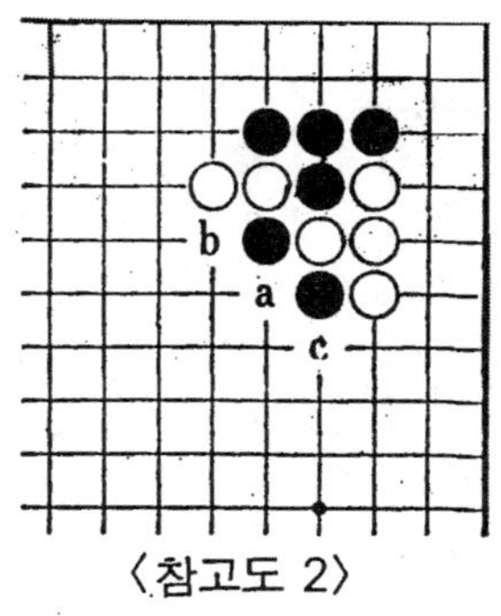

〈참고도 2〉

참고도(1)

백6잇고 흑7의 끊음에 백8로 뻗어나가, 대사정석은 이제부터 본격적이다. 흑9, 백10은 둘다 절대. 다음의 흑수가 변화의 갈림길이 된다.

참고도(2)

흑의 두는 수는 a의 이음 b의 뻗음, c의 밀음의 세가지로서 저마다 몇개의 변화를 낳는 것이다.

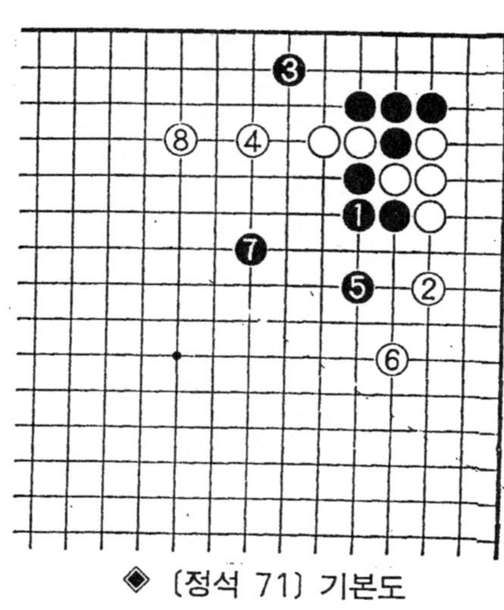

◈ 〔정석 71〕 기본도

정석71 잇고서
달려나감

【급　소】

흑1의 이음에 백2는 절대.

흑3 달리면 평온하다. 백8까지를 기본형으로 한다.

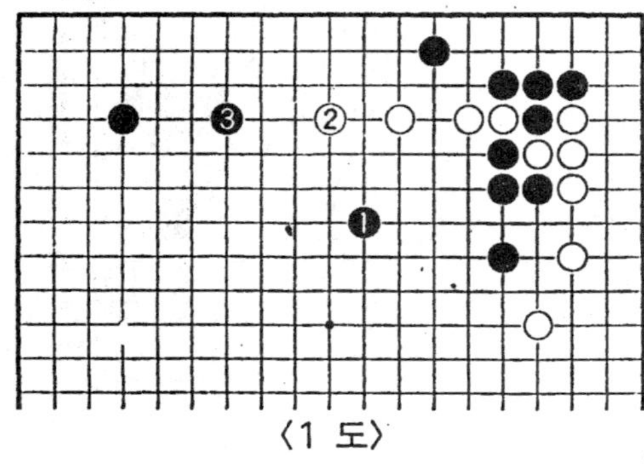

〈1 도〉

기본도

흑1로 잇어 백8까지의 진행이 옛날부터의 기본형.

기본형은 곧 정도(正道)이므로 이것 이외의 형은 사도(邪道)일런지 그렇게 작성하는 것은 어쨌든 애당초 대사라는 수단 자체가 다분히 함정수의 요소를 갖고 있는 것이다. 이 기본형이라도 예외는 아니다.

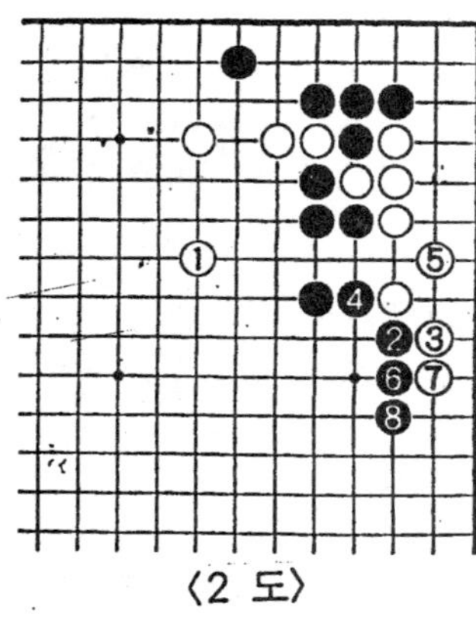

〈2 도〉

1도

이를테면 좌상귀의 화점에 흑돌이 있는 국면이라면 흑은 1로 일로나아가 크게 겨누고 백2에 3으로 다가서 호조이다.

이렇다면 일방적으로 백만 공격되는 모양이고 대사작전이 성공하고 있다.

2도

전도를 피하기 위해선 기본도의 백6으로 본도의 1로 둘수밖에 없다. 그러나 흑에 2, 4정해지고우변을 낮은 위치로 밀어붙여진다면 이것도 완전한 흑의 성공이다.

이와같이 대사에선 항상 전국적(全局的)인 배려가 필요하다.

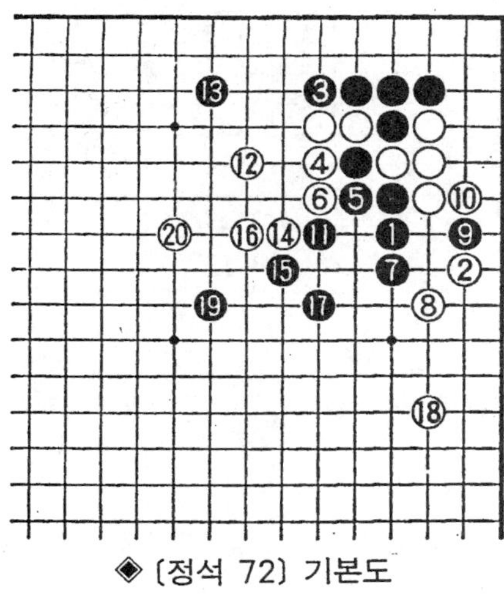

◆ 〔정석 72〕 기본도

【급 소】

백2로 일자형이 되면 흑 3으로 펴서 4, 6을 재촉한다. 흑7이 급소. 15는 상용의 맥.

기본도

백2의 미끄러짐은 약간 느슨한 느낌이지만 이것도 처리의 한 방법.

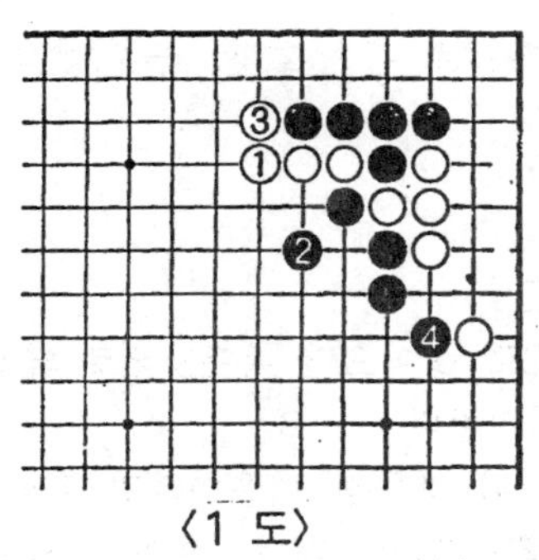

〈1 도〉

혹은 3으로 펴고 백4, 6을 꾀고 7의 나란히가 급소한 한점.

이걸로서 9의 붙임과 11의 젖힘을 맞보기한다.

백은 8로 마름모두고 흑9에 10의 굴복은 부득이한 곳.

흑11이하는 모두 맥이고 모양으로서 무리가 없는 진행이라 하겠다.

1도

기본도의 흑3으로 기어져 백1로 뻗음은 좋지 않다. 흑은 2의 호구 이음이 호수, 이어서 백3 누르는 한수이지만 흑4의 마름모붙임이 매서운 것이다.

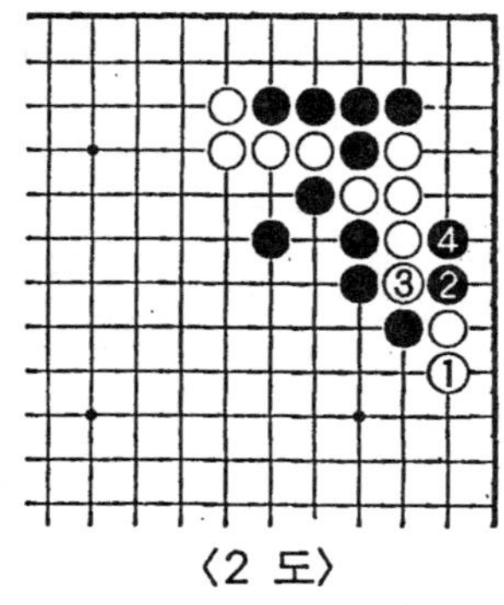 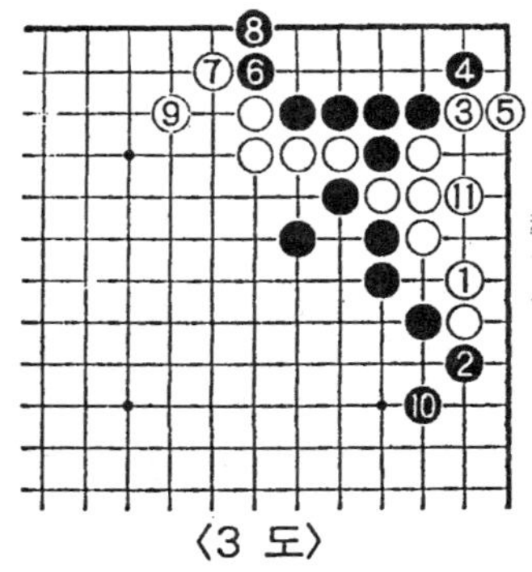

〈2 도〉　　　　　〈3 도〉

2도

이어서 백1로 뻗음은 흑2, 4를 당하여 끝장. 백3으로 4라면 넘어갈 수 있지만 물론 논외이다.

3도

백은 1로 끌고 흑2에 3, 5로 삶을 꾀할 수 밖에 없다. 흑도 6, 8로 살고 백9 흑10으로 서로 대비했을 때 백은 11의 손칠이 요구된다. 살은 모양은 대등하더라도 외세의 점에서 흑이 우세함을 일견하여 알수 있으리라. 기본도의 흑15는 상용의 맥이고 흑7과 나란히 섰을 때부터 숨겨져 있던 수단이다. 백16, 흑17로 흑은 호형. 16의 뻗음으로—

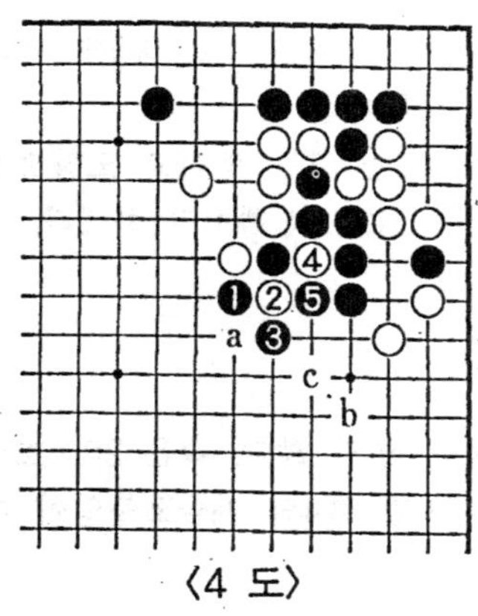

〈4 도〉

4도

백2로 끊어오면 흑은3, 5로 되잡아 처리한다.

이 뒤 백두점 이음이라면 흑a잇고 백b 흑c가 된다. 흑의 모양은 단단.

【급 소】

흑1, 3은 기략.
백4 절대.
흑5라면 평온하다.

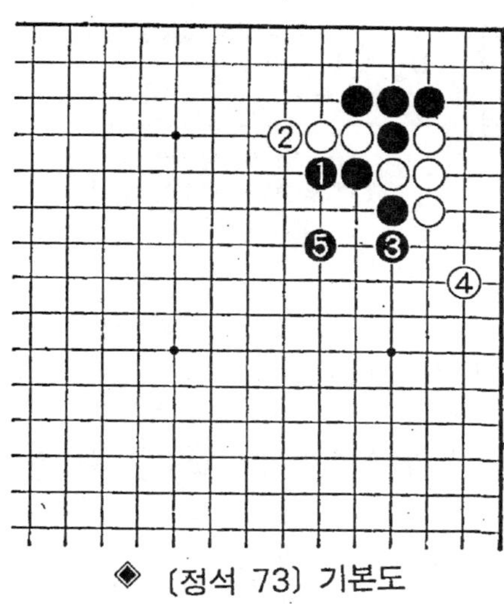

◆ 〔정석 73〕 기본도

기본도

먼저 흑1로 밀고 그리고 서 3으로 뻗는다. 이 패턴 에는 축관계, 기타 변화가 많아 백은 세심한 주의가 필요하다.

하기야 다음에 흑5로 나오면 별 로 어려울 것도 없지만. 이뒤의 진 행을 몇가지 가정해 보면―

1도

백1의 뜀은 무난한 수. 흑2의 미 끄러짐에 우변을 3마름모 두고 흑 4 백5가 되어 특별히 어떻다는 것 은 없다. 일단 정석이라고 인정해 도 좋겠지요.

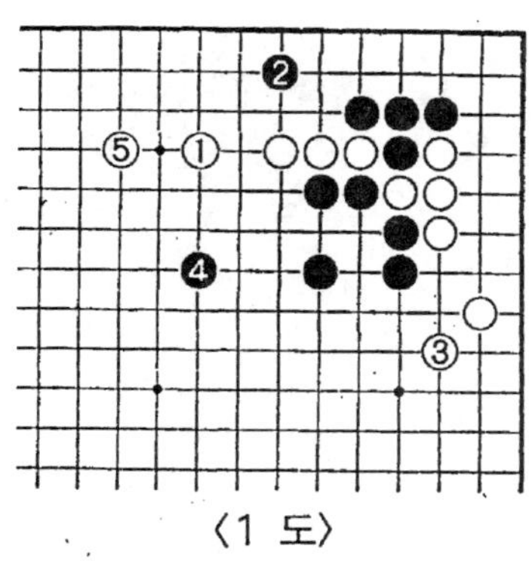

〈1 도〉

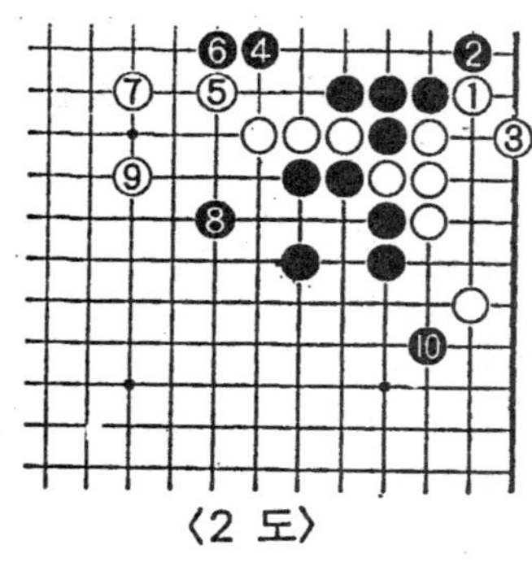

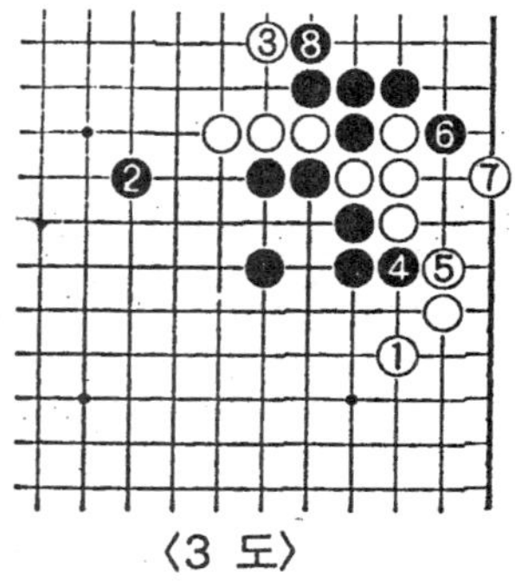

〈2 도〉　　　　　〈3 도〉

2도

백1, 3으로 귀를 젖혀 잇는 것은 흑4로 달리게 하여 문제이다. 백 5, 7로 받는 모양이 나쁘고 한편 흑은 8, 10으로 겨누어 호조.

3도

단순히 백1로 우변을 두는 것은 더욱 찬성치 못한다. 흑은 2로 대담하니 고압하는게 좋은 수이다.

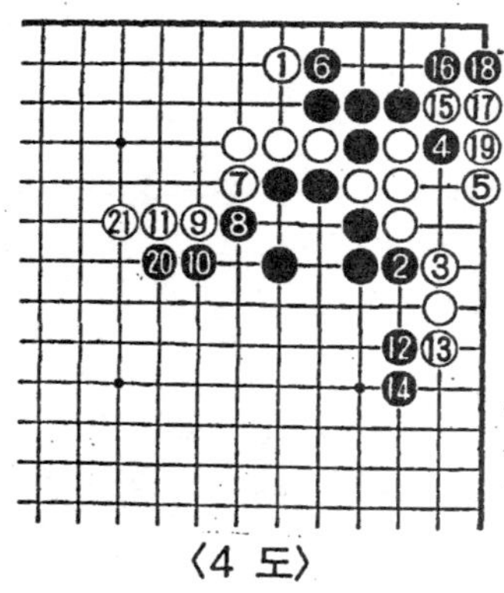

〈4 도〉

백3에게는 4, 6을 활용시켜 8로 누르고, 귀의 흑에는 불안이 없고 상변의 백이 처리에 괴로와하는 모양.

　물론 죽는다고는 생각되지 않지만 눈을 만들고자 애쓰면 그만큼 흑을 굳혀줄 뿐이다.

4도

기본도에 이어서 백1로 두면 흑2이하의 진행이 예상되고 백21까지 정석이다.전도의 7과 마찬가지로 백5로 뛰어 받는게 수맥인데, 어느 쪽에도 무리가 없고 극히 자연스런 전개라고 하겠다.

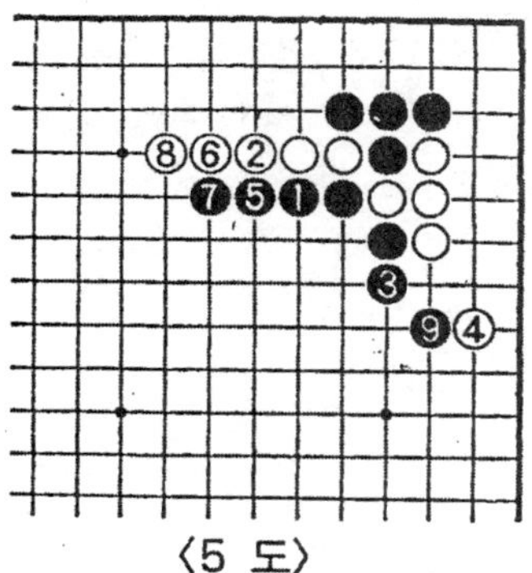

〈5 도〉

5도

백4까지의 다음 흑이 축유리일 때 5, 7로 밀고 9로 마늘모붙임하는 수가 있다. 실은 이것이 매우 준엄하므로 백으로선(대사로 걸쳐진측은) 미리 축관계를 확인해 두지 않으면 안된다. 그 축이란—

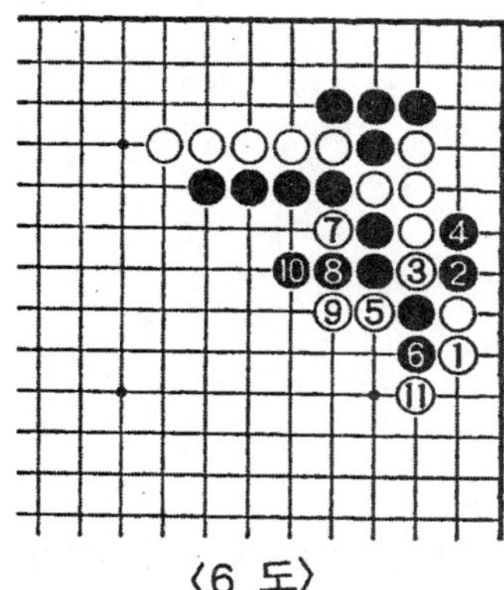

〈6 도〉

6도

백1로 뻗어나가고 흑이 2, 4로 왔을 때 생긴다. 백5로 끊고 이하 11로 모는 축이 성립될지 어떨지. 만일 성립하지 않는다면 백의 괴멸이고 백1로 뻗어 나갈 수가 없는 것이다.

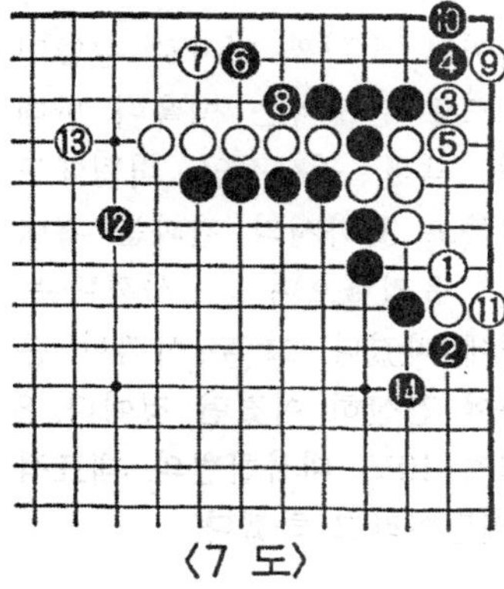

〈7 도〉

7도

전도의 축이 나쁘다면 백은 1로 끌고 3, 5로 젖혀 잇고서 삶을 구할수는 있다. 그러나 흑12부터 14로 대비되어 백의 불리는 결정적인 것이 된다. 이 그림이 불만이면 백은 다음 그림 이하처럼 버틸 수 밖에 없다.

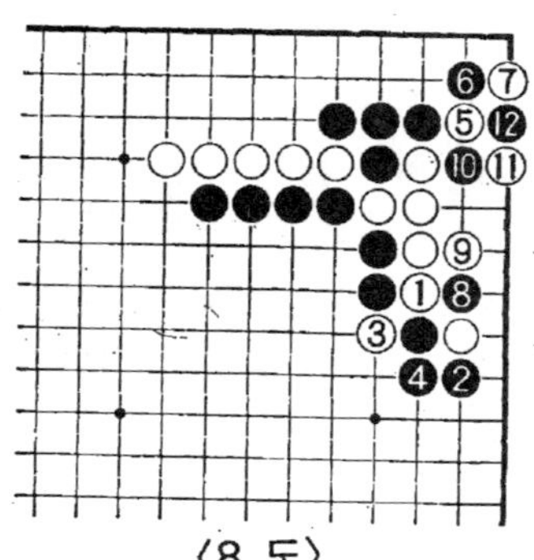

〈8 도〉

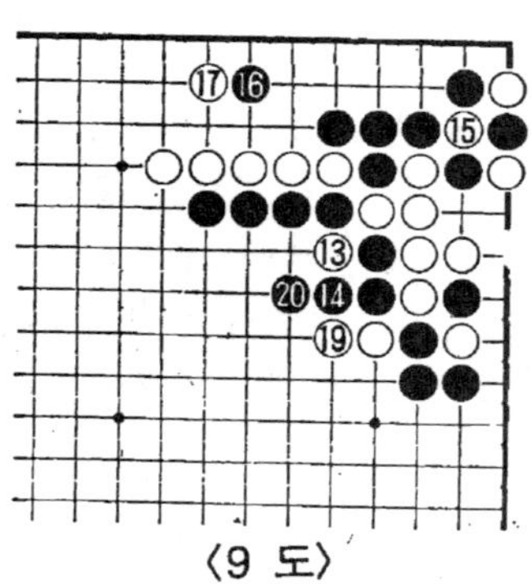

〈9 도〉

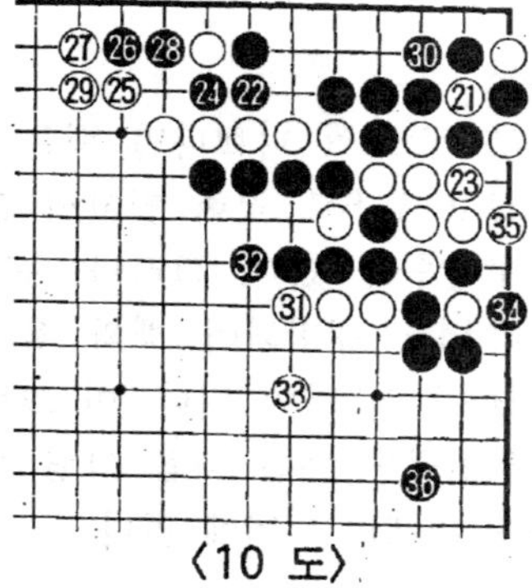

〈10 도〉

8도

백1로 부딪치고 흑2에 3으로 끊어 백5, 7로 젖힌다. 흑은 8, 10이 수순인데 백11로서 패로 처리하겠다는 것이다.

9도

백13으로 끊어 패를 쓰고 흑은 16의 달아남을 팻감으로 한다. 흑20에 이이서—

10도

백11의 패따냄부터 흑35까지 되어 일단락. 이 바둑은 사까다 선번이고 오다께 대사로 걸었던 것이므로 본도와는 백흑이 반대 인데, 백의 필사적인 버팀에도 불고하고 36까지의 결과는 흑이 약간 유리했으며   사까다 는 고전에 빠졌다. 그 뒤 사까다 분 전하여 간신히 이겼던 것이다. 8 도내지 10도 대사천변의 대표적 인 패턴이라고 하겠다.

^{바둑의}
정석 소사전

2026년 1월 20일 인쇄
2026년 1월 22일 발행

저　자 | 바둑연구회
발행인 | 윤영수
발행처 | 한국학자료원
등　록 | 제12-1999-074호

주　소 | 서울 은평구 연서로 37길 40-1
팩　스 | 02.3159.8051
E-mail | eksung@naver.com

ISBN 979-11-7417-131-3(13690)

정가 22,000원